Das Buch

Nächstenliebe mag ja gut und schön sein – aber muss man wirklich immer die andere Backe hinhalten? Keineswegs! Eigentlich geht doch gerade uns Frauen nichts über einen gepflegten Vergeltungsschlag und die Genugtuung darüber, denjenigen, der einem Ungemach bereitet hat, nunmehr selbst in Nöten zu wissen. Aber aufgepasst: Gute Rache ist eine hohe Kunst. Wenn Sie diese erlernen wollen, lesen Sie dieses Buch und lassen Sie sich von zahlreichen Fallbeispielen inspirieren, die Eliza Brandt hier präsentiert. Sei es die materielle Schädigung des untreuen (Ex-)Lovers, die gezielte Verleumdung der egoistischen Arbeitskollegin oder gewisse erzieherische Maßnahmen gegenüber »wohlmeinenden« Verwandten – lassen Sie sich zeigen, wie man offene Rechnungen der verschiedensten Art begleicht …

Die Autorin

Eliza Brandt arbeitete in den Bereichen Marketing, Werbung und Mode. Ursprünglich stammend aus Western New Jersey, lebt sie heute zusammen mit einem Rottweilermischling namens Daisy in der Nähe von San Diego, wo sie Racheseminare gibt, die regelmäßig ausgebucht sind.

Eliza Brandt

Rache ist weiblich

Ein Handbuch für Frauen, die noch eine Rechnung offen haben

Aus dem Englischen
von Corinna Enßlin
und Marion Eichhammer

Ullstein

Besuchen Sie uns im Internet:
www.ullstein-taschenbuch.de

Umwelthinweis:
Dieses Buch wurde auf chlor- und säurefreiem Papier gedruckt.

Deutsche Erstausgabe im Ullstein Taschenbuch
1. Auflage Juni 2006
2. Auflage 2006

Titel der englischen Originalausgabe: *The Girl's Guide To Revenge*
Umschlaggestaltung: Büro Hamburg
Titelabbildung: zefa/J. Bourke
Satz: LVD GmbH, Berlin
Gesetzt aus der Sabon und Futura
Druck und Bindearbeiten: Ebner & Spiegel, Ulm
Printed in Germany
ISBN-13: 978-3-548-36869-6
ISBN-10: 3-548-36869-7

Inhalt

Einführung in die Rache 11
Rache ist weiblich – Test 1:
Sind Sie bereit zur Rache? 14

Kapitel Eins
Immer verletzen wir geliebte Menschen.
Vorzugsweise mit einem Tritt in die Eier. 21
Rachestufe Eins 24
Rachestufe Zwei 25
Auto, Stereoanlage, Weichteile:
Die drei tödlich wunden Punkte 28
Rachestufe Drei 32
Rächer-Ramona 39
Rachestufe Vier 49
Rache à la Leonardo
Rachestufe Fünf

Kapitel Zwei
Busenfreundinnen. Ewige Treue … bis letzten Dienstag 65
Arbeitskollegen 74
Kumpel und Bekannte 76
Wohlmeinende 77
Gute Freundinnen 79
BFF – die Busenfreundin 81
Rächer-Ramona und die Verfehlungen der Busenfreundin 83

Kapitel Drei
Die Geschichte von Eliza – Teil 1: Eliza hält ihren großen Einzug 86

Kapitel Vier
Rache am Arbeitsplatz: Durchdrehen ist mega-out 104
Unausstehliche Chefs 111
Der Miesepeter 111
Die Eifersüchtige Eileen 112
Paranoia-Paul 114
Kuschel-Karl 115
Die Schnarchnase 117
Die Völlig Durchgeknallte Debby 118
Kollegen 121
Der Kaffeeautomatenschwätzer 121
Die, Die In Den Hörer Schreit 122
Der Ideendieb 124
Die Über Vetternwirtschaft Eingestellte Tochter der Völlig Durchgeknallten Debby 125
Rächer-Ramona in der Arbeit 127

Kapitel Fünf
Rache auf der Leinwand 129
Gefährliche Liebschaften (1988) 130
Die unglaubliche Entführung der verrückten Mrs. Stone (1986) 131
My Friends Need Killing (1976) 132
Der Rosenkrieg (1989) 132
Heathers (1989) 133
Kill Bill, Teil 1 (2003) 134
Kill Bill, Teil 2 (2004) 135
Eiskalte Engel (2004) 136
Dirty Work (1998) 136
Zwei haarsträubende Rivalen (1987) 137
Rebellen auf Skateboards (1989) 138

Die Rache der Eierköpfe (1984) 139
9 To 5 (1980) 140
Revenge! (1904) 141

Kapitel Sechs
Die Geschichte von Eliza – Teil 2: Eliza entdeckt ihr Potential 142

Kapitel Sieben
Rache am Ex – am besten lauwarm serviert 151
1–12-monatige Beziehung 153
1–3-jährige Beziehung 157
3–10-jährige Beziehung 162
10-jährige oder längere Beziehung 167
Rächer-Ramona und der Exfreund 168

Kapitel Acht
Rachespielchen in der Problemfamilie 172
Mütter 174
Die Wandelnde Anklage 175
Die TrendyMama 177
Die Berufskranke 180
Die Furie 181
Die Herzausschütterin 183
Väter 185
Der Harley-Dad 186
Der Pantoffelheld 188
Der Prahlhans 189
Der (Golf-, Tennis-, Schwimm-) Profi 191
Der Workaholic 193
Rächer-Ramona in »Allein gegen die Eltern« 195

Kapitel Neun
Die Problemfamilie, Abteilung Geschwister 198
Schwestern 202
Die Neidische Nancy 203
Die Perfekte Paige 206
Polly, der Papamamapapagei 208
Die Nachmacherin 210
Rächer-Ramona und ihre geliebte Schwester Kate 212
Brüder 214
Beschützertick-Ted 215
Unterfürsorglicher Uriah 217
Alan Brandt, der Bruder, der mit all Ihren Freundinnen schläft 228

Kapitel Zehn
Die Geschichte von Eliza – Teil 3: Die verlorenen Jahre 222

Kapitel Elf
Das liebe alltägliche Umfeld 236
Telefonverkäufer 238
Bedienungen in Schnellrestaurants 241
Kfz-Zulassungsstelle 243
Rächer-Ramona auf dem Postamt 246
Flugzeuge, Züge und Autos 247
Allzeit bereit 255

Kapitel Zwölf
Das ultimative Tabu: Rache an Kindern 261
Spielzeug 266
Pausenbrot 268
Grundfesten des Glaubens 270

Übung: Zeichnen Sie Ihr Lieblingsracheszenario 272

Kapitel Dreizehn
Die Geschichte von Eliza: Ein Porträt der Künstlerin als junge Frau 273

Ein paar abschließende Worte über Rache 284

Abschlussexamen 286

Einführung in die Rache

Rache ist kein Honigschlecken.

Lassen Sie mich das erklären.

Viele Frauen mögen sich von einem Buch namens *Rache ist weiblich* angezogen fühlen. Dabei mag ihnen einer der folgenden drei Gedanken durch den Kopf gehen:

a) Hey, wie erfrischend! Endlich mal ein Buch, das nicht von Detektiven, Rechtsanwälten, gebrochenen Herzen, unterdrückten Frauen oder kaputten Vorstadtfamilien handelt.
b) Eine Schande! Ich gehe auf der Stelle heim und schicke den Verlegern dieses Machwerks eine wütende E-Mail. Aber vorher genehmige ich mir kurz die ersten zweihundert Seiten umsonst hier im Buchladen.
c) Toll, das perfekte Geschenk für meine 87-jährige Großmutter!

Die Möglichkeiten a) und c) sind völlig legitim, doch lassen Sie mich eilig hinzufügen, dass es noch eine sehr vernünftige Möglichkeit d) gibt, die da lautet:

d) So ein Buch könnte ich wirklich gut im Alltag gebrauchen.

Rache ist kein Honigschlecken. Genauer gesagt: Rache ist keine süße Belohnung, die man sich ein-, zweimal die Woche genehmigt, dreimal, wenn man schlecht gelaunt ist, viermal, wenn man seine Tage hat. Rache sollte man nicht hinten auf dem obersten Küchenregal aufbewahren, dort, wo man nur mit der Klappleiter hinkommt, stets verfügbar, doch schwer zu erreichen, wie ein köstlicher, im Grunde jedoch ungesunder Gaumenkitzler.

Rache ist wie hundert Scheuerschwämmchen. Sie reinigt das System und kratzt all den Unrat weg, der sich im Alltag angesammelt hat – durch Exfreunde, gemeine Chefs, klammernde Eltern und eifersüchtelnde Geschwister, durch dumme Verkäufer, falsche Freunde, hinterhältige Kollegen und das gesamte Pack von Leuten, die einem täglich auf der Straße begegnen, und die, sind wir ehrlich, allein schon darin versagen, normale Menschen zu sein.

Rache ist wie Karotten. Sie wird Ihre Sicht schärfen. Sie wird Ihnen Details enthüllen, von deren Existenz Sie bisher nichts ahnten. Vielleicht verhilft Sie Ihnen sogar zu einer gesunden Hautfarbe.

Rache ist wie ein Schluck Brottrunk. Beim ersten Mal zieht sich Ihnen alles zusammen, doch schon beim zweiten Mal geht es besser, und nach vierzehn Tagen kommen Sie an keinem Bioladen mehr vorbei, Sie müssen hinein und knallen Ihr Geld für die Schlonze auf den Verkaufstisch.

Rache ist wie zehn Stunden auf dem Stepper. Damit werden Sie fitter denn je. Es hält Sie schlank, straff und geschmeidig. Rache bringt die Endorphine zum Sprudeln. Sie werden morgens erfrischt und gut gelaunt aus dem Bett springen und abends sanft ins Traumland hinüberschlummern.

Rache wird Ihre Leiden lindern. Und das Beste daran: Während die meisten Dinge, die gut für uns sind, entweder eklig schmecken, anstrengend oder furchtbar öde sind, ist Rache süß, aufregend und unglaublich unterhaltsam. Rache kann das befriedigendste Gefühl der Welt sein, ein Wirbelsturm der Emotionen, der Shopping, Beförderungen und leichte bis mittlere Orgasmen in den Schatten stellt.

So gesehen ist Rache vielleicht doch ein Honigschlecken.

Ich gebe jedoch offen zu, dass sicher nicht jeder für die Lektüre von *Rache ist weiblich* geschaffen ist. Für Männer zum Beispiel könnte sich diese Kost als unverdaulich erweisen und eigentlich, haben sie sie auch nicht nötig: Männer werden von Kindesbeinen darauf getrimmt, ihren Frust durch Sport, Geschäftemachereien und das Ausstoßen homoerotischer Beschimpfungen loszuwerden. Männer brauchen für gewöhnlich nur den großen Zeh ins Planschbecken der Rache zu halten, schon endet es blutig und wir müssen wieder die Scherben zusammenkehren und wissend die Köpfe schütteln. Das soll nicht heißen, dass Männer dieses Buch nicht lesen sollten. Ich empfehle lediglich, dass sie es sich reiflich überlegen und die Lektionen gründlich studieren sollten, bevor sie sich an eine der Übungen wagen. Und vorzugsweise unter der Aufsicht einer Frau. Ich möchte ungern verklagt werden.

Uns Frauen hingegen hat man anerzogen, unsere Wut zu schlucken. Wir unterdrücken das Gefühl, ungerecht behandelt worden zu sein, so lange, bis wir schließlich explodieren oder aber dahinsiechen und innerlich sterben. Ich weiß noch, wie ich meiner Mutter als Kind dabei half, ein Blech Kuchen nach dem anderen zu backen. Mir schien, als backte sie täglich, wenn ich aus der Schule kam. Damals dachte ich, sie hätte eben eine Schwäche für dieses süße Zeug und besäße keine Willensstärke. Erst viel später wurde mir bewusst, dass ihre Backwut in Wirklichkeit ein Ventil für ihren lodernden Hass auf die eigene Mutter war. Dem Himmel sei Dank für Dr. Oetker, sonst wäre Mama am Ende irgendwann ausgetickt und hätte Omi von der Brücke gestupst, was eine Tragödie gewesen wäre, weil Omi uns immer *sehr* teure Geburtstagsgeschenke machte.

Aber warum sollten Sie Zeit und Geld für nett verpackte Backmischungen vergeuden, wenn es eine gesündere, kostengünstigere und außerdem unterhaltsamere Möglichkeit gibt, das tägliche Pensum an Sünden voll zu erfüllen?

Um herauszufinden, ob Sie bereit sind, das Einmaleins der Rache zu erlernen, nehmen Sie einen Stift zur Hand und machen Sie den folgenden Test. Ähnlichkeiten zwischen den Testfragen und Wechselfällen meines persönlichen Lebens sind, das versichere ich Ihnen, rein zufällig.

Rache ist weiblich – Test 1: Sind Sie bereit zur Rache?

Frage 1: Nachdem Sie einen umwerfenden Mann auf einer Party getroffen haben, der alles in sich vereint, was Sie sich wünschen, und sich den ganzen Abend unglaublich tiefsinnig und einfühlsam mit ihm unterhalten haben, erzählen Sie Ihrer besten Freundin davon. Leider müssen Sie danach für zwei Wochen geschäftlich verreisen – und als Sie zurückkommen, scheint es, als habe Ihre so genannte beste Freundin »zufällig« den gleichen Typ getroffen und beide haben sich spontan unsterblich ineinander verliebt.

Wie würden Sie reagieren?

a) Ich zucke die Schultern und vergesse die Sache. Schließlich gibt es noch genügend andere heiße, geistreiche, wohlhabende, einfühlsame, selbstbewusste und doch gleichzeitig selbstironische Typen in der Stadt, die unglaublich gut küssen.

b) Ich verfalle einen Monat lang in tiefe Depressionen und sehe mir *Dirty Dancing* so lange immer wieder an, bis die Videokassette, ein Relikt aus Schulzeiten, ausleiert und sich das Band im Rekorder verheddert.

c) Ich heule mich so gründlich bei meiner anderen besten Freundin aus, bis sie die Geschichte nicht mehr hören kann und nicht mehr zurückruft.

d) Ich tue, als sei nichts gewesen. Ich lehne mich zurück und warte zehn bis fünfzehn Jahre, bis meine Freundin und der Typ verheiratet sind, ein paar Kinder haben und Flaute in ihrer Beziehung herrscht. Dann werfe ich mich dem Mann an den Hals, sobald meine Freundin zur Beerdigung ihrer Großtante aus der Stadt muss. Zwei Wochen später erzähle ich beiläufig unserer geschwätzigsten gemeinsamen Freundin von meiner neuesten Eroberung, lehne mich zurück, öffne eine Flasche Pommery und warte am Telefon darauf, dass das Feuerwerk beginnt.

Frage 2: Ihr Chef übergeht Sie seit Monaten, weil er glaubt, Sie lieferten keine neuen Ideen. Dann haben Sie einen fantastischen Einfall, verraten ihn aber dummerweise Ihrer Kollegin Nancy, die damit sofort zum Chef rennt, die Lorbeeren erntet und befördert wird. Schließlich macht sie alles noch schlimmer, indem sie sich bei Ihnen entschuldigt und anbietet, Sie in der nächsten gemeinsamen Mittagspause zum Essen einzuladen, als hätten Sie tatsächlich Lust, ihr beim kleinen Chinesen gegenüberzusitzen und ihr zuzusehen, wie sie sich mit Huhn Chop Suey voll stopft.

Wie würden Sie reagieren?

a) Das gehört nun mal zum Geschäft. Wer zuerst kommt, malt zuerst.

b) Ich verfalle sechs Wochen lang in tiefe Depressionen, abonniere Pralinengroßpackungen und schraube den Videorekorder auf, um das *Dirty-Dancing*-Band zu befreien und zu kleben.

c) Ich heule meiner neuen besten Freundin so lange etwas vor, bis auch sie die Geschichte nicht mehr hören kann und sich zwei Jahre lang für das Friedenskorps verpflichtet.

d) Ich gratuliere Nancy und nehme die Einladung zum Mittagsessen an. Ich warte vier Monate. Dann überrede ich zehn Freunde dazu, meinen Chef anzurufen, immer einer oder zwei täglich, und sich als Personalsachbearbeiter konkurrierender Firmen auszugeben, die Angaben überprüfen wollen, bis es so aussieht, als hätte sich Nancy in der ganzen Stadt beworben, ohne irgendjemand darüber zu informieren. Als i-Tüpfelchen stehle ich ihren Lebenslauf von ihrem Computer und mache 50 Kopien, die ich neben dem Kopierer liegen lasse, wenn ich weiß, dass der Chef gleich reinkommt, so dass es aussieht, als würde sie nicht nur eine neue Stelle suchen, sondern auch noch Firmenmittel für ihre Bewerbung benutzen. Dann lehne ich mich an meinem Schreibtisch zurück, gieße mir eine Tasse dünnen Kaffee ein und warte auf den Beginn des Feuerwerks.

Frage 3: Ihre beste Freundin heiratet. Sie sind Brautjungfer. Eigentlich müssten Sie Trauzeugin sein, da Sie sich seit Ihrem achten Lebensjahr kennen. Aber die Mutter Ihrer Freundin bestand auf der älteren Schwester Miriam, obwohl diese nicht mal Trauzeugin sein will, weil die Kleider für alle schon ausgesucht sind und Miriam findet, dass sie in ärmellosen Kleidern aussieht wie eine Metzgerin, womit sie im Übrigen völlig Recht hat. Doch Sie haben den Stich überwunden, als Brautjungfer neben unwichtigen Freundinnen und entfernten Cousinen aufzutreten, und sind bereit, diesen ganz besonderen Tag Ihrer Freundin mit ihr zu feiern, obwohl es ihr Bräutigam damals in der Kneipe erst bei Ihnen versucht hat und Sie ihn abgewiesen haben, die Liebe also nicht allzu groß sein kann.

Bis zur Trauung sind es noch fünf Stunden und der ganze Pulk aus Braut und Brautjungfern bewegt sich zum Friseursalon eines Cousins zweiten Grades der Brautmutter, obwohl er fünfzig Minuten vom Empfangssaal entfernt liegt und leicht muffelt. Dort angekommen erfahren Sie, dass der übliche Friseur Reynaldo mit einer mysteriösen Infektionserkrankung im Bett liegt. Doch kein Grund zur Beunruhigung, seine Gehilfen werden es wettmachen und alle für den großen Tag herausputzen. Leider kommt Chris, der auch für Sie bestimmte Friseur, eine Dreiviertelstunde zu spät und fängt dann nicht bei Ihnen, sondern bei der Schwägerin an, die eigentlich gar keine echte Schwägerin mehr ist, weil sie und ihr Mann (der Bruder der Braut) sich vor zehn Monaten getrennt haben – was also macht sie hier überhaupt noch?

Doch Sie warten geduldig, nippen an Ihrem Wasserglas und lesen eine französische Zeitschrift bzw. blättern darin herum, weil Sie gar kein Französisch können.

Schließlich kommen Sie an die Reihe. Sie setzen sich hin und erklären Chris, der mittlerweile mächtig ins Schwitzen gekommen ist und noch fertiger aussieht als bei seiner Ankunft, dass Ihr Deckhaar die natürlichen Locken behalten, für die Hochzeit aber hochgesteckt werden solle, und er, wenn er schon dabei sei, gleich die Spitzen schneiden könne, die seit einem Monat überfällig sind. Chris legt Ihnen freundlicherweise ein vorgewärmtes Handtuch auf die Augen, und das ist das erste Gute, das Ihnen an diesem Tag der Debakel widerfährt. Das Radio spielt »Holiday« von Madonna und langsam verblassen die Geräusche des Friseursalons und das Gezänk der Mädels und Ihre Gedanken wandern an einen schöneren Ort.

Als Sie aufwachen, hat Chris Ihr Haar bis zum Kinn abgeschnitten wie eine Sechsjährige, der man eine Schere und eine Barbie in die Hand gegeben hat. Strahlend betrachtet er seine Kreation. In einer Stunde ist die Hochzeit.

Wie würden Sie reagieren?

a) Ach, sieht doch gar nicht so übel aus! Kinnlanges Barbiehaar ist schließlich *der* In-Look zur Zeit.

b) Ich breche in hemmungsloses Schluchzen und Wehklagen aus, krümme mich, so weit es der Friseurstuhl zulässt, in Embryonalstellung und schlage wild um mich, wenn eine der anderen Frauen versucht, mir zu Hilfe zu kommen.

c) Ich drohe mit dem Anwalt, doch dann fällt mir ein, dass ich mir bei meinem derzeitigen Kontostand gar keinen leisten kann. Also fange ich an, die Hochzeitsgesellschaft um Geld anzubetteln.

d) Ich versichere Chris, dass das keine große Affäre ist, und wohne der Hochzeit mit strahlendem Lächeln bei. Für das Hochzeitsfoto achte ich darauf, dass mich der Fotograf voll ins Bild bringt. Wenn die Bilder entwickelt sind, besorge ich mir einen Abzug. Dann krame ich ein älteres Bild von mir heraus, auf dem mein Haar besonders gut herauskommt, gehe zum Copyshop und erstelle 10 000 »Vorher-Nachher«-Kopien. Ich beauftrage eine kleine Plakatierfirma, die Gegend um den Friseursalon mit meinen Flugblättern zu tapezieren und vergraule damit alle potentiellen Kunden von Chris. Wenn er pleite ist und sich in einer anderen Stadt eine Existenz aufbauen will, rufe ich eine alte Freundin in seinem neuen Domizil an und schicke ihr einen Packen Flugblätter. Auf diese Weise verfolge ich Chris durch das ganze Land, bis er das Friseurmetier an den Nagel hängt und sich zum Geologen umschulen lässt.

Auswertung:
Für jede Antwort a) gibt es 1 Punkt.
Für jede Antwort b) gibt es 2 Punkte.
Für jede Antwort c) gibt es 3 Punkte.
Für jede Antwort d) gibt es 4 Punkte.

Ergebnis:
3 Punkte: Entweder sind Sie vollständig im Einklang mit dem Universum (in diesem Falle muss ich Ihnen widerstrebend gratulieren) oder Sie lügen. Wenn Sie bei Frage 3 Antwort a) angekreuzt haben, haben Sie hundertprozentig gelogen oder Sie sind ein Mann oder beides. Machen Sie den Test noch einmal, diesmal aber ehrlich und/oder unterziehen Sie sich einer Geschlechtsumwandlung.

4–6 Punkte: Sie lassen zu, dass andere Menschen Ihre Gemütszustände dirigieren. Das ist in Ordnung, solange Sie *Gilmore Girls* schauen, doch im wirklichen Leben muss das nicht so sein. Nehmen Sie das Ruder selbst in die Hand, treten Sie in Aktion und gehen Sie nie ohne dieses Buch aus dem Haus.

7–9 Punkte: Sie halten sich ganz gut, doch wenn es hart auf hart kommt, geben Sie doch wieder klein bei.

Werden Sie nicht zu einer von denen, die zeitlebens davon erzählen, was sie alles bereuen. Sie haben das Zeug zum Rächen, also wagen Sie den Schritt und tun Sie es.

10–11 Punkte: Glückwunsch, Sie haben es fast geschafft. Die ersten Schritte in die Welt des Selbstbewusstseins, von der Sie immer träumen, haben Sie schon unternommen. Sie beherrschen die Grundregeln, doch Sie können noch viel lernen. Die Tipps in diesem Buch werden Ihre Fähigkeiten verfeinern. Denken Sie daran: Rache muss richtig ausgeführt werden, blindes Zurückschlagen ist Schlamperei.

12 Punkte: Sie sind Eliza Brandt oder eine ziemlich gute Kopie von ihr. Sie brauchen dieses Buch nicht. Legen Sie es beiseite und leihen Sie sich einen Film aus. Ich empfehle *Dirty Dancing*.

Kapitel Eins

Immer verletzen wir geliebte Menschen. Vorzugsweise mit einem Tritt in die Eier.

Lebenspartner. Ehemänner. Liebhaber. Sie kommen und gehen, sowohl im übertragenen als auch im wörtlichen Sinne. Das Gefühl, an einem strahlenden Herbstnachmittag mit Ihrem Geliebten spazieren zu gehen, ist unschlagbar. Sie halten Hände, um Sie herum fallen die Blätter, Ihr Kopf ruht an seiner Schulter, Sie wissen: Was auch geschehen mag in Ihrem turbulenten Leben, immer werden Sie bei ihm Geborgenheit finden, seine starken Arme werden Sie auffangen, sollten Sie stolpern, oder Sie in Stunden des Triumphs in den Himmel heben.

Dann schläft der Hurensohn mit Rhonda aus der Buchhaltung.

Wir alle haben solche Geschichten erlebt. Vielleicht nicht mit Rhonda aus der Buchhaltung, aber mit *irgendeiner* Rhonda nichtsdestotrotz. Die Welt steckt voller Rhondas, und diejenigen unter uns, die keine Rhondas sind, sollten ihre Tage nicht damit verbringen müssen, im Rückspiegel nach heranrückenden Rhondas Ausschau zu halten. Wir müssen akzeptieren, dass es Rhondas gibt und immer geben wird, und unser Bestes geben, ihre teuflischen Pläne zu durchkreuzen. Doch Rache an Rhonda behandeln wir später. Fürs Erste kümmert sie uns nicht. Befassen wir uns erst mit *ihm*.

An dieser Stelle möchte ich mich noch kurz bei allen Leserinnen entschuldigen, die Rhonda heißen: Sie meine ich nicht. Ersetzen Sie Ihren Namen in diesem Buch durch Candi, wenn es Ihnen damit besser geht. Nun können wir anfangen. Für alle, die tatsächlich Candi heißen: Sie meine ich. Wenn Ihnen das nicht passt, müssen Sie eben Ihren Namen ändern. Candi ist ein Name für Flittchen und Schoßhündchen und damit basta.

Untreue ist nur die erste Möglichkeit einer schier endlosen Liste, aus der Männer wählen können, um Beziehungen zu ruinieren. Buchstäblich tausend Möglichkeiten gibt es, wie man etwas Schönes und Gutes versauen kann, und die meisten von uns haben schon ein paar hundert davon durchlitten. Glücklicherweise hat vor langer Zeit einmal ein Wissenschaftler herausgefunden, dass jede Kraft eine ebenso große Gegenkraft hervorruft, und diejenigen unter uns, die die hohe Kunst der Rache beherrschen, wissen genau, wie sich diese Gleichung berechnet. Denn es ist von größter Wichtigkeit, dass sich das Strafmaß an der Härte des Vergehens orientiert und man die Größe der Geschütze den Umständen anpasst. Sie würden ja auch nicht Ihre Kreditrahmen überziehen, um ausgerechnet bei Woolworth einzukaufen.

Aus diesem Grund möchte ich Sie in die fünf Stufen der Rache einführen. Genau genommen gibt es sieben Stufen, doch die letzten zwei sind nur etwas für sehr Erfahrene, solche, die das Zen der Rache vollständig verinnerlicht haben. Und diese haben in einem Rachegrundkurs, wie dieses Buch einer ist, nichts verloren.

Nahezu jede Art der Rache an einem Gatten/Partner/Liebhaber kann einer der fünf Grundstufen zugeordnet werden. Studieren Sie zuerst anhand der Beispiele in der folgenden Tabelle die unterschiedlichen Rachestufen entsprechend der Härte der Verstöße, bevor wir die einzelnen Stufen nacheinander unter die Lupe nehmen.

Verstoß	Reaktion
Kommt spät von einem Kneipenbesuch mit den Jungs zurück.	Kein Grund zur Rache. Vorübergehender Sexentzug genügt.
Kommt spät von einem Kneipenbesuch mit den Mädels zurück.	Rachestufe Eins.
Betrinkt sich auf Party derart, dass er im Bett versagt.	Rachestufe Eins.
Schaut den ganzen Tag Sportschau.	Rachestufe Zwei.
Schaut den ganzen Tag Heimwerkerprogramme.	Wenden Sie sich an eine Beratungsstelle.
Heiratet kurz nach der Scheidung die 15 Jahre jüngere Sekretärin.	Rachestufe Drei.
Schläft mit Rhonda aus der Buchhaltung.	Rachestufe Vier, Trennungsgrund.
Schläft mit Ted vom Empfang.	Rachestufe Vier, es sei denn, er wechselt ganz auf die andere Seite. Gehen Sie in diesem Fall mit ihm zum Shoppen.
Schläft mit Rhonda und Ted gleichzeitig.	Rachestufe Fünf. Er will es nicht anders.

Rachestufe Eins

Anzuwenden bei kleineren Vergehen oder in Fällen, in denen das Vergehen mit einem angemessenen Maß an Reue einhergeht.

Beispiel: Der Mann meiner Freundin Mindy hatte seit sechs Wochen versprochen, die Handtuchstange im Bad zu reparieren. Diese hing nur noch an einer Schraube, seit er beim Fußnägelschneiden über der Toilette – was sie ihm ohnehin ausdrücklich untersagt hatte – ausgerutscht war und sich an der Stange festgeklammert hatte. Endlich, nach drei Wochen, verschwindet er in die Garage, angeblich um das Werkzeug zu holen. Als Mindy eine halbe Stunde später jedoch nach dem Rechten sieht, ertappt sie ihn in seinem Auto, wo er im Radio ein Interview mit einem Ex-Baseballstar anhört, der des Dopings bezichtigt wird.

Mindy schreitet, wie es jede Frau mit Selbstachtung tun sollte, zu Rache Stufe Eins. Sie läßt ihn das Interview anhören, das so lange dauert, dass er danach keine Zeit mehr für die Handtuchstange hat, weil Freunde zum Abendessen eingeladen sind. Abends wartet sie, bis ihr Mann eingeschlafen ist, dann stiehlt sie sich in die Garage und programmiert alle Sportsender in seinem Radio auf Klassik, Kinderfunk, Bibelwelle und Nachrichtensender um. (Merke: Rache heißt nicht, dass er dabei nicht auch ein bisschen Bildung abbekommen darf.)

Wenn Sie es in so einem Fall etwas härter wünschen, jedoch nicht gleich auf Stufe Zwei gehen wollen, hilft Ihnen vielleicht folgender kleiner Zusatz: Nehmen Sie eine Büroklammer und trennen Sie (durch mehrfaches Kurbeln) ein Stück davon ab. Stellen Sie das Autoradio auf volle Lautstärke und klemmen Sie das Stück Büroklammer in den Lautstärkeregler, so dass er sich nicht mehr regulieren lässt. Wenn er am nächsten Tag den Motor anlässt, gibt es 100 Dezibel Rachmaninoff oder, besser noch, einen eifernden Prediger auf die Ohren.

An dieser Stelle jedoch eine kleine Warnung: Wenn Sie zittrige Hände haben oder seine Armaturen aus irgendeinem Edelholz sind, sollten Sie von der Büroklammer absehen. Das Auto eines Mannes dauerhaft zu beschädigen, und sei es nur durch kleinste Kratzer, fällt sofort in Rachestufe Drei und kann unangenehme Vergeltungsschläge zur Folge haben.

Rachestufe Zwei

Um Rachestufe Zwei zu rechtfertigen, muss der Vorfall ärgerlich genug sein, um mindestens einen lauten Streit oder mehrere kleine Zankereien über einen längeren Zeitraum zu verursachen. Sollten Sie zu denjenigen gehören, die sich vormachen, nie mit ihrem Partner zu streiten, orientieren Sie sich an der Anzahl der Gelegenheiten, bei denen Sie hörbar Luft ausstoßen und behaupten, alles wäre in Ordnung. Kommt das fünfmal oder öfter am Tag vor, ist es Zeit für Rachestufe Zwei.

Aktionen auf Rachestufe Zwei sollen Unwohlsein hervorrufen, jedoch nicht dauerhaft und auf eine Art, die keine Vergeltung fordert.

Beispiel: Bei Mayra lasse ich mir jeden dritten Freitag im Monat die Nägel maniküren. Im Laufe der Jahre entwickelte sie großes Talent in der hohen Kunst der Rache. Während wir uns also bei meinem Maniküre-Pediküre-Special zu $ 24,90 gegenübersitzen, fachsimpeln wir und erzählen uns Geschichten. Hier ist eine meiner liebsten.

Mayra ist glücklich verlobt mit einem Mann namens Tad, doch damals waren sie erst seit ungefähr einem Jahr zusammen. Sie hatte entschieden, dass die Beziehung ernst genug geworden war, um ihn ihren Eltern vorzustellen, also vereinbarten sie ein gemeinsames Abendessen beim Italiener. Neutraler Boden und so.

An besagtem Abend rief Tad Mayra eine Stunde bevor sie sich treffen wollten an und erklärte, er müsse überraschend zu einem extrem wichtigen Meeting in der Arbeit, das in letzter Sekunde anberaumt worden sei und vor dem er sich unmöglich drücken könne. Mayra hatte Tads Ehrgeiz und seine Hingabe an den Job stets bewundert, also traf sie sich allein mit ihren Eltern und entschuldigte sein Fehlen. So etwas passiert, Pläne ändern sich und Mayra ist schließlich flexibel.

Doch ein paar Tage später erfuhr sie von einem gemeinsamen Freund, dass das Meeting weder besonders wichtig noch in letzter Sekunde anberaumt war. Es hatte seit Wochen im Terminkalender gestanden und die Teilnahme war freiwillig, da man nur das Motto des kommenden Betriebsfests besprach. Ganz offensichtlich hatte Tad das Meeting vorgeschoben, um sich vor dem Treffen mit den Eltern zu drücken, und Mayra zu diesem Zweck auch noch angelogen. Das konnte sie natürlich nicht auf sich sitzen lassen.

Mayra ist Bolivianerin und sehr temperamentvoll. Ihr erster Impuls war daher, ihn auf der Stelle zu Hackfleisch zu verarbeiten, doch dann besann sie sich: Dies war eine erstklassige Gelegenheit, ihre Rachekünste spielen zu lassen. Als erstes brach sie einen kleinen Streit vom Zaun, gerade genug, damit Tad keinen Verdacht schöpfte und glaubte, sie hätte sich abgeregt. Reumütig versprach er, es wieder gutzumachen und ihre Eltern zu treffen, wann und wo immer sie wollte. Mayra nahm das Angebot an und vereinbarte sofort einen Termin für die darauf folgende Woche bei ihren Eltern zu Hause.

In dem gemeinsamen Jahr hatte sie eines gelernt: Tad hatte einen schrecklich empfindlichen Magen, besonders bei scharfen Gerichten. Daher hatte sie ihn immer mit der traditionell bolivianischen Küche verschont, doch nun wehte ein anderer Wind. Sie bat ihre Mutter, eine ganz besondere bolivianische Spezialität für ihr erstes großes Treffen zuzubereiten. Auf der Fahrt zu ihren Eltern schwor Mayra Tad darauf ein, bloß nicht am Essen der Mutter herumzumäkeln, da sie ein schwaches Herz habe und schon mal einen Herzanfall bekommen hätte, als jemand bei ihr nicht aufaß. Der ahnungslose Tad beteuerte ein ums andere Mal, alles zu essen, was auf seinen Teller käme.

An diesem Abend gab es angebratenes Schwein und Huhn, geschmort in Llajua, einer Tomatensoße so scharf, dass man damit Löcher in Metall ätzen kann. Mayra sah mit kaum verhohlenem Vergnügen dabei zu, wie Tad Bissen für Bissen herunterwürgte und dabei angestrengt versuchte, nach jeder Gabel zu lächeln. Sie legte ihm mehrere Male nach, und als sie das Haus ein paar Stunden später verließen, waren ihre Bäuche zum Bersten gefüllt.

Sie schafften es gerade noch bis zu Tads Wohnung. Er verbrachte die ganze Nacht im Bad, stöhnend, würgend und jammernd, während sich Mayra unter die warme Decke kuschelte und wie ein Baby schlief, wissend, dass sie es ihm dieses Mal heimgezahlt hatte. Sie träumte von einer gerechten Welt, in der Männer nicht logen und Frauen sich nicht zu rächen brauchten.

Es sei denn, dass sie es unbedingt wollten.

Bevor wir zur nächsten Rachestufe kommen, möchte ich Ihnen, werte Damen (und den seltsamen Herren, die – Schock lass nach – am Ende immer noch mitlesen), ein sehr spezielles Geheimnis anvertrauen, das über Generationen von rachewilligen Frauen weitergereicht wurde. Es ist genau die Sorte simpler, offensichtlicher und doch viel zu selten genutzter Geheiminformation, für deren Kenntnis Sie Ihr Geld gerne ausgegeben haben. Sind Sie bereit? Sitzen Sie bequem?

Auto, Stereoanlage, Weichteile: die drei tödlich wunden Punkte

Vielleicht ahnen Sie schon, worauf ich hinaus will, aber lesen Sie weiter. Manchmal müssen Sie nämlich gar nicht durch die ganze Stadt hetzen, um die richtige Ausstattung für einen Rachefeldzug zu erstehen. Erinnern Sie sich einfach an die drei wunden Punkte im Leben eines Mannes: Auto, Stereoanlage, Weichteile. Alles, was dem einen schadet, kann auch die andern beschädigen, und wahrscheinlich haben Sie die Mittel dazu griffbereit in Ihrem Haus/Ihrer Wohnung/Ihrem Zelt. Sie müssen lediglich bedenken, dass Sie sich auf eine hohe Rachestufe begeben, wenn Sie mit einem dieser drei Elemente experimentieren, aber wenn Sie ein gutes Gefühl dabei haben und es verantworten können, dann sind die folgenden Vorschläge vielleicht etwas für Sie. Beachten Sie, wie die meisten der Hilfsmittel für alle drei der wunden Punkte auf manchmal unterschiedliche, manchmal gleiche Art zur Anwendung kommen können. Ich verspreche Ihnen, die männliche Reaktion wird absolut faszinierend sein.

Kaltes Wasser
In den Tank des Autos gefüllt: Auto springt nicht an.
Über Stereoanlage gegossen: Kurzschluss.
Über Weichteile gegossen: extremes Einschrumpeln.

Isolierband
Autofenster zugeklebt: amüsant.
Um Boxen gewickelt: erholsame Stille.
Um Weichteile gewickelt: extrem schmerzhaft zu entfernen.

Schoßhündchen
Im Auto losgelassen: riecht wochenlang nach Hundepisse.
Auf CD-Sammlung losgelassen: Chumbawamba-CD zerkaut (Gott sei Dank).
Auf Weichteile losgelassen: um die 20 Stiche.

Nagellack
Auto damit anmalen: extrem teurer Ausflug zum Body Shop.
Stereoanlage damit anmalen: extrem teurer Ausflug zum Elektroshop.
Weichteile damit anmalen: extrem lustig.

Nicht beachten
Ignorieren Sie sein Auto: Er ist traurig.
Ignorieren Sie seine Stereoanlage: Er ist verletzt.
Ignorieren Sie seine Weichteile: Er verfällt in einen todesnahen Zustand.

Sehen Sie, so einfach ist das. Und hier haben Sie Gelegenheit, ein bisschen von Ihrem Wissen einzubringen. Ich gebe Ihnen fünf Stichworte – fünf rachetaugliche

Objekte – und Sie füllen aus, was Sie damit mit seinem Auto/seiner Stereoanlage/und/oder seinen Weichteilen anstellen können. Versuchen Sie es einfach! Denken Sie daran: Übung macht den Meister.

Sprudelwasser

Auto ____________________________________

Stereoanlage ______________________________

Weichteile ________________________________

Kühlschrankmagneten

Auto ____________________________________

Stereoanlage ______________________________

Weichteile ________________________________

Bestrahlung (nicht empfohlen)

Auto ____________________________________

Stereoanlage ______________________________

Weichteile ________________________________

Alle dazu bringen, draufzuzeigen und zu lachen

Auto______________________________________

Stereoanlage________________________________

Weichteile__________________________________

Trockeneis (verwenden Sie Handschuhe)

Auto _____________________________________

Stereoanlage _______________________________

Weichteile _________________________________

Wundervoll. Ist es nicht erstaunlich, wie befreiend so eine einfache kleine Übung sein kann? Machen Sie sich keine Gedanken, wenn Sie nicht alles ausgefüllt haben. Im Laufe der Lektüre dieses Buches werden Sie dazulernen, und am Ende füllen Sie einen derartigen Testbogen in Sekundenschnelle aus. Dadurch bleibt Ihnen mehr Zeit für die eigentliche Racheplanung und/oder zum Shoppen, was immer Sie vorziehen.

Doch zuerst wollen wir mit der dritten Rachestufe fortfahren.

Rachestufe Drei

Hier wird es etwas heikel. Jede Rachtaktik birgt neben Unterhaltung, gesunder Wirkung und all den großartigen Effekten, auf die ich in der Einleitung hingewiesen habe (es scheint so lange her), auch Gefahrenmomente, sowohl physischer als auch psychischer Art. Dessen sollte man sich bewusst sein, bevor man sich kopfüber ins Vergnügen stürzt. Man könnte es mit einem Sprung von einer Klippe vergleichen (zugegeben, ich selbst bin noch nie von einer Klippe gesprungen, aber so groß kann der Unterschied nicht sein): Solange man weiß, welche heimtückischen Felsen und Kreaturen unter der Oberfläche lauern, kann man ruhigen Gewissens springen.

Rachestufe Drei enthält Elemente und Vorgehensweisen, die sich nicht immer mit den allgemein anerkannten moralischen Richtlinien vereinbaren lassen. Wer zu moralischen Bedenken neigt, sollte sich also lieber nicht in dieses Schattenreich begeben. Sollten Sie sich in irgendeiner Weise unwohl bei dem Gedanken fühlen, bitte ich Sie eindringlich, die nächsten Seiten zu überspringen und beim nächsten Abschnitt des Kapitels weiterzulesen. Nur zu – keine Scheu, wir holen Sie später wieder ein.

So, damit hätten wir die Spreu vom Weizen getrennt! Gratulation, wenn Sie noch dabei sind! Zur Belohnung gleich ein paar Leckerbissen:

Rachestufe Drei kommt zur Anwendung, wenn ein schwerwiegender Fehltritt des Partners / Gatten / Werauch-immer nach Vergeltung schreit, oder aber, wenn er einen durch permanent nerviges Verhalten schlicht zum Handeln zwingt. Auf dieser Rachestufe gibt man einer ziemlich angeschlagenen Beziehung sozusagen eine letzte Chance. Es ist noch nicht der Punkt, an dem Sie jegliche Vorsicht vergessen können und alles niedertrampeln (lesen Sie dazu mehr bei Rachestufe Vier) denn manchmal lässt sich ein Mann durch einen ordentlichen Tritt in den Hintern und ein deutlich artikuliertes »Hallo???« wieder auf den richtigen Pfad lenken.

Es kommt allerdings vor, dass Rachestufe Drei das Fass für ihn zum Überlaufen bringt und die Situation nur noch verschlimmert. In diesem Fall müssen Sie ihn wahrscheinlich gehen lassen. Sollten Sie dazu nicht bereit sein, wählen Sie lieber Rachestufe Zwei. Eines Tages werden Sie es mir danken.

Doch oftmals treffen Stufe-Drei-Taktiken den Mann gerade stark genug, dass er neuen Halt suchen, seine Situation überdenken muss und wieder zur Besinnung kommt. Ein Beispiel:

In Chicago hatte ich einen Freund, den wir der Einfachheit halber Richard Prendes nennen wollen, weil er so heißt. Dieser Freund war ein passionierter Boxfan. Sehr passionierter Boxfan. Stundenlang saß er vor dem Fernseher und verfolgte die Kämpfe. Er analysierte jeden Haken, jeden Schritt und jedes Ausweichmanöver dieser Fleischklopse. Er zeichnete die Spiele sogar auf Video auf (das war noch vor der Zeit, als vorprogrammierbare Rekorder Licht in unsere dunklen Tage brachten), damit er die entscheidenden Momente immer wieder zurückspulen konnte, wie ein bedauernswerter fünfzigjähriger Mittelstürmer, der noch heute erzählt, wie er 1976 mal ein Tor geschossen hat.

Dabei war Richard nicht mal selber Boxer. Nicht annähernd. Richard war Systemanalytiker, was immer das heißt, und seine Oberarme waren dürr wie Ästchen, kaum dicker als meine. Ob nun als Ersatzbefriedigung oder aus purem Neid, Nacht für Nacht sah er verschwitzten Boxkämpfern dabei zu, wie sie sich im Ring kugelten. Ich schenkte ihm sogar einmal ein Paar Boxhandschuhe, weil ich dachte, er würde vielleicht selbst gerne boxen, vielleicht mal ins Training gehen, doch sie hingen nur endlos an einem Nagel im Schuppen und ärgerten mich, sooft ich an ihnen vorbeikam, weil sie mich praktisch anschrieen: *Für das Geld hättest du dir auch eine Coco-Chanel-Tasche kaufen können!*

Eine Weile vermutete ich, Richard wäre vielleicht schwul und würde es nur sehr gut verstecken und über das Boxen irgendwie seine unterdrückte Sexualität ausleben, doch er schaute auch Frauenboxen, wenn es gerade lief. Er interessierte sich auch nicht für einzelne Boxer, sondern einzig für die »Kunst« des Kämpfens. Kunst, dass ich nicht lache! Ich habe genug Schlägereien nach der Sperrstunde erlebt, um zu wissen, dass kein kreativer Geist dahinter steckt, wenn zwei Kerle auf dem Parkplatz herumrollen. Und nur weil die Typen im Fernsehen jedes Mal ein paar Millionen Dollar einfahren, wird das Ganze nicht weniger lächerlich.

Richards Vorliebe für die Boxkunst wäre nicht so schlimm gewesen, hätte er nicht darauf bestanden, dass ich daran teilhabe. Natürlich ist es süß, wenn Männer ihre kleinen Vorlieben mit einem teilen wollen. Jede Frau findet es aufregend, die Band des Freundes in irgendeinem kleinen Club auftreten zu sehen oder sich das Gesicht bei einem Heimspiel in den Teamfarben anzumalen. Das ist *einmal* eine aufregende Sache. Vielleicht zweimal. Dreimal, wenn man Samstagabend wirklich nichts Besseres zu tun hat.

Seine Vorliebe für das Boxen lebte Richard aber fast allabendlich aus. Man sollte meinen, dass es nicht zu viele Boxer geben kann, bei der Menge von Schlägen auf den Kopf und wo nicht sonst noch hin, doch anscheinend will man nach einem Hirnschaden nur noch mehr davon. Es scheint wie ein mehrstufiges Marketingsystem zu funktionieren: Einer schlägt den anderen so lange zusammen, bis der das Boxersyndrom erleidet und keine andere Wahl hat, als den nächsten zusammenzuschlagen, der bald so hirngeschädigt ist, dass er seinerseits wieder den nächsten zusammenschlägt und so weiter. Wie bei Tupper-Partys, nur mit mehr Blut und weniger Plastik.

Als Folge laufen nahezu stündlich Boxkämpfe oder deren Wiederholung – täglich, jährlich, seit Anbeginn der Zeit.

Darum wurden unsere Ausgehfreitage bald zu Zuhausebleibfreitagen, die sich irgendwie in Zuhausebleibsamstage fortsetzten und dann zu ganzen Wochenenden mutierten, die wir im Wohnzimmer verbrachten, mit Essen vom Thai-Imbiss, während wir zwischen unzähligen Sportsendern hin und her zappten, die meine Fernbedienung vorher gar nicht gekannt hatte.

Am besten gefielen Richard die K.O.s. Er grunzte und stöhnte dann, als sei er selbst getroffen worden, grölte, wenn einer seiner Jungs gewann, und nörgelte wie ein unzufriedener Papa, wenn einer seiner Favoriten zu Boden ging. Bekam ein Boxer einen ernsthaften Schlag ab und lag zu lange bewusstlos auf der Matte, brachten die Trainer ein kleines Päckchen, hielten es dem Verlierer unter die Nase und – zack! – schon war er auf den Beinen, schüttelte benommen den Kopf und sah sich um, als wollte er herausfinden, ob sich einer der Umstehenden die Nummer von dem Laster gemerkt hatte, der ihn gerade überfahren hatte.

»Weißt du, was das ist?«, fragte Richard.

»Klar«, log ich, hauptsächlich, weil ich gerade im Möbelkatalog versunken war (ich liebe diese Apothekerschränkchen mit den tausend Schublädchen, aber ich kann mir einfach keines leisten, weil ich nicht mal genug Kleinkram habe, den ich darin verstauen könnte).

»Weißt du nicht«, sagte er. »Aber ich erklär's dir: Das ist Riechsalz.«

»Faszinierend.« Eigentlich nicht. Aber das würde sich ändern. Schon bald.

Riechsalze, so erfuhr ich, setzen Ammoniak frei, wodurch Nervensystem und Atemwege stimuliert werden. Doch beachten Sie die Packungsbeilage:

»Verwenden Sie Riechsalze niemals, um eine schlafende Person zu wecken. Riechsalze sind nicht dafür geschaffen, dass Lehrer Schüler aufwecken, und gewiss nicht dafür, dass eine Frau ihren boxfanatischen Freund aus dem Schlaf reißt. Es kann zu ernsthaften gesundheitlichen Komplikationen führen.«

Sei's drum. Das wusste ich damals noch nicht.

Sie können sich wahrscheinlich schon denken, was kommt. Wochenlang hatte ich Richard erfolglos gebeten, mit mir zu einem Konzert, zum Essen oder ins Kino zu gehen. Ich bot sogar an, mir nötigenfalls einen Boxfilm anzusehen, aber er sagte, das sei alles nur gestellt, habe also keinen Sinn. Also entschied ich, dass eine Rachstufe Drei-Situation erreicht war. Er hatte mich nicht betrogen, es gab kein schlimmes Vergehen, doch sein Verhalten nervte derart, dass ich es nicht durchgehen lassen konnte. Ich sagte mir, wenn er sein Leben damit verbringen wollte, Boxern zuzusehen, könnte er wenigstens für ein paar Sekunden erleben, wie es ist, in ihren Schuhen zu stecken.

Also verabreichte ich ihm eines Samstagabends, als

wir auf dem Sofa lagen und einem gewissen Shane dabei zusahen, wie er sich mit einem gewissen Oscar prügelte, ein Bier nach dem anderen, was er dankbar annahm. Bald schon hatte er sich ins Koma getrunken. Ich schaltete auf Teleshopping und schritt zur Tat.

Es war nicht viel Arbeit, ihn in eine übergroße Boxershorts im Muster der amerikanischen Flagge zu stecken, die ich bei Woolworth für 3,99 im Schlussverkauf erstanden hatte, ihm die Handschuhe überzuziehen, die immer noch im Schuppen hingen, ihm das Hemd auszuziehen, die Brust zu rasieren und ihm mit ein wenig Kajal unter dem rechten Auge das obligatorische Veilchen zu malen. Digitale Kameras steckten noch in den Kinderschuhen, aber ich bin stets für neue Technologien zu haben (digitale Bilder, die man sofort zur Verfügung hat, sind entscheidend für viele Racheaktionen), daher besaß ich schon damals so ein hübsches Ding mit Selbstauslöser.

Nur zwei Stunden, und ich hatte alle Aufnahmen, die ich brauchte. Auf den meisten lag Richard flach auf dem Rücken und ich stand über ihm, die Arme in Siegerpose erhoben. Im Grunde sah es aus, als hätte er zwölf (zehn? fünfzehn?) Runden gegen ein zartes Mädel wie mich gekämpft und sehr schlecht abgeschnitten. Die Fotos schickte ich per E-Mail an all unsere gemeinsamen Freunde, mit der Betreffzeile: »Richard erfüllt sich seinen Traum.«

Die öffentliche Demütigung hätte vielleicht schon gereicht, um Richard aus seiner Boxobsession zu reißen, doch ich war zu ungeduldig, um einen ganzen Tag auf die Ergebnisse zu warten. Ich wollte Richards Gesicht so bald wie möglich sehen. Er war immer noch bewusstlos und schlief seinen Rausch aus, aber ich wusste, wie ich das schnell ändern konnte.

Wie sich herausstellte, verkaufte meine Apotheke

Riechsalze als Zubehör zu Erste-Hilfe-Koffern. Ich schoss noch ein paar letzte Aufnahmen, dann riss ich eines der Päckchen auf und wedelte ihm damit unter der Nase herum.

Es heißt, dass sich eine Nase voll Riechsalz wie ein Schlag von hinten in die Augäpfel anfühlt. Die Nasennebenhöhlen werden erst zusammengequetscht und springen dann auf, und ich schätze, das ist ziemlich schmerzhaft.

Doch Richard schien weniger unter Schmerzen zu leiden als unter völliger Verwirrung. Vielleicht war es die Kombination von Riechsalz und Alkohol, ich weiß es nicht, aber er war mit einem Satz auf den Beinen, stolperte durch das Wohnzimmer und schüttelte grunzend den Kopf wie ein Hundewelpe, der den eigenen Schwanz fassen will. Sein Blick fiel auf den mannshohen Spiegel an der Wohnzimmerwand, in dem er einen guten Eindruck von sich selbst in voller Boxermontur erhaschte, mit blauem Auge und allem Drum und Dran.

Ich weiß nicht, ob es Richard nun peinlich war oder ob ihn der scheinbar fremde Boxer in seinem Revier nur fürchterlich verwirrte und ärgerte, doch seine Reaktion war köstlich: Er kreischte wie ein kleines Mädchen.

Er kreischte, schleuderte die Handschuhe auf den Spiegel und rannte ins Schlafzimmer, wo er zwei Meter vor dem Bett erneut in Ohnmacht sank. In diesem Moment wusste ich, dass ich einen entscheidenden Fehler gemacht hatte.

Ich hätte zusätzlich eine Videokamera aufstellen sollen.

Ich muss wohl nicht extra erwähnen, dass ich Richard mit meinem Racheakt der Stufe Drei nicht aus seiner Boxobsession riss, sondern unserer ohnehin schon dahinsiechenden Beziehung den Todesstoß gab. Er war tödlich gekränkt durch die Bilder, beschämt, dass ich seine private Manie an die Öffentlichkeit gezerrt und die ganze Aktion offensichtlich mit großem Vergnügen geplant hatte. Ich musste nicht mal den »Es liegt nicht an dir, sondern mir«-Text abspulen, weil wir beide wussten, dass das gelogen wäre.

Von gemeinsamen Freunden weiß ich, dass Richard immer noch Boxfan ist, dass er sein Hobby aber zugunsten eines noch brutaleren und sinnloseren »Sports« vernachlässigt: Ultimate Fighting. Soweit ich weiß, ist es ähnlich wie Boxen, nur dass Treten erlaubt ist und keiner mehr ulkige Spitznamen wie »Sugar« oder »Sweetness« hat. Ich hoffe aufrichtig, dass Richard eines Tages eine Frau findet, die sein Interesse für blutrünstige Sportarten teilt und sie ein glückliches, gesundes, ebenbürtig verrücktes Paar werden.

Solange ich mich nicht mit ihnen zum Abendessen treffen muss.

Rächer-Ramona

Wie Sie später sehen werden, war meine Kindheit überschattet von unerfüllten Fantasien und nicht gesühntem Unrecht. Mir hätte dieses Buch als Mädchen sehr geholfen. Doch zu meiner Zeit gab es nichts dergleichen, und so blieb ich auf mich allein gestellt, mit oftmals desaströsen Folgen. Könnte ich die Zeit zurückdrehen, würde ich mich zu der achtjährigen Eliza Brandt in die erste Reihe ihrer Klasse bei Frau Jacoby setzen und ihr *Rache ist weiblich* vor die Nase halten. Ich bin überzeugt, ihr (also mein) Leben wäre besser verlaufen. Außerdem würde ich der kleinen Eliza raten, sich die Mühe mit den Liebesbriefen an Christopher Atkins zu sparen, weil der Idiot nie antworten würde.

Da es dieses Buch für mich noch nicht gab, fehlte mir das Ventil für die zahllosen Rachefantasien, die mir durch den Kopf gingen. Vielleicht war das besser so. Denn so verwandelte ich meine ohnmächtige Wut in etwas, das gesellschaftlich akzeptabler war: Rächer-Ramona.
Das ist Ramona:

Ich weiß, sie ist ein Strichmännchen. Und: Nein, das ist keine Originalzeichnung aus grauer Vorzeit. Sie stammt von gestern. Sollte jemand etwas an meinen Zeichenkünsten auszusetzen haben, möge er mir eine E-Mail schicken, aber denken Sie bitte daran, dass ich sensibel bin und es vielleicht mal ein Kapitel geben könnte, das sich der Rache an Kunstkrittlern widmet.

Um fair zu sein, muss ich sagen, dass sich Ramona in den letzten zwanzig Jahren kaum verändert hat. Die Frisur wurde der Zeit angepasst, früher war sie höher toupiert und ihre Röcke sind heute kürzer (obwohl meine Beine um die Oberschenkelregion ein wenig dicker geworden sind), aber im Großen und Ganzen steht Ramona heute so vor Ihnen wie Mitte der achtziger Jahre.

Ramona ist die perfekte Vertretung für Eliza, denn während mich meine Streiche manches Mal in Teufels Küche brachten, wurde Ramona nie erwischt. Ab und an mag sie etwas gehetzt erscheinen oder in der Klemme stecken, doch Ramona weiß sich stets zu helfen und hat immer die richtigen Worte parat.

Natürlich hat Ramona in ihrer Strichwelt einen Freund. Für ihn hatte mein rasiermesserscharfer achtjähriger Verstand den unglaublich cleveren Namen »Bobby Boyfriend« erfunden.

Bitteschön, ich präsentiere Ihnen Bobby:

Ich weiß auch nicht, warum Bobby einen Hals hat und Ramona nicht, oder warum seine Frisur wie ein zu dick geratener Pfannkuchen aussieht, aber das spielt keine Rolle. Ramona und Bobby liebten einander heiß und innig und waren meistens mit irgendwelchen romantischen Unternehmungen beschäftigt. Dennoch schaffte Bobby es immer wieder, Ramonas Zorn zu erregen, und wurde in Folge regelmäßig Opfer ihrer rächenden Hand.

Natürlich hat jede Cartoonfigur, insbesondere eine so radikal zweidimensionale wie Ramona, einen Erzfeind, und so auch sie. Gab es eine heikle Situation, in der man Schaden anrichten konnte, einen charakterschwachen Jungen, den man verführen konnte, oder eine Gelegenheit, um Ramona vor allen bloßzustellen, war stets Luder Lucy zur Stelle. Ja ja, es ist wieder das Ding mit der Alliteration. Ich war acht. Drücken Sie ein Auge zu.

Das ist Luder Lucy:

Wie Sie sehen, ist Lucy größer und schlanker als Ramona. Daran kann man ablesen, dass ich schon im zarten Alter von acht Jahren Komplexe wegen meines Aussehens hatte. Die Brüste von Luder Lucy sind durch zwei Bögen im oberen Drittel dargestellt. Daran wiederum kann man ablesen, dass ich auch im zarten Alter von Ende Zwanzig/Anfang Dreißig/Sie-werden-es-nie-erfahren immer noch miserabel zeichne. Außerdem wird Ihnen auffallen, dass Luder Lucy eine halb angedeutete Taille und Hüfte besitzt, zusätzlich zu einer Ausbuchtung unter den Brüsten, die wie ein verlängerter Rettungsring aussieht. An Lucys Stelle würde ich damit mal zum Arzt gehen.

Die meisten der Rächer-Ramona-Cartoons, die ich im Laufe der Jahre zeichnete, waren nach dem gleichen Muster gestrickt: Ramona und Bobby gehen aus, um sich zu amüsieren, Luder Lucy kommt dazu und verdirbt alles, Ramona rächt sich an Lucy und Bobby und teilweise auch an irgendwelchen Passanten, die ihr in den Weg geraten. Heute weiß ich, dass man diese unschuldigen Opfer unter den Passanten im Fachjargon herzlos als »Kollateralschaden« bezeichnet, aber damals nannte ich sie die »Hopplas«.

Betrachten Sie zum Beispiel den folgenden Cartoon »Rächer-Ramona und Bobby Boyfriend im Kino«

Okay, vielleicht ist Ramona manchmal etwas voreilig, aber eben das ist der Punkt, um den es mir geht. Mit Ramona habe ich die Freiheit, auf jede paranoide Fantasie zu reagieren, die mir meine rastlose Vorstellungskraft vorgaukelt. Für Cartoonzeichnungen kommt man nicht ins Gefängnis (glaube ich zumindest), selbst wenn sie mörderische Tendenzen aufweisen. Hier ein weiteres nachgebildetes Juwel (das Original datiert ungefähr auf 1987), liebevoll »Schultage« genannt.

Wieder ein bisschen extrem, aber immerhin bringt Ramona deutlich rüber, was sie meint.

Bevor wir Ramona verlassen und Rachestufe Vier erörtern, möchte ich, dass Sie sich ein paar Momente

Zeit nehmen und sich selbst einen Cartooncharakter schaffen. Er muss nicht besonders einfallsreich sein und auch nicht besonders gut gezeichnet, aber es ist wichtig, irgendein Alter Ego zu haben, an das Sie sich wenden können, wenn Ihr eigener Rachebrunnen einmal versiegt. Es ist erstaunlich, wie oft mir eine einfache Strichzeichnung aus der Krise geholfen hat, und sicher kann es Ihnen genauso gehen.

Als erstes brauchen Sie eine Hauptfigur. Sie muss nicht Ihr Ebenbild sein, aber es schadet nicht, wenn zwischen Ihnen ein paar Gemeinsamkeiten bestehen. Doch es bietet sich auch an, ein paar Fehlerchen zu korrigieren.

Haben Sie das Gefühl, Ihre Beine seien zu kurz? Machen Sie sie länger. Unzufrieden mit Ihrer Frisur? Gönnen Sie sich einen neuen Look. Ihre Figur kann alles sein, lassen Sie Ihrer Fantasie freien Lauf. Zeichnen Sie Ihr fiktives Ich in den Kasten und nehmen Sie ruhig einen Bleistift. Es ist nichts dagegen einzuwenden, den einen oder anderen Fehler auszuradieren. Ich sag's auch nicht weiter.

Oh, sie ist wunderschön! Gut gemacht. Hat sie schon einen Namen? Alliterationen können helfen, aber ich gebe zu, dass sie auf Dauer etwas nerven. Achten Sie jedoch darauf, einen Spitznamen zu wählen, den Sie sich gut merken können, denn Sie können es sich nicht leisten, über den Namen nachzugrübeln, wenn Sie gerade mitten im Cartoonfieber sind.

In Ordnung, kommen wir jetzt zu Ihrem fiktiven Partner. Sollten Sie derzeit in einer Beziehung stecken und den Glücklichen als Vorlage für Ihren Charakter wählen, tun Sie sich keinen Zwang an, aber bedenken Sie, dass die unschuldigen Zeichnungen Sie zwar nicht ins Gefängnis bringen, in einem Gerichtsverfahren jedoch keinen guten Eindruck machen werden. Geben Sie Ihrem Freund einen anderen Namen, das könnte Ihnen viel Ärger und Herzschmerz ersparen. Zeichnen Sie ihn hier hinein:

Mein lieber Herr Gesangverein, ein heißer Typ! Was für Arme/eine Brust/ein Hintern/ein Gesicht! Sie haben einen ausgezeichneten Männergeschmack.

Natürlich braucht jede Heldin eine Widersacherin, und hier haben Sie die Chance, Ihre ganz eigene zu kreieren. Sicher haben Sie schon die eine oder andere Person im Kopf. Vielleicht kreieren Sie ja eine Mischung aus verschiedenen unerfreulichen Menschen oder Sie konzentrieren sich einfach auf diese eine kleine miese Schlampe in Ihrem Bekanntenkreis. Wie Sie sich auch entscheiden, Sie sind auf dem besten Weg zu emotionalem Wohlbefinden. Zeichnen Sie Ihre Widersacherin hier:

Igitt, ist die scheußlich! Zumindest sollte sie mal diese durchgehende Augenbraue zupfen. Kein Wunder, dass Sie die nicht leiden können.

Jetzt, wo Sie Ihre Charaktere haben, können Sie sie in beliebige Situationen einsetzen und die Dinge ihren natürlichen Lauf nehmen lassen. Erzwingen Sie nichts – entspannen Sie einfach und lassen Sie die Ideen fließen. Denken Sie an eine Gelegenheit, in der Ihnen Unrecht geschah, und wie Sie sich rächen würden, wenn Ihnen alle Mittel zur Verfügung stünden und Sie weder gesellschaftliche Zwänge noch Polizei fürchten müssten. Dann zeichnen Sie die Personen in die leeren Kästchen. Vielleicht sollten Sie diese Seite kopieren, bevor Sie damit anfangen. Meiner Erfahrung nach macht diese Tätigkeit Frauen süchtig und sie zeichnen zehn bis zwanzig Cartoons hintereinander, bevor der Bann bricht.

Voilà! Ein Meisterwerk! Das könnten Sie gleich rahmen und im Schlafzimmer aufhängen oder zur Not dem freundlichen Schürzenjäger von nebenan in den Briefkasten stecken.

Rächer-Ramona-Cartoons werden uns noch öfter in diesem Buch begegnen. Von dieser Frau können wir einiges über das Leben, die Liebe und die Vergeltung lernen.

Rachestufe Vier

Sollten Sie Rachestufe Vier erreicht haben, möchte ich Ihnen zunächst einmal mein Beileid aussprechen. Offensichtlich ist in Ihrer Beziehung etwas ernsthaft schief gelaufen und es gibt kein Zurück mehr. Wir alle haben das schon durchgemacht und die meisten von uns werden es wieder durchmachen müssen, aber ich weiß, dass Sie ein leicht schummriges Gefühl im Magen haben, so als hätten Sie soeben halbverdorbene Shrimps verzehrt.

Rache auf Stufe Vier wird, was überraschen sollte, oftmals im Affekt ausgeführt. Es ist eine Rache voll Leidenschaft, obwohl Rache im Idealfall stets überlegt ausgeführt werden sollte, und sei es nur, weil sie dann einfacher zu dokumentieren ist und man später besser mit den Freundinnen drüber lachen kann.

Was Beziehungen betrifft, markiert Rachestufe Vier das Ende. Lassen Sie mich das klarstellen: Es heißt nicht, dass Sie und der Mann nicht eines Tages wieder befreundet sein können. Nach ein, zwei Jahren können Sie vielleicht zusammen auf ein Bier gehen, darüber lachen und mitleidig ein wenig Sex mit ihm haben. Rachestufe Vier heißt aber, dass die Tage Ihres gemeinsamen Pärchendaseins gezählt sind, weil er Ihren Glauben derart erschüttert hat, dass Sie ihm nie mehr vertrauen können. Und was Sie mit ihm vorhaben, wird sich auch nicht rückgängig machen lassen.

Ich weiß, Sie wollen ein Beispiel. Na schön.

Carrie lernte ich bei einem meiner Racheseminare kennen. Sie wollte ihr Wissen etwas auffrischen, aber sie hätte genauso gut selbst den Kurs geben können.

Carrie war die letzten Jahre mit einem Musiker namens Tad liiert. Die meisten von Ihnen werden das Problem auf den ersten Blick erkennen.

1. Meiden Sie, wenn möglich, Partnerschaften mit Musikern. Ich weiß, sie sind cool und angesagt und sexy, aber es endet immer mit gebrochenen Herzen und nichts als Dosenravioli, während Sie auf seinen großen Durchbruch warten.

2. Meiden Sie Menschen namens Tad. Es ist mir egal, ob Sie den Mann lieben, bringen Sie ihn wenigstens dazu, seinen Namen zu ändern.

Carrie und Tad wohnten in der Nähe von Los Angeles und zogen nach ein paar Monaten zusammen. Es dauerte eine Weile, aber schließlich gewöhnte sie sich sogar an die ungewöhnlichen Arbeitszeiten des aufstrebenden Musikers. Anfangs versuchte sie, auf all seine Konzerte zu gehen, aber an manchen Abenden schaffte sie es einfach nicht und eigentlich hatte sie seine Musik auch bald etwas über. Cult of Furry Elves – so hieß die Band – versuchten mit ihrem lauten Garagenpunk eine Mischung aus den White Stripes und Green Day herzustellen, nur ohne deren Talent.

Also wartete Carrie allabendlich auf Tad und schlief oftmals auf dem Sofa ein, bis er in den Morgenstunden zurückkehrte. Meistens stank er nach Alkohol und Hasch. Er schwor hoch und heilig, dass es keine Groupies gab, und Carrie glaubte ihm, hauptsächlich deswegen, weil die Band nicht gut genug war, um überhaupt Groupies zu haben.

Doch nach zwei Jahren Beziehung trafen bei Carrie immer öfter Telefonate einer Frau mit hoher Stimme ein, die sich selbst stets nur als »die aus dem Club« ausgab, mit Botschaften wie »Sag Tad, die aus dem Club hat angerufen«. Natürlich stellte sie Tad diesbezüglich zur Rede und dieser stritt natürlich alles ab, weil dies ein von der Evolution in der männlichen Kreatur angelegter Mechanismus ist (es sei denn, Sie sind Gegner der Evolutionstheorie; in dem Fall ist es ein Mechanismus, der bei Adam angelegt wurde, als er Eva betrügen wollte, weil sie permanent an ihm herumnörgelte).

Als Carrie Tad erklärte, dass sie wieder auf seine Konzerte gehen wolle, suchte er Ausflüchte, also tat sie das Nächstliegende: Sie folgte ihm. Doch zu ihrer Überraschung fand sie keine Groupies – weil es nämlich kein Konzert gab.

Wie sich herausstellte, hatte Tad die Hälfte seiner »Konzerttermine« in einem Striplokal verbracht, wo ein süßes kleines Ding namens Valerie ihm den Lapdance zum Vorzugspreis gab. Die anderen aus der Band deckten ihn und vergnügten sich ihrerseits mit den Striptänzerinnen. Carrie wartete im Schatten, bis sie sich schließlich allesamt ins Séparée verzogen hatten, dann fuhr sie heim, um Pläne zu schmieden.

Sie wusste, dass sie es mit Rachestufe Vier zu tun hatte, mindestens. Er betrog sie seit längerem und benutzte seine Arbeit bzw. Arbeitslosigkeit, um es zu vertuschen. So etwas musste rasch, brutal und angemessen gerächt werden.

In den nächsten vier Wochen ging Carrie ganz in ihrem neuen Job auf: Sie wurde Tads Managerin.

Sie buchte Tad und seine Cult of Furry Elves für jeden nur erdenklichen Club im Großraum L. A. Sie rief bei allen an, die ihr noch was schuldeten, bettelte bei Veranstaltern, setzte ihren guten Ruf als Managerin (der nicht vorhanden war) aufs Spiel und verschaffte Tad auf diese Weise mal eben mehr Arbeit, als er mit seinen eigenen Versuchen in den letzten fünf Jahren zusammenbekommen hatte.

Allein: Tad erzählte sie nichts davon.

Sie erzählte niemandem davon.

Natürlich verpasste Tad sämtliche Termine und sein Name ist in L. A. heutzutage gleichbedeutend mit Abschaum. Er war gezwungen, zurück zu seinen Eltern nach Seattle zu ziehen, wo er einfach nicht grungy genug war, um in der dortigen Musikszene Fuß zu fassen, und leider auch nicht straight genug, um zu den Technikfreaks zu passen.

Carrie kramt noch heute manchmal ihre Cult of the Furry Elves-CD heraus, teils um sich zu ermahnen, niemals etwas mit Musikern oder Männern namens Tad anzufangen, und teils, weil es da dieses eine supercoole Gitarrenriff gibt.

Rache à la Leonardo

Falls Sie eher der visuelle Lerntyp sind (dem öffentlich rechtlichen Fernsehen sei Dank!), habe ich ein hilfreiches Diagramm erstellt, auf dem Sie die wunden Punkte des männlichen Körpers auf einen Blick sehen. Damit möchte ich sie nicht als Zielscheibe für Schläge oder Tritte auszeichnen (ich unterrichte hier kein Aikido, obwohl das ein fantastisches Training ist. Sie sollten es mal ausprobieren.)

Es handelt sich um die Punkte, die einen Mann bei richtiger Anwendung emotional in die Knie zwingen können. Ähnlich einem schnellen Tritt in die Eier, nur dass Sie die Beine nicht bewegen müssen.

Vielleicht erkennen Sie die folgende Darstellung, aber seien Sie beruhigt, Leonardo wird es uns nicht übel nehmen. Er war Frauenrechtler. Denken Sie bloß an die Mona Lisa – die war einfach schweinecool.

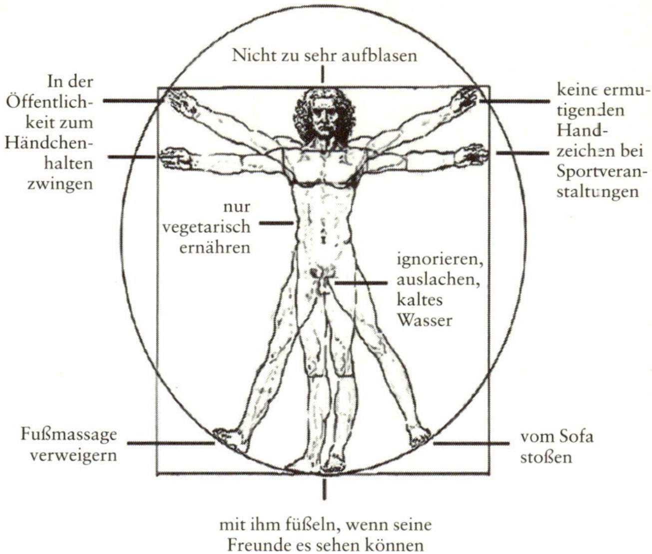

Rachestufe Fünf

Fünf. Klingt so harmlos niedrig. Aber in Fragen der Rache ist es die höchste Stufe. Sie markiert das endgültige Aus der Beziehung, den Punkt, wo alle Schranken fallen, sich alle Schleusen öffnen und alles erlaubt ist. Rachestufe Fünf ist Anfang und Ende, Alpha und Omega, hier verwandelt sich Rache in etwas ebenso Erhabenes wie Unwirkliches. Nur wenige Menschen werden je in eine Rachestufe-Fünf-Situation geraten und noch weniger werden sie sie dann auch ausführen. Doch für die paar Auserwählten kann sie ein wahrer Segen sein. Ich habe die unglaublichsten Charakterwandlungen an Menschen beobachtet, die diesen Tunnel durchschritten und auf der anderen Seite wieder herauskamen. Freunde werden zu Feinden, Feinde zu Freunden und Weltbilder werden auf den Kopf gestellt.

Genug esoterisches Gefasel, werden Sie protestieren, *kommen Sie zur Sache, Eliza.*

Vor sechs Jahren hatte meine beste Freundin Carly Svitavsky (Name total geändert) die Gelegenheit, Rachestufe Fünf gründlich auszutesten. Sie hatte das Verlangen, sie hatte die Gründe, sie hatte das nötige Kleingeld. Es sollte unschön werden, aber es war gerechtfertigt. Und ich durfte zuschauen.

Carly stammt aus dem gehobenen Mittelstand und wuchs nahe Detroit in einem gehoben mittelständischen Vorort von West Bloomfield auf. Der Vorort liegt inmitten einer wunderschönen Hügellandschaft und ist ausgestattet mit fantastischen Schulen, kurz: einer dieser idealen Orte, um Kinder großzuziehen, von denen die Zeitschriften immer schreiben. Als Carly das Alter von zwei erreichte, war ihr Leben relativ gut geplant: Sie würde in der Schule gut abschneiden, eine anständige Universität besuchen, einem netten jungen Mann begegnen und zurückkehren, um irgendwo in der Nähe ihres Elternheims ihre zwei Komma drei Kinder aufzuziehen. Vielleicht würde sie auch in die Großstadt ziehen oder, ganz wild, eine Ranch in Montana erwerben, doch wie dem auch sei, die Wahrscheinlichkeit war hoch, dass Carly ein nettes, normales Leben mit einem netten, normalen Mann führen würde.

Und ganz ähnlich verlief ihr Leben tatsächlich in den nächsten fünfundzwanzig Jahren. Carlys Noten waren gut, sie betätigte sich als Cheerleaderin (ihre Karriere wurde allerdings beendet, als sie sich beim Rollerbladen im Einkaufszentrum den Knöchel brach), dann verbrachte sie viereinhalb Jahre an der Uni (wo wir uns trafen und ein Jahr zusammenwohnten) und schließlich machte sie ihren Abschluss in Marketing, bevor sie zurück in den Großraum Detroit zog, um sich einen Job in der Heimat zu suchen. Die Beziehungen, die sie bis zu diesem Zeitpunkt unterhalten hatte, waren alle von der Sorte »Gartenfestbekanntschaft«. Sie war mit sieben oder acht Männern zusammen gewesen, hatte mit fünf von ihnen geschlafen, hasste lediglich einen und blieb mit zweien gut befreundet. Carly war eine attraktive, lebendige, einfühlsame Frau und es bestand kein Zweifel daran, dass sie IHM eines Tages begegnen würde.

Als Carly nach zwei Jahren im Beruf bei irgendeiner Marketingkonferenz in New Orleans eine Veranstaltung schwänzte und in eine Bar ging (was soll man auch sonst bei einer Marketingkonferenz tun), traf sie dort einen Mann namens David (Name wieder geändert – wie gerne würde ich seinen wirklichen Namen verwenden!). David schwänzte gerade eine Maklerkonferenz in einem anderen Stadtteil, und wie es der Zufall wollte, kam auch er aus der Gegend von Detroit. Sie plauderten ein wenig bei Caipirinha und dergleichen und trafen sich am nächsten Tag im French Quarter zu einem Stadtrundgang. Am Ende der viertägigen Konferenz waren die beiden unzertrennlich, und obwohl Carly in der Arbeit ein wenig Ärger hatte, weil sie so viele Termine der Konferenz versäumt hatte, war ihre Eroberung das hundertmal wert.

Und was für ein toller Fang dieser David zu sein schien! Er war erfolgreicher Makler für die reicheren Vororte von Detroit und hatte sein Unternehmen auf mehrere Bundesstaten ausgeweitet. Mittlerweile verbrachte er den Großteil seiner Zeit mit der Verwaltung des kleinen Imperiums, das er geschaffen hatte. Drei Tage die Woche war er unterwegs, aber Carly hatte mit dem eigenen Job genug zu tun, daher machte ihr das nichts aus. Im Gegenteil, Davids Geschäftsreisen gaben Carly Zeit, ausgefallene Menüs zu planen und sich Verführungsarten auszudenken, mit denen sie ihn bei seiner Rückkehr überraschen konnte.

Nach sechs Monaten enger Beziehung zogen David und Carly zusammen. Er wohnte näher an der Stadt, in einem schicken Loft mit japanischen Wandschirmen und riesigen Fenstern. Innenarchitektonisch entsprach es dem Schick, der um die Jahrtausendwende als hip galt. Carly fühlte sich, als wäre sie gestorben und in der Möbelabteilung des himmlischen Paradieses wieder erwacht.

Alles schien perfekt im Leben der Svitavsky. Carly hatte eine tolle Stelle, einen tollen Mann, eine tolle Wohnung und das Leben war, na ja, toll.

Bis.

In diesen Geschichten gibt es immer ein »bis«.

Weil David so oft unterwegs war und Carly sicherstellen wollte, dass sie in ihrer gemeinsamen Zeit auch etwas voneinander hatten, übernahm sie bereitwillig gewisse Haushaltsarbeiten, damit er sich nicht darum zu kümmern brauchte. Das machte Carly überhaupt nichts aus. Sie gehört zu diesen seltsamen Menschen, die gerne putzen. Ich verstehe diese Menschen zwar auch nicht, aber wir alle wissen, dass es sie gibt.

Eine der Aufgaben, die Carly für David übernahm, war die Wäsche. Da sie selbst drei- bis viermal die Woche wusch, dachte Carly, ein, zwei Maschinen mehr würden auch nicht schaden, und überhaupt hatten sie so einen multifunktionellen Waschautomaten mit tausend Sonderfunktionen, also ein ziemlich cooles Ding (ihre Worte, nicht meine). Wie die meisten Männer vergaß David immer, Kleingeld und Kassenbons aus den

Taschen zu räumen, bevor er sie in die Wäsche steckte, und so erledigte Carly das regelmäßig (und freudig) für ihn.

Eines Tages, als sie ungefähr ein Jahr lang glücklich zusammen waren und Carly das Gefühl hatte, David würde sicher bald den nächsten Schritt einleiten und Ringe kaufen, räumte Carly wieder einmal Davids Taschen aus. Meistens legte sie ihm die Belege einfach auf den Schreibtisch, ohne ihnen weiter Beachtung zu schenken – schließlich war es ihr egal, wo er zu Abend aß oder was er unterwegs kaufte.

Doch ein Kassenbon war weniger zerknittert als die anderen und als sie ihn auf den Schreibtisch legte, fiel ihr seine Aufschrift auf: Babyland Green Bay, Wisconsin. Das war merkwürdig. David hatte kein Baby. Ihres Wissens kannte David noch nicht einmal welche.

Als sie ihn später darauf ansprach – wohlgemerkt ansprach, nicht zur Rede stellte –, behauptete er erst, nicht zu wissen, wovon sie rede. Fünf Minuten später erinnerte er sich jedoch wieder, ein Geschenk für einen Kollegen gekauft zu haben, dessen Frau gerade ein Kind bekommen hatte. Damit war Carly zufrieden. Sie hegte keinerlei Verdacht, also klang diese Antwort nach einer plausiblen Erklärung.

Doch ihre Neugier war geweckt: In den nächsten Monaten ertappte sich Carly öfter dabei, dass sie die Belege genauer ansah, und was sie entdeckte, war überraschend und besorgniserregend. Sie stieß auf ein paar weitere Belege von »Babyland«, eine Einladung zum Babyschwimmen, mehrere Plastikverpackungen von Spielzeug aus dem MacDonald's Kindermenü. Es war unwahrscheinlich, dass David ein Verhältnis mit einer Dreijährigen unterhielt, aber Carly wusste, dass da etwas war, wovon sie keine Ahnung hatte.

Sechshundert Dollar und zwei Privatdetektive später hatte Carly die befürchtete Antwort: David traf sich mit einer anderen Frau.

Schlimmer noch: David traf sich mit einer anderen Frau in Green Bay.

Viel schlimmer noch: David war mit dieser Frau in Green Bay verheiratet.

Ganz schlimm: David hatte mit dieser Frau in Green Bay ein Kind.

Manch eine wäre ausgetickt. Andere hätten das Weite gesucht. Wieder andere hätten nach dem erstbesten Küchenmesser gegriffen oder wären schluchzend auf das Bett gesunken.

Ganz anders Carly. Schon bevor ihr der Privatdetektiv die Fotos und Beweise von Davids Untreue (genauer gesagt, seiner Treue, untreu war er ja mit ihr) unterbreitet hatte, wusste sie, dass sie es mit Rachestufe Fünf zu tun hatte. Hier gab es kein Zurück, keine Aussicht auf Versöhnung. Gleichzeitig war ihr schmerzlich bewusst, dass David trotz aller Fehler und moralischer Verderbtheit eine Familie hatte, und sie verspürte kein Bedürfnis, das Leben eines kleinen Kindes zu zerstören, bloß weil es einen schwanzgesteuerten Vater hatte.

Dennoch schrie die Situation nach Vergeltung. Er hatte nicht nur einfach mit ihr geschlafen und ein Verhältnis mit ihr angefangen – er hatte sie glauben lassen, dass sie ihr Leben teilten. Sie hatten sogar schon über Heirat gesprochen. Er musste unschädlich gemacht werden.

Erster Schritt: So tun, als wäre nichts geschehen. In den nächsten Wochen verhielt sie sich, als wüsste sie von nichts. Dadurch gewann sie Zeit zu planen und sich zu vergewissern, dass ihr Verdacht begründet war, während David nichtsahnend mit seinem Betrug fortfuhr.

Zweiter Schritt: Vorbereitungen treffen. Carly wusste,

dass sie Zeit brauchte, um ihre Pläne zu verwirklichen. Also wartete sie, bis bei David eine lange »Geschäftsreise« nach Green Bay anstand, und markierte sich den Tag im Kalender mit einem Sternchen. Es war Anfang Mai, in Michigan war es noch kühl, doch ein heißer, schwüler Sommer kündigte sich bereits an. Das passte perfekt in ihren Plan.

Eine andere Haushaltsarbeit, die Carly bereitwillig für David übernommen hatte, war, ihm seine Koffer für die Reisen zu packen. Es machte ihr Spaß, Anzüge und Freizeitkleidung für ihn zusammenzustellen. Sie fühlte sich ihm näher verbunden, wenn sie wusste, was er jeden Tag tragen würde. Das mag seltsam erscheinen, aber ihr gab das irgendwie einen Kick, und wer wären wir, darüber zu urteilen?

Am Abend bevor David aufbrach, schickte Carly ihn zum Einkaufen auf die Suche nach einem speziellen Weichspüler, von dem sie wusste, dass er aus dem Sortiment genommen worden war. Damit schaffte sie ihn für gute zwei Stunden aus dem Haus, in denen sie Phase Eins ihres Planes verwirklichte.

Mit einer kleinen Schere schnitt sie jeweils den obersten Knopf von seinen Hemden. Nichts, was besonders ins Auge fiel, aber doch etwas, das allmorgendlich beim Anziehen auffallen würde. Dann nahm sie eine Spitzzange und verbog je zwei Glieder an den Reißverschlüssen seiner Hosen, so dass die Reißverschlüsse nur noch halb zugingen. In die Socken schnitt sie unauffällige Löchlein in der Region des großen Zehs, die sich im Laufe des Tages vergrößern würden. Sie schlitzte seine Jackentaschen auf und zog die Gummibänder aus allen Unterhosen bis auf eine, die sie so heiß wusch und trocknete, dass sie auf ungemütliche Enge schrumpfte. Dann packte Carly alles fein säuberlich in den Koffer und stellte ihn wie gewohnt an die Eingangstür. Da er sich wahrscheinlich erst am nächsten Abend oder am Morgen darauf umziehen würde und es wahrscheinlich einen Tag lang dauerte, bis er die Sabotage erkannte, rechnete Carly mit etwa vierundzwanzig Stunden Zeit für den Rest ihres Planes.

Am Morgen seiner Geschäftsreise begleitete Carly David zum Taxi vor dem Haus, gab ihm einen dicken Schmatz auf die Wange und flötete: »Ich liebe dich, Schatz.«

»Ich dich auch«, sagte er. »Mach keinen Unfug, solange ich weg bin.«

Er hatte ja keine Ahnung.

Dreißig Sekunden nachdem sein Taxi um die Ecke gebogen war, war sie schon an der Arbeit. Erst ging sie auf den Schrank los. Sie arbeitete mit schneller Präzision, die Schere klapperte, die Nähmaschine surrte. Die kleinen ärgerlichen Makel an seiner Reisegarderobe waren nur ein Vorgeschmack auf das, was ihn zu Hause erwartete.

Modefreak Carly kreierte spezielle Kombinationen extra für ihn. Sie kombinierte Hemden und Hosen, Jacketts und Schuhe und Socken – doch sie legte sie nicht nur auf dem Bett nebeneinander, sie fügte sie bleibend zusammen. Mit extradickem Zwirn. Und Sekundenkleber. Und Draht. David hatte sich als Monster entpuppt, warum sollte er also nicht das passende vierärmelige Hemd tragen, die passende sechsbeinige Hose?

Carly war Dr. Frankenstein und die Kleidung waren ihre Monster. Der Ärmel seines mahagonifarbenen Hemdes passte so hübsch zum Kragen des blauen Sweaters. Würden diese Chinos nicht viel besser aussehen, wenn man die Arbeitsschuhe dranklebte? Und ganz eindeutig mussten diese Socken unten an den Jeans befestigt werden.

Als sie seinen Schrank in Ordnung gebracht hatte, wandte sich Carly dem Rest des Hauses zu. Ganz offensichtlich wusste David sie nicht zu schätzen und die Tatsache, dass er sein Haus in Detroit als Junggesellenbude nutzte, zeigte doch nur, dass er auch sein Haus nicht zu schätzen wusste. Nun, wenn er es nicht konnte, konnte sie es natürlich auch nicht.

Doch so, wie Davids Betrügereien lange hinter einer hübschen Fassade versteckt gewesen waren, wollte Carly ihre Rache hinter den Mauern versteckt wissen, die so lange ihre Hoffnungen und Träume beheimatet hatten.

Carly ging einkaufen.

Folgendes stand auf ihrer Liste:

10 (zehn!) Pfund Fischinnereien. Es ist erstaunlich, wie günstig man das bekommt. Carly berichtet, es hätte sie nur ein Lächeln und einen etwas feuchten Händedruck gekostet.

5 (fünf!) Pfund Garnelen

1 Trichter

1 Packung Gips

2 Töpfe Farbe in den Tönen der Wohnung.

Nach ihrem Einkauf machte sich Carly sofort an die Arbeit. Als erstes schickte sie Fischinnereien und Garnelen durch die Mulinette und produzierte auf diese Art fünfzehn Pfund Fischpampe.

Dann holte sie Davids Bohrer aus dem Schuppen, kletterte auf die Leiter und bohrte ein kleines Loch in die Wandverkleidung im Wohnzimmer, ganz oben, fast an der Decke. Dann stopfte sie den Trichter in das Loch, schob ihn fünf Zentimeter tief hinein, kippte vorsichtig circa ein Pfund der Pampe in das Loch und lauschte, wie es innen zwischen den Platten heruntertriefte.

Das wiederholte Carly in den anderen Zimmern des Hauses, bis sich sämtliche Wände innerlich mit ihrer

Spezialsoße voll gesogen hatten. Der nächste Schritt war der zeitaufwändigste. Sie vergipste die Löcher, ließ die Stellen trocknen und übermalte die Flecken mit frischer Farbe. Hier konnte sie endlich einmal ihr Wissen aus den Abendmalkursen anwenden.

Carlys Racheplan Stufe Fünf war die perfekte Zeitbombe. David würde heimkommen und feststellen, dass sein Kleiderschrank in einen psychedelischen Designeralptraum verwandelt worden war. Nach der ersten Verwirrung würde er verstehen, dass Carly ihm auf die Schliche gekommen war. Wahrscheinlich würde er denken, er sei noch einmal glimpflich davongekommen, wenn man die Härte seines Vergehens in Betracht zog.

Solange die kühle Frühlingswitterung anhielt, würden die Wandverkleidungen den Geruch des Fisch-Garnelen-Cocktails vielleicht noch zurückhalten, doch sobald das Sommerwetter einsetzte, würde er sich in voller Macht entfalten, eine Flutwelle des Gestanks, schier unmöglich zu orten und nahezu unmöglich zu entfernen, ohne dass man die gesamten Innenwände herausriss. Das war die wahre Stärke von Carlys Rache – dieses Liebesnest hatte sie nachhaltig zerstört.

Carly packte still ihre Koffer, sammelte ihre Sachen ein und beauftragte eine Umzugsfirma und ein paar nette Kerle, ihr Zeug zurück zu ihren Eltern zu bringen, bis sie eine neue Wohnung gefunden hätte. Sie war nicht besorgt und nicht am Boden zerstört. Sie hatte sich dem Problem gestellt, es angegangen und war nun darüber hinweg. Die Rache hatte ihr durch die schweren Zeiten geholfen und sie war dankbar für ihr wärmendes Glimmen.

Doch das ist noch nicht das Ende der Geschichte. Carly wollte sicherstellen, dass David nie wieder eine Frau, inklusive seiner Ehefrau, verletzte, wollte aber seine Familie nicht zerstören, indem sie auf der Türschwelle erschien. Also kramte Carly Fotos heraus, die sie zusammen aufgenommen hatten (ja, *diese* Sorte Fotos), machte Abzüge davon und hinterließ sie auf dem Bett, das sie einst geteilt hatten, zusammen mit folgendem Brief:

Lieber David,
du bist wirklich ein begabter Fotograf. Gerne würde ich der Welt dein Talent präsentieren, ich schätze, deine Frau wäre wirklich beeindruckt. Aber bildliche Vorstellung ist dein Talent, nicht meines, und ohne dein Einverständnis könnte ich diese Bilder nicht guten Gewissens verbreiten. Da ich annehme, dass wir in Zukunft nicht besonders oft miteinander reden, dachte ich, wir könnten einen kleinen Code vereinbaren:

Ich lasse dich beschatten. Ich habe einen Privatdetektiv, der sich schon einmal bewährt hat und der ganz vernünftige Tarife verlangt. Auf diese Weise werde ich erfahren, wenn du jemals wieder eine Affäre mit einer Frau anfängst. Solltest du dich entscheiden, deine Frau noch einmal zu betrügen – irgendwie, irgendwo, irgendwann –, werde ich das als Zeichen werten, dass du die Verbreitung dieser Fotos wünschst, und ich schicke sie deiner Frau, deiner Familie, oder ich stelle sie in dieses World Wide Web, von dem immer alle reden. Ich hoffe, du bist mit den Bedingungen einverstanden. Wenn nicht: Pech gehabt.

Danke für unsere gemeinsame Zeit. Immerhin war sie lehrreich. Den Abend mit dem wundervollen Fischessen in dem Restaurant am See werde ich wohl nie vergessen. In mehr als einer Hinsicht habe ich das Gefühl, als würde mich dieser Fisch den Rest meines Lebens begleiten. Ich hoffe, dass du eines Tages genauso empfinden wirst.

Deine Carly

Und damit war sie aus der Tür und sollte das Haus und Davids Gesicht nie mehr wieder sehen. Rachestufe Fünf: Nichts für Zaghafte oder Schüchterne. Aber wenn Sie mit ihr umgehen und ihre gewaltige Kraft kontrollieren können, kommt nichts in der Welt an dieses Gefühl heran.

Also bitte, die Damen. Bestimmen Sie Ihre Rachestufe und machen Sie sich an die Arbeit. Vergessen Sie nur nicht, mir nachher zu mailen, wie es gelaufen ist. Ich kann nicht jedem helfen, aber ich bin genauso scharf auf heißen Rachetratsch wie alle.

Was stehen Sie hier also noch herum? Auf! Los! Ich warte am Anfang des nächsten Kapitels auf Sie.

Kapitel Zwei

Busenfreundinnen. Ewige Treue … bis letzten Dienstag

BFF. Das steht für »Best Friends forever«, die Busenfreundin fürs Leben. Tun Sie nicht, als wüssten Sie nicht, wovon ich rede. Sicher hatten auch Sie, genau wie ich, diese Abkürzung irgendwann zwischen ihrem achten und achtzehnten Lebensjahr in ein Freundschaftsbändchen gestickt oder in einen Kettchenanhänger geritzt. Es gibt keinen Grund, das abzustreiten.

Busenfreundinnen waren, um einen Ausdruck aus der Zeit zu verwenden, der Wahnsinn – man konnte geheimnisvoll tuscheln, gemeinsam Tanzschritte üben, sich bei der anderen über die dummen, dummen Jungs ausheulen oder sich gegenseitig gratulieren, wenn die dummen, dummen Jungs sich ausnahmsweise mal für einen interessierten und sich als doch nicht ganz so dumm entpuppten.

Meine beste Freundin war Jennifer Eccles und ihr Nachname reimte sich auf Mixed Pickles, also nannte ich sie Jenny Pickles, was ihr bis zur neunten Klasse zu gefallen schien, wo sie mich dann ziemlich grob aufforderte, endlich damit aufzuhören. Kein Problem. Darum ging es nicht. Auf einer Kirmes hatten wir Jacken im Partnerlook erstanden, auf denen *Eliza & Jenny, BFF forever* im Airbrushdesign stand. Heute ist mir klar, dass das »forever« doppelt gemoppelt ist, aber damals war ich vierzehn, also seien Sie nicht so streng. Sie haben sicher auch schon einmal »ISBN-Nummer« gesagt.

Jenny Eccles und ich waren unzertrennlich. Meistens hingen wir im Einkaufszentrum ab, aber ich bin sicher, wir haben auch andere Sachen unternommen. Und waren wir gerade einmal nicht zusammen, telefonierten wir stundenlang. Ich erinnere mich zwar nicht mehr, worüber wir so ewig reden konnten, aber es muss immens wichtig gewesen sein.

Ich liebte Jenny Eccles wie eine Schwester, ja, ich liebte sie wie mich selbst. Ich hätte bereitwillig mein Leben für das ihre hingegeben und immer wieder legte ich die Hand für sie ins Feuer, auch wenn völlig offensichtlich war, dass sie erstens im Unrecht war und zweitens verlieren würde. Das machte nichts. Wir waren BFF und damit hatte sich die Sache.

Deshalb war es so ein Schock, als sie mich in den Sommerferien zwischen der zehnten und elften Klasse ohne Vorankündigung zugunsten einer Clique von cooleren Freuden fallen ließ, die in cooleren Einkaufszentren abhingen und, wie ich nur vermuten kann, mit cooleren Telefonen telefonierten. Wir waren nicht einmal langsam auseinander getrieben:

An einem Tag waren wir noch ein Herz und eine Seele und in der Woche drauf schien es, als hätte sie noch nie von mir gehört. Es kam noch nicht einmal zu unschönen Szenen, denn als mir langsam dämmerte, was passiert war, schickten mich meine Eltern in ein Ferienlager, wo ich bald mehr mit Sommerflirts und dem Aufkratzen von Mückenstichen beschäftigt war als mit einer sich auflösenden Freundschaft Tausende von Kilometern entfernt.

Doch als die Schule wieder anfing, sah die Sache anders aus. Die Trennung von Jenny war schlimmer als jede Trennung von irgendwelchen Jungs, mit denen ich zusammen gewesen war: Wir hatten alles gemeinsam gemacht und nun war ich bei allem allein. Die Höhen unserer Freundschaft hinterließen eine ebenso tiefe Kluft und ich merke schon, ich klinge melodramatisch, aber damals war es wirklich verheerend.

Und das ist eben der springende Punkt mit den besten Freundinnen: Mit ihnen erleben wir die schönsten Höhenflüge, doch wenn sie uns betrügen, ist das schwerer zu schlucken als die Gemeinheiten unserer schlimmsten Feinde.

Glücklicherweise gibt es immer eine Lösung. Mittlerweile muss ich Ihnen ja hoffentlich nicht mehr sagen, in welche Richtung sie zeigt.

Ein Mädchen muss sich jedoch bewusst sein, an welchem Typ Freundin sie sich rächt, insbesondere, wenn sie die Freundschaft in Zukunft weiterführen will. Beste Freundinnen sollten zum Beispiel sowohl härter als auch fairer behandelt werden als eine nette Bekannte: Sie bedeuten uns mehr, aber aus diesem Grund verdienen sie wohl auch ein bisschen mehr Strafe. An flüchtigen Bekanntschaften kann man hingegen ungehemmt Vergeltung üben, doch meistens scheint es kaum der Mühe wert.

Zum Glück bietet dieses Buch ein wundervolles Diagramm, auf dem Sie die Natur Ihrer Freundschaft zu der Person, die Sie bei der großen Racheaktion im Kopf haben, genau bestimmen können. Beginnen Sie in dem Kreis oben links (»Kennen Sie diese Person«) und folgen Sie den entsprechenden Pfeilen von dort aus, bis Sie wieder einen Kreis erreichen: Jetzt wissen Sie, mit was für einer Art Freundschaft Sie es zu tun haben, und können dementsprechend planen.

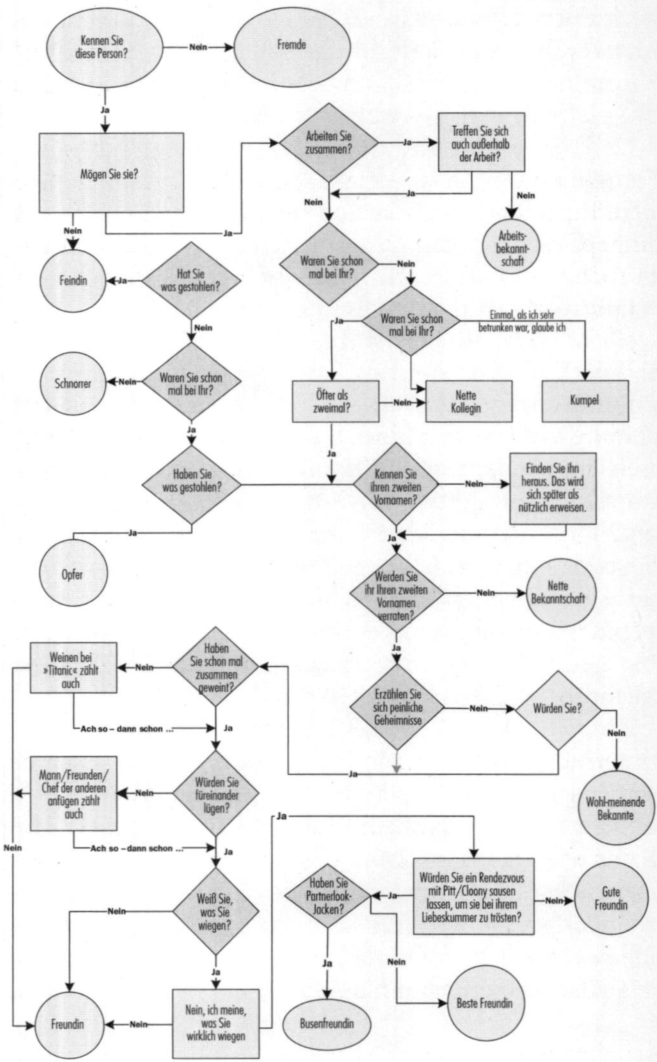

Kennen Sie diese Person?
Nein
Fremde
Ja
Mögen Sie sie?
Nein
Ja
Arbeiten Sie zusammen?
Ja
Treffen Sie sich auch außerhalb der Arbeit?
Ja
Nein
Nein
Arbeits-bekannt-schaft
Feindin
Ja
Hat Sie was gestohlen?
Nein
Waren Sie schon mal bei Ihr?
Nein
Waren Sie schon mal bei Ihr?
Ja
Einmal, als ich sehr betrunken war, glaube ich
Schnorrer
Nein
Waren Sie schon mal bei Ihr?
Öfter als zweimal?
Nein
Nette Kollegin
Kumpel
Ja
Ja
Haben Sie was gestohlen?
Kennen Sie ihren zweiten Vornamen?
Nein
Finden Sie ihn heraus. Das wird sich später als nützlich erweisen.
Ja
Ja
Opfer
Werden Sie ihr Ihren zweiten Vornamen verraten?
Nein
Nette Bekanntschaft
Ja
Weinen bei »Titanic« zählt auch
Nein
Haben Sie schon mal zusammen geweint?
Erzählen Sie sich peinliche Geheimnisse
Nein
Würden Sie?
Nein
Ach so – dann schon …
Ja
Ja
Mann/Freunden/Chef der anderen anfügen zählt auch
Nein
Würden Sie füreinander lügen?
Wohl-meinende Bekannte
Nein
Ach so – dann schon …
Ja
Ja
Würden Sie ein Rendezvous mit Pitt/Cloony sausen lassen, um sie bei ihrem Liebeskummer zu trösten?
Nein
Gute Freundin
Haben Sie Partnerlook-Jacken?
Ja
Weiß Sie, was Sie wiegen?
Nein
Ja
Nein
Ja
Beste Freundin
Freundin
Nein
Nein, ich meine, was Sie wirklich wiegen
Busenfreundin

Gleich werden wir eine Übung machen, in der Sie Ihr soziales Umfeld analysieren können, damit Sie wissen, wo Sie stehen. Doch erst gebe ich Ihnen ein paar kurze Beispiele aus meinem eigenen Leben:

Fremde Person: das Mädchen, das in der U-Bahn zwei Sitze für sich beansprucht, obwohl ich da locker noch hingepasst hätte. Ich weiß nicht, wie sie heißt, und will es auch gar nicht wissen. Fall abgeschlossen. Schrecklich unreine Haut, nebenbei bemerkt.

Feind: Debbie LaGrasse. Sie war zwei Jahre älter als ich, musste aber zwei Schuljahre nachholen, weil ihre Familie aus Italien übergesiedelt war und sie erst Englisch lernen musste. Dementsprechend war sie körperlich am weitesten von uns entwickelt und führte die Clique der Mädchen-die-schon-Brüste-haben an. Da ich inoffizielles Mitglied der Mädchen-die-noch-keine-Brüste-haben-Gruppe war, wurde mein AA-Trainings-BH verspottet und manchmal in der Sportumkleide von Debbie und ihren Gehilfinnen gestohlen. Ich weiß nicht, was sie heute macht. Abhängen, nehme ich an.

Opfer: David Schellman. Armer kleiner Junge, versuchte immer sein Glück bei den älteren Mädchen. Er war Zielscheibe vieler unnötiger und relativ gemeiner Scherze, an denen ich mich zwar nie beteiligte, gegen die ich aber auch nicht einschritt, obwohl meine Eltern mit seinen befreundet waren. Ich glaube, er erfand irgendeine neuartige Feuchtigkeitscreme. Hoffentlich darf er sie den Models selber draufschmieren – das wäre nur fair, finde ich.

Arbeitsbekanntschaft: Michael Cardonik. In Chicago arbeitete er im Büro gegenüber von meinem und hatte immer ein freundliches Wort und ein Lächeln für mich übrig, wenn ich vorbeikam. Ich glaube, er interessierte sich für Sport, weiß es aber nicht, weil wir nicht davon sprachen. Die meisten Unterhaltungen waren harmloser Plausch in der Kaffeeküche über beliebte Fernsehserien oder die Tagespolitik. Über sein Privatleben könnte ich Ihnen nicht viel sagen, aber das machte ihn zur perfekten Arbeitsbekanntschaft.

Nette Kollegen: die Mädels aus dem Sekretariat. Wenn es Zeit war, die Arbeit fallen zu lassen und nach Feierabend noch etwas trinken zu gehen, konnte ich mich immer auf die Mädels aus dem Sekretariat verlassen. Wir hielten es selten den ganzen Abend miteinander aus und die paar Male, wo es vorkam, waren schrecklich langweilig, aber wenn der Abend um 19.00 Uhr beendet wurde, war es immer äußerst unterhaltsam mit den Mädels.

Guter Kumpel: meine Cousine Phyllis. Ich weiß, sie gehört zur Familie und wir sehen uns nur zweimal im Jahr, aber es ist immer ein Fest, wenn wir zusammentreffen. Dabei sind unsere Gespräche oberflächlich und wir meistens ziemlich knülle, aber nichts macht so viel Spaß wie eine feuchtfröhliche Einkaufsjagd nach Miniröcken zusammen mit Phyllis. Ich weiß nicht, ob ich sie wirklich zu meinen Freundinnen zählen würde – ich weiß noch nicht mal, wann sie Geburtstag hat oder wie sie mit zweitem Vornamen heißt –, aber unsere Gackerattacken qualifizieren uns ganz bestimmt als gute Kumpel. Außerdem hat sie immer was zum Trinken dabei. Hatte ich das mit dem Alkohol schon erwähnt?

Nette Bekannte: Jessica Beard. Sie ist eine Seele von einem Menschen. Hat einen wundervollen Mann, eine entzückende Tochter, ein Haus so groß wie Texas und hat sich ihr Glück nie zu Kopf steigen lassen. Ich glaube, sie könnte sogar den Sprung zur Wohlmeinenden oder gar zur Freundin schaffen, wenn sie nur mehr Toleranz gegenüber meinen Seminaren zeigen würde. Aber sie findet meine Vorgehensweisen kleinlich und gehässig. Dummes Mädchen.

Wohlmeinende Bekannte: Ana Maria Torres. Sie ist Sprechstundenhilfe bei meinem Arzt, und weil man dort immer so schrecklich lange warten muss, sind wir Freundinnen geworden. Sie ruft bei mir an, wenn sie Rat braucht, und ich rufe sie an, wenn ich Halsweh habe. Von dieser Freundschaft profitieren wir beide, und ich weiß, sie wünscht mir nur das Beste. Zumindest wünscht sie mir nichts Schlechtes und das ist ja schon mal was wert.

Gute Freundin: Talia Tompkins und Rochelle Swift. Sie sind nicht nur gute Freundinnen von mir, sie sind meine lesbischen Freundinnen. Nicht dass ich lesbisch wäre. Nicht dass damit irgendetwas nicht in Ordnung wäre, aber ich bin es nicht. Talia und Rochelle sind es. Lesben, meine ich. Und sie sind meine Freundinnen. Gute Freundinnen. Nur eben nicht so.

Also noch mal von vorne: Talia und Rochelle sind zwei sehr gute Freundinnen. Wir haben uns an der Uni kennen gelernt, und obwohl sie in New York wohnen, treffe ich sie mindestens einmal im Monat, weil ich dort immer wieder Seminare abhalte oder einfach so hinfahre. Und weil wir so gut befreundet sind, unterhalten wir uns über alles Mögliche, analysieren unser Leben und helfen uns durch Krisenzeiten. Ich kann sie nur nicht »Beste Freundinnen« nennen, weil sie eben zwei sind und es rein sprachlich nicht möglich ist, zwei Dinge zu haben, die das Beste sind. Außerdem klammern sie ein wenig. Hat vielleicht was mit dem Lesbischsein zu tun, keine Ahnung.

Beste Freundin: Carly Svitavsky, die schon im vorigen Kapitel vorkam. Für Carly würde ich alles tun und habe auch schon alles Mögliche getan und ich weiß, dass es ihr mit mir genauso geht. Der einzige Grund, warum sie nicht zur Busenfreundin avancieren kann ist, a) weil diese Position bereits vergeben ist und b) weil sie diesen lächerlichen Wunsch hegt, nach Texas zu ziehen und ich keine BFF in einem Bundesstaat haben kann, den ich noch nicht einmal besuchen würde. Zu heiß, zu konservativ und zu flach. Obwohl Gerüchte kursieren, dass da ein paar ziemlich süße Cowboys rumlaufen.

BFF: Den Namen meiner Busenfreundin werde ich aus Sicherheitsgründen nicht preisgeben. Obwohl ich bezüglich meines eigenen Lebens ziemlich ehrlich und offen bin, möchte ich nicht, dass sich etwaige Rachepläne gegen meine BFF richten, um mir zu schaden. Wir alle kennen diese Filme, in denen der Bösewicht erkennt, dass er den Helden nur aus der Deckung locken kann, indem er das ihm Liebste kidnappt, und obwohl ich ziemlich sicher bin, dass ich keine derartigen Feinde habe, kann man ja nie ganz sicher sein. Sagen wir einfach, dass N. N. und ich wie Schwestern sind, die bei der Geburt getrennt wurden. Äußerlich sehen wir uns vielleicht nicht ähnlich, aber unsere Gedanken laufen synchron und es gibt kein noch so dunkles Geheimnis, das wir einander nicht verraten würden. Wir haben zwar noch keine Partnerlook-Jacken, aber dieses Wochenende werden wir sie uns ganz bestimmt machen lassen.

Bevor wir uns nun der Rache an Freuden zuwenden, müssen Sie sich einen Moment lang Zeit nehmen und Ihren eigenen Bekanntenkreis einer genauen Betrachtung unterziehen. Ich weiß, es ist schwer, mancher mag gar sagen, abgeschmackt, den Bekanntenkreis in Gruppen einzuteilen, aber Sie haben dieses Buch nicht gekauft, damit es Ihren Couchtisch ziert (obwohl es so ein schönes Cover hat). Sie kauften es zum Gebrauch, also nehmen Sie einen Stift und fangen Sie an zu unterteilen. Ich gebe die Gruppen an, Sie listen die Leute auf, die Sie kennen. Fremde, Feinde und Opfer lassen wir weg, hauptsächlich, weil das zu viel Zeit in Anspruch nehmen würde.

Sollten Sie Schwierigkeiten damit haben, stellen Sie sich die einzelnen Bekannten vor und stufen sie dann auf einer Skala von 1 (flüchtige Bekanntschaft) bis 10 (BFF) ein, dann tragen Sie sie in die entsprechende Zeile ein. Sehen Sie, so einfach kann das sein.

Arbeitsbekanntschaft (1–2)______________________
Netter Kollege (2–3) ______________________
Kumpel (3–4)______________________
Nette Bekanntschaft (4–5) ______________________
Wohlmeinende Bekannte (5–6) ______________________
Gute Freundin (6–7) ______________________
Beste Freundin (8–9 ______________________
Busenfreundin (10) ______________________

Na bitte, war doch gar nicht so schwer, oder? Doch denken Sie bitte daran, diese Liste an einem sicheren Ort zu verwahren. Nichts kann eine Freundschaft (oder Wohlgesonnenheit) schneller ruinieren als eine Liste, die Freunde in Kategorien einteilt. So etwas tut man einfach nicht.

Jetzt, wo Sie wissen, wer wo steht, verstehen Sie besser, dass verschiedene Arten der Rache sich für verschiedene Arten von Freunden eignen. Es wäre übertrieben, einen Rachefeldzug gegen eine flüchtige Bekanntschaft zu führen, nur weil sie sich Ihnen gegenüber ungerecht verhalten hat. Aber wenn Ihnen ein enger Freund das Leben zur Hölle macht, werden Sie es ihm mit gleicher Münze heimzahlen. Sie könnten natürlich auch argumentieren, dass Sie lieber bei einer flüchtigen Bekanntschaft oder einem Kumpel die Sau rauslassen, weil Ihnen diese Freundschaften nicht so viel bedeuten wie die der besten Freundin oder gar der Busenfreundin. Es ist ein schmaler Grat, den wir täglich beschreiten, aber es gibt keinen Grund, sich dabei nicht helfen zu lassen.

Im Folgenden finden Sie ein paar nützliche Tipps, um Rache an allen möglichen verschiedenen Freunden zu verüben. Anschließend gehen wir gemeinsam ein paar Übungen durch, mit denen Sie Ihre wachsenden Fähigkeiten verfeinern können. Es handelt sich nur um Beispiele. Jede Rache ist einzigartig, und ich würde mir nicht anmaßen, Ihnen zu sagen, was Sie tun sollen. Besonders nicht in irgendeiner rechtlich bindenden Form.

Arbeitskollegen

Ich will mich nicht zu lange mit der Rache an Arbeitskollegen aufhalten, weil Rache am Arbeitsplatz in einem eigenen Kapitel behandelt wird und ich nicht schon hier zu viel verraten will. Aber mir ist bewusst, dass es in der Arbeit Kollegen und nette Kollegen gibt. Manche Arbeitskollegen sieht man vielleicht jeden Tag und hat trotzdem nichts mit ihnen zu tun, und das ist bei der Rache zu beachten.

Da man Arbeitskollegen naturgemäß nur in der Arbeit sieht, werden Sie sich auch in der Arbeit an ihnen rächen wollen, weil Sie die Früchte der Rache nur dort aus erster Hand genießen können.

Rache an Arbeitskollegen ist meistens niedrigstufig, denn wie sehr kann ein Arbeitskollege Sie schließlich schon verletzen? Nehmen wir an, eine Ihrer Kolleginnen hat die unangenehme Angewohnheit, die Lifttür nicht aufzuhalten, wenn Sie angerannt kommen. Sie können sich eine kleine Freude machen, indem Sie warten, bis sie ihre Arbeit beendet hat, um sie dann im Lift einzuholen (wozu Sie eventuell ein bisschen rennen müssen, bevor die Lifttür zugeht). Sobald Sie drinnen sind, lassen Sie einen Stift fallen. Während Ihre Kollegin sich danach bückt, drücken Sie sämtliche Knöpfe. Und wenn sie sich aufrichtet, tun Sie so, als bemerkten Sie erst jetzt, dass alle Knöpfe leuchten, und regen sich laut auf: »Blöde Kinderscherze!« Das klappt am besten, wenn es einen Betriebskindergarten gibt, ist aber auch ohne ganz lustig. Dann können Sie beim nächsten Halt aus dem Lift springen und über die Treppe zurück in Ihr Büro steigen (Sehen Sie, dieses Buch ist gleichzeitig ein Fitnessratgeber!), während die Kollegin zehn Minuten in dem blöden Aufzug herumhängen muss, bis er sich die zwanzig Stockwerke hinuntergeschleppt hat.

Achtung: Bei weniger als fünf Stockwerken ist der Effekt merklich verringert. In diesem Fall bitte im Kapitel über Rache am Arbeitsplatz eine der dort beschriebenen Alternativmethoden auswählen.

Kumpel und Bekannte

Diese beiden Kategorien behandle ich auf einmal, da die meisten Leute sie sowieso nicht auseinander halten können. Lassen Sie sich deshalb keine grauen Haare wachsen, Sie werden es irgendwann schon verstehen. Ähnlich wie bei der Rache an Arbeitskollegen muss Ihre Rache sowohl zur Härte des Vergehens als auch zur Vertrautheitsstufe passen. Wenn jemand Sie verletzt hat, den Sie einmal im Jahr beim Großfamilienpicknick treffen, sind Sie vielleicht besser beraten, einfach darüber hinwegzusehen und sich wichtigeren Dingen zuzuwenden. Andererseits geht es Ihnen vielleicht besser, wenn Sie besagter Person etwas Kartoffelsalat über den Kopf kippen. Das müssen Sie selbst entscheiden.

Da Kumpel und Bekannte Sie wahrscheinlich nur auf kleiner Stufe ärgern, wird Ihre Rache ähnlich gelagert sein. Nehmen wir mal an, die Freundin einer Freundin hat irgendeine Geschäftsidee, mit der sie Sie nervt. Sie hat Ihre Telefonnummer von einer gemeinsamen Freundin (was schon mal heißt, dass die gemeinsame Freundin eine kleine Abreibung verdient) und ruft Sie allabendlich an, um Sie von ihrem todsicheren mehrstufigen Marketingplan zu überzeugen. Sie wissen schon, diese typischen Anrufe genau zum Abendessen oder wenn Sie unter der Dusche stehen oder mit Ihrem Liebsten im Bett liegen. (Wenn Sie allerdings beim Sex ans Telefon gehen, sind Sie wirklich selber schuld.) Der einzige Weg, diese Anrufe zu stoppen und sie ihre eigene bittere Medizin schlucken zu lassen, wäre, ihr Telefon zu blockieren. Aber wie? Sie wollen ja nicht den ganzen Tag mit dem Hörer in der Hand dasitzen – das wäre zu kindisch und obendrein Zeitverschwendung.

Stattdessen gehen Sie zur Bank und wechseln 100 Dollar in Eindollarscheine. Dann müssen Sie sich die kleine Arbeit machen, die Telefonnummer dieser Frau säuberlich auf jeden einzelnen Schein zu schreiben. Vergessen Sie die Vorwahl nicht! Obszöne Zusatzkommentare wie »Ruf mich an, wenn du was Besonderes willst. Rhonda.« oder »20 Kilo in 3 Wochen!« sind gar nicht nötig. Die Telefonnummer allein wird Wunder wirken. Und dann leben Sie einfach ganz wie sonst und geben die Dollarscheine aus, wann immer es Ihnen günstig scheint. Binnen weniger Wochen werden sich diese Dollarscheine über das ganze Land verteilt haben und der Störerin Anrufe zu jeder Tages- und Nachtzeit bescheren.

Tipp für Globetrotterinnen: Nehmen Sie statt Dollars Pfund, Euro oder Yen und geben Sie sie weltweit aus. Ihr Racheopfer wird noch vor Monatsende Anfragen aus sämtlichen Zeitzonen der Erde entgegennehmen, von Tahiti bis Pakistan.

Wohlmeinende

Wohlmeinende Bekannte sind der Freundinnenstufe so nah, dass es bei den Racheszenarien unweigerlich Überlappungen zwischen den Gruppen gibt. Stellen Sie es sich einfach so vor: Eine Ihnen Wohlmeinende ist wie eine Freundin, die Sie nicht vom Flughafen abholen würden. Mit diesem Gedanken im Hinterkopf werden Sie die Stoßrichtung meines nächsten Vorschlags verstehen:

Falls Sie sich ein wenig an einer Wohlmeinenden rächen wollen, finden Sie heraus, wann sie ihren nächsten Urlaub plant. Es muss etwas sein, worauf sie sich so richtig freut, Hawaii oder Cancun, meinetwegen auch Idaho, wenn sie drauf steht – jedenfalls etwas, wo sie unbedingt hin will. (Mit Geschäftsreisen funktioniert es nicht.) Bieten Sie ihr an, sie zum Flughafen zu fahren, egal zu welcher Zeit. Schließlich tun Sie ihr einen echten Gefallen und sie wird Ihnen dafür dankbar sein.

Eine Woche vor dem Termin fahren Sie Ihr Auto fast leer und gehen dann tanken. Damit haben Sie eine ungefähre Vorstellung, wie viele Liter Benzin in Ihren Tank passen. Den Rest der Woche verbringen Sie damit, das Auto wieder fast leer zu fahren. Notfalls können Sie ein Literchen nachtanken, aber nicht zu viel. Am Morgen des Abflugs stehen Sie fünf Minuten vor der ausgemachten Zeit vor ihrer Tür. Schließlich wollen Sie zuverlässig erscheinen. Wenn sie beim Einsteigen die blinkende Tankanzeige bemerkt, erklären Sie ihr, sie sei kaputt und zeige immer leer an, sie wollten es demnächst mal richten lassen. Natürlich haben Sie die Entfernung zum Flughafen ausgerechnet und genau die richtige Menge Benzin im Tank, um auf halber Strecke, am besten auf einer abgelegenen Landstraße ohne Tankstelle weit und breit, plötzlich langsam zum Stehen zu kommen. Sie wird durchdrehen, Sie werden sich unter Tränen tausendmal entschuldigen, dann werden Sie übers Handy beim Pannendienst anrufen, aber ganz aus Versehen die Nummer der Auskunft wählen. Wenn sie Sie eine halbe Stunde später flehentlich bittet, noch mal nachzufragen, können Sie den Pannendienst getrost erreichen. Die Wohlmeinende wird ihren Flug sicher verpassen und mindestens auf einen Tag im Paradies verzichten müssen. Sie dagegen werden vom warmen Glanz der Rache hübsch gebräunt und rundum strahlen.

Rache an einer guten Freundin. So weit ist es also gekommen. Wenn Sie dieser Situation entgegensehen, holen Sie tief Luft und packen Sie es an. Gute Freundinnen sind vielleicht die Gruppe, an der man sich am leichtesten rächen kann, einfach weil man so viel über sie weiß. Doch ab einer gewissen Rachestufe werden Sie in Kauf nehmen müssen, die Freundschaft unter Umständen zu beenden. Jeder braucht Freunde, aber das Gute an dieser Kategorie ist, dass sie im Plural steht. Verlieren Sie eine, wartet schon die nächste darauf, den Platz auszufüllen. Das mag gefühllos klingen, aber sie hat schließlich angefangen, also sollten Sie sich mal genau überlegen, mit wem Sie da eigentlich befreundet sind.

Wir alle kennen die Sorte Frau, die Freitagabend einen draufmacht, sich bis zum Umfallen besäuft und dann mit dem Typen schläft, mit dem sie als Letztem getanzt hat. Lotterie für die Kerle in der Bar: Wer den letzten Tanz ergattert, darf mit dem Häschen in Minirock und Tanktop ins Bett. Meistens telefoniert sie morgens durch die Welt und beklagt sich, wie scheußlich es war, rechtfertigt sich aber mit dem Standardsatz »Was war ich besoffen.« Sie wissen schon, wen ich meine. Wenn nicht, hätte ich ein paar von der Sorte für Sie übrig.

Diese Frauen sind oft gute, selten aber beste Freundinnen, weil man schwerlich jemandem vertrauen kann, der jedes Geheimnis dem Nächstbesten erzählt, der ihm einen Drink ausgibt. Egal ob sie nun Schnaps an der Bar kippt oder sich im Nachtclub amüsiert, sie wird mit hoher Wahrscheinlichkeit irgendeine schreckliche Dummheit begehen, bevor die Nacht vorüber ist.

Und falls diese schreckliche Dummheit Ihr Leben zufällig ein bisschen mitruiniert, gibt es eine schlichte Rachevariante dafür. Es ist immer das Beste, wenn sich die Strafe am Verbrechen orientiert, und das ist hier todsicher der Fall. Zu Übungszwecken nennen wir die enge Freundin Sophie – auch wenn in meinem Bekanntenkreis niemand Sophie heißt, einssiebenundsechzig groß ist, blonde Strähnchen im Haar und einen Stecker im linken Nasenloch hat und sich eines relativ straffen Körpers erfreut, abgesehen von einem hartnäckigen kleinen Fettpölsterchen am Hintern, dem sie weder durch Treppensteigen noch Antifettcreme beikommt. Sophie scheint einfach ein brauchbarer Name für diese Übung. Und ihr Nachname ist definitiv nicht Gellman.

Okay, also Sophie (Nicht-Gellman) ist die heiße Nummer der Stadt und entschuldigt ihre Aktionen mit Alkohol. Ihre Aufgabe wird es sein, Sophie zu einer Nacht in eine Bar einzuladen, in der Sie einige Freunde haben. Davor verteilen Sie ein paar Digitalkameras und sprechen ein Wörtchen mit dem Barkeeper. Der Slogan dieser Nacht lautet: Kein Alk. Aber das darf Sophie natürlich nicht erfahren. Sie muss glauben, dass ihre Lieblingscocktails genauso viel Feuerwasser wie sonst auch enthalten.

»Na und?«, höre ich Sie sagen. »Was hab ich davon, wenn sie einmal nicht besoffen ist?«

Nun kommen Sie, das ist Psychologie Grundkurs. Sophie benutzt ihren alkoholgetrübten Zustand doch nur, um ihren angeschlagenen Ruf zu rechtfertigen. Mit anderen Worten: Wenn Sophie glaubt, betrunken zu sein, wird sie so handeln, als wäre sie es. Und dann, endlich, werden Sie sie vor allen bloßstellen können.

Als ich das ausprobierte (und zwar nicht an jemandem namens Sophie Gellman aus Manitoba), lief es wie am Schnürchen. Diese gute Freundin von mir wurde im Laufe der Nacht immer »besoffener« und hängte sich an alles, was einen Penis besaß. Sogar an den Vater einer unserer Freunde, der zufällig in der Stadt war. Und die Kollegen in der Bar hielten brav alles auf klaren, scharfen Digitalfotos und Videos fest.

Als sich die Nacht dem Ende zuneigte und es Zeit zum Heimgehen war, nickte ich dem Barkeeper zu und er näherte sich Sophie mit der lauten Frage: »Wünschen Sie noch einen Virgin Daiquiri, Ma'am?«

Sophie, die mit dem Begriff »Virgin« (= »Jungfrau«) schon seit 20 Jahren in keiner Weise mehr was zu tun hatte, lachte betrunken auf. »Gib mir lieber noch einen echten, Mann! Mir geht's prachtvoll!« Der Barkeeper bedachte sie, wie vereinbart, mit seinem allerfeinsten verwunderten Blick und erwiderte: »Ma'am, Sie haben die ganze Nacht keinen Tropfen Alkohol getrunken.«

Ein Gewitter aus Blitzlichtern erhellte den Raum. Es ist erstaunlich, wie gut digitale Fotografie heutzutage in der Lage ist, vollständige Erniedrigung einzufangen.

BFF – Die Busenfreundin

Wie tief man sinken muss, um sich an einer ehemaligen Busenfreundin zu rächen, kann ich am ehesten illustrieren, indem ich die Geschichte vom Anfang dieses Kapitels zu Ende erzähle, die Saga von mir und Jenny Pickles. Als Jenny mich fallen ließ wie eine heiße Kartoffel, um mit ihren coolen neuen Freunden herumzuziehen, wäre ich am liebsten gestorben. Tag für Tag vergrub ich mich in meinem Zimmer, aus Angst, von allen Leuten, die ich bisher als Freunde betrachtet hatte, ausgelacht oder, schlimmer noch, übergangen zu werden. Es war mir egal, dass meine Mutter ständig in mein Zimmer kam und mir von besorgten Anrufen meiner anderen Freunde erzählte. Ich hatte mich in meiner Höhle vergraben und nichts würde mich da herausholen.

Mit der Zeit begann ich allerdings im Geist Pläne zu schmieden. Ich könnte ihr Ansehen in der Schule zerstören, indem ich ihren Ruf schändete. Gerüchte über sie streuen. Ich könnte ihre neuen Freundschaften vernichten, indem ich die Clique infiltrierte und gegen Jenny aufbrachte, bis sie Jenny ausschlossen, so wie sie mich ausgeschlossen hatte. Ich könnte ihre Eltern hinter vorgehaltener Hand informieren, dass der neue Umgang ihrer Tochter mit Drogen, Sex und abartigem Rock'n'Roll experimentierte (natürlich hätte ich nichts davon beweisen können, außer die Sache mit dem abartigen Rock'n' Roll, der so abartig nicht war, weil die Clique auf den gleichen weichgekochten Pop stand wie alle anderen auch).

Ich heuchelte Fieber und Husten, um die Lage auskundschaften zu können. Ich entwarf erste Schlachtpläne. Ich sammelte Zubehör. Ich feierte bereits, bevor ich meine Pläne in die Tat umgesetzt hatte. Es würde die großartigste Rache aller Zeiten werden, und mit jedem Tag wurde mein Schritt leichter und meine Stimmung hellte sich auf. Schließlich war ich bereit, mich wieder ins Schulleben zu stürzen.

Am Tag der großen Racheaktion saß ich hinten in der Mathestunde und beobachtete, wie Jenny Pickles mit ihren coolen neuen Freunden redete. Ich fragte mich, was sie an ihnen fand. Und ehrlich gesagt, fragte ich mich, was sie an ihr fanden. Aber wenn ich mit ihr fertig war, würde niemand mehr sie auch nur mit dem langen Tafel-Zirkel anfassen wollen.

Doch in diesem Moment – als ich mir vorstellte, wie Jenny sich schluchzend in ihrem Zimmer einschloss, so wie ich mich schluchzend eingeschlossen hatte – dämmerte mir, dass ich ihr das gar nicht antun wollte. Ich liebte Jenny noch immer. Und tief im Innern wusste ich, dass sie mich auch noch liebte. Allein das Planen der Rache brachte mich über den Berg, und falls unsere Busenfreundschaft nicht für die Ewigkeit bestimmt war, dann sollte es eben nicht sein. Ich würde weiterleben, so wie zweifellos andere vor mir auch weitergelebt hatten. Und vielleicht würden sich unsere Pfade irgendwann in ferner Zukunft noch einmal kreuzen und unsere Freundschaft neu entflammen. Irgendwie hatte ich das Land der Rache durchquert und war erlöst daraus hervorgegangen.

Ach Gott, was war ich doch für ein Waschlappen! Was habe ich mir nur dabei gedacht? Heute würde ich sie gnadenlos fertig machen. Nun gut, man lernt dazu. Wenden wir uns der Zukunft zu.

Rächer-Ramona und die Verfehlungen der Busenfreundin

Es ist Zeit für eine weitere Lektion von unserer Freundin Ramona. Sie hat einen wahren Schatz an Tipps und Informationen für uns, wir müssen uns nur bequem zurücklehnen und zuhören. Ramona, Bobby und dieses Miststück von Lucy haben Sie ja schon kennen gelernt. Aber sicher wissen Sie noch nicht, dass Ramona eine Busenfreundin hat, eine Begleiterin auf ihrem Lebensweg, mit der sie durch dick und dünn geht (Oberschenkel inbegriffen). Das ist BFF Frannie:

Frannie ist etwas rundlicher als Ramona und ihr Kleid hat einen Fransensaum. Ach ja, und natürlich hat sie keine Naturlocken, sondern eine Dauerwelle. Aber Ramona liebt sie trotzdem und Frannie liebt Ramona.

Natürlich gibt es Zeiten, in denen Frannie und Ramona sich gegenseitig auf die Nerven gehen, das ist nur natürlich. So sind Mädchen eben, manchmal können wir ein bisschen kratzbürstig sein, selbst gegenüber der besten Freundin.

Aber es gibt auch Zeiten, finstere Zeiten, in denen Frannie jedes Maß verliert und Sachen anstellt, die Ramona in Rage bringen. Das ist sehr unklug von ihr, denn Ramona liebt Frannie von ganzem Herzen und nichts schmerzt sie mehr als eine Enttäuschung durch die Busenfreundin.

Betrachten Sie Rächer-Ramona und BFF Frannie in *Die Halskette:*

Oh, diese Ramona. Sie weiß, wie man jemandem … den Kopf zurechtrückt. Hat jemand Lust aufs nächste Kapitel?

Kapitel Drei

Die Geschichte von Eliza
Teil 1: Eliza hält ihren großen Einzug

Die ersten zwei Kapitel haben Ihnen hoffentlich einen kleinen Eindruck vermittelt, wie Rache aussehen kann und wie man sie ausführt. Vielleicht ahnen Sie mittlerweile, welch ein Potential in der Rache steckt und wie sie uns zu mehr Selbstbewusstsein verhelfen kann. Vielleicht haben Sie das eine oder andere sogar schon ausprobiert? Glückwunsch! Sie sind auf dem richtigen Weg.

An diesem Punkt wollen die Teilnehmer meiner Racheseminare (Mo., Mi., Fr., 11:15–12:30, Bailey Hall) meistens etwas mehr über Eliza erfahren. Über den Menschen Eliza, nicht die Kursleiterin. Wo komme ich her? Wie verlief meine Jugend? Wann habe ich dieses fantastische Gespür für Mode entwickelt?

Viele von Ihnen werden denken, dass mir das Rachebewusstsein angeboren ist. Das ist nicht wahr. Studien belegen, dass Babys nicht instinktiv nach Rache streben. Na gut, vielleicht stimmt das nicht, aber sicherlich belegt keine einzige Studie, dass Babys einen Racheinstinkt haben. Noch ein Beweis: Wären Babys rachsüchtig, würden sie mit Tischtennisschlägern in den Patschhändchen vor den Sprechzimmern ihrer Geburtshelferinnen Schlange stehen, um sich bei ihnen mit einem ordentlichen Schlag auf den Hintern zu revanchieren.

Nach allem, was ich von meiner eigenen Geburt erfahren habe, ging es auch hier nicht ohne ein kleines

Trauma ab. Irgendwann im Laufe der Schwangerschaft hatte sich mir die Nabelschnur um den Hals gewickelt und so musste ich per Kaiserschnitt zur Welt gebracht werden. Das war Mitte der Siebziger noch kein so einfacher Eingriff wie jetzt, und bis heute jammert mir meine Mutter vor, wie sie drei Wochen brauchte, um sich davon zu erholen. Bei Regen kratzt sie sich dann den Bauch und klagt über die schwere Geburt. Das ist der Hauptgrund, warum ich sie gern in die Wüsten von Arizona umsiedeln würde.

Ich war das letzte Kind in einer relativ großen Familie, das vierte von vieren, was seine Vor- und Nachteile hat. Als Nesthäkchen wurde ich von meinen Eltern abgöttisch geliebt, was ich klasse fand, bis ich etwa acht Jahre alt war. Ab da wurde es zunehmend lästig und befremdlich. Auf der anderen Seite lernte ich fantastisch grässliche Dinge von meinen älteren Geschwistern, auch wenn ich natürlich der geborene Sündenbock für ziemlich alles war, was sie ausfraßen, weil mir die verbalen Fähigkeiten zur Selbstverteidigung noch fehlten.

Mein Vater war und ist Augenarzt. Er macht das jetzt schon ziemlich lang, und den Satz »Besser, schlechter oder ungefähr gleich?« hat wahrscheinlich er erfunden. Er ging stets zur gleichen Zeit in die Arbeit, Punkt sieben, drückte mir einen Abschiedskuss auf die Stirn und wies mich an, in der Schule brav zu sein. Das ging so bis zur Oberschule: Stets der gleiche Kuss, der gleiche Satz, die gleiche Betonung. Und wieder, wenn ich in den Semesterferien nach Hause kam. Würde ich jetzt bei meinen Eltern leben, bekäme ich sicherlich auch heute noch den Morgenkuss auf die Stirn und würde aufgefordert, in der Arbeit brav zu sein. Papa ist ein sehr beständiger Mensch.

Ich kann mich nicht erinnern, dass mein Vater mehr als

ein- oder zweimal die Stimme gegen uns erhoben hätte, und das war hauptsächlich wegen Dummheiten, wie uns an den Niagarafällen über die Brüstung zu hängen (mein Bruder Alan wäre kopfüber hinuntergestürzt, hätte mein anderer Bruder Daniel ihn nicht in letzter Sekunde am Knöchel gepackt) oder bei null Grad Außentemperatur in Hot Pants und Stilettos auf die Straße zu gehen (meine Schwester Barbara in einer ihrer nuttigen Phasen). Er ist ein geduldiger, fürsorglicher Mensch mit einer positiven Grundeinstellung, der fest daran glaubt, dass man Kinder selber wählen und entscheiden lassen muss, wahrscheinlich weil er weiß, dass es am Ende sowieso auf besser, schlechter oder ungefähr gleich rausläuft.

Das soll nicht heißen, dass wir ohne Disziplin aufwuchsen. Es gab Regeln und Vorschriften, die eingehalten werden mussten, und Konsequenzen, wenn wir sie übertraten. Für besagte Konsequenzen sorgte manchmal mein Vater, meistens aber Mama. Mama war Hausfrau, so wie die meisten vorstädtischen Mütter jener Tage. Sie hasste Bezeichnungen wie Hauswirtschaftsleiterin oder Erziehungsberechtigte. Wurde auf Formularen nach ihrem Beruf gefragt, schrieb sie *Hausfrau* und damit basta. Ihre einzig andere berufliche Betätigung war Aushilfe beim Geschenkpackservice im Einkaufszentrum, immer die zwei Wochen vor Weihnachten, hauptsächlich weil sie wissen wollte, was sich die Leute in der Stadt so schenkten. Mama ist ein wenig neugierig.

Besaß mein Vater Tugenden wie Geduld und stille Disziplin, wählte meine Mutter eine etwas, nun ja, lautere Methode, ihre Kinder großzuziehen. Wären Sie irgendwann Mitte der Siebziger in unsere Stadt gekommen, hätten Sie sie zweifellos schreien hören, wir sollten verdammt noch mal sofort vom Einkaufswagen runter, das sei kein Spielzeug. Doch irgendwie beeindruckte uns ihr Geschrei nicht sonderlich, weswegen es im Laufe der Zeit wahrscheinlich auch immer mehr eskalierte. Je lauter Mama schrie, desto fester verschlossen wir unsere Ohren, also legte sie noch ein Dezibel drauf, um unsere Aufmerksamkeit zu erringen, bis wir auch dieses wieder zu ignorieren lernten, undsoweiterundsolauter, bis wir alle fast einer Überdosis Lärm zum Opfer gefallen wären. So gesehen war Mama ein bisschen wie Heroin. Da fällt mir ein, ihr Lieblingsduft war damals Opium. Alles passt zusammen.

Jedenfalls waren meine Eltern so etwas wie Dick und Doof bei uns zu Hause, nur dass Dick eine Frau war und nicht wirklich dick. Meine Geschwister könnte man vielleicht mit Tick, Trick und Track vergleichen, nur dass einer ein Mädchen war und keiner eine Ente.

Meine Schwester Barbara kam zehn Jahre vor mir auf die Welt und trug alle Kennzeichen der Erstgeborenen. Sie glänzte in der Schule, war ungeheuer wortgewandt und trieb Dinge hinter dem Rücken meiner Eltern, die diese sich im Traum nicht ausgemalt hätten. Und wurde sie doch einmal bei einer ihrer kleinen Eskapaden erwischt, war sie schlau und dreist genug, die Schuld auf eines ihrer jüngeren Geschwister abzuschieben und entging so ernsthaften Bestrafungen. Dadurch fühlte sich Barbara vom Schicksal bevorzugt und unbesiegbar und entwickelte eine gewisse Zickigkeit, die sich bis heute hält. Du weißt, ich liebe dich, Barbara!

Außerdem entbehrte Barbara die ersten zehn Jahre, bis ich dazukam, jede weibliche Unterstützung und hatte nur jüngere Brüder, auf denen sie herumhacken konnte. Da ältere Schwestern jüngere Brüder im Allgemeinen schikanieren können, ohne groß Repressalien von Seiten der Eltern befürchten zu müssen (siehe dazu Kapitel neun, *Die Problemfamilie, Abteilung Geschwister*), war sie für die lästigen kleinen Schwachköpfe, die das Pech hatten, nach ihr zur Welt zur kommen, ein ziemlicher Schrecken.

Als ich auf der Bühne erschien und alt genug war, um schikaniert zu werden, war Barbara schon dreizehn und sah sich langsam nach Jungs um. Daher kam ich relativ ungeschoren davon. Alan, der ältere meiner Brüder, kam drei Jahre nach Barbara zur Welt und Daniel kaum elf Monate danach. Ich weiß gar nicht, wie das körperlich möglich war – das heißt, ich weiß natürlich, dass das *körperlich* möglich ist, aber wenn ich mir vorstelle, wie meine Mutter und mein Vater kaum zwei Monate nach Alans Geburt miteinander ..., also dann gruselt es mich derart, dass mein Hirn augenblicklich abschaltet und ich vergesse, woran ich gerade gedacht hatte ...

Wo war ich gerade?

Ja, also Alan und Daniel kamen etwa zur selben Zeit zur Familie, und obwohl sie fast ein Jahr auseinander sind, waren sie unzertrennlich. Das wurde noch dadurch begünstigt, dass sich Daniel, der jüngere der beiden, körperlich schneller entwickelte als Alan und die beiden also gleich groß, schwer und geschickt waren. Beide waren nicht sonderlich gesprächig und das ist bis heute so geblieben. Telefonate mit meinen Brüdern dauern in der Regel drei bis vier Minuten, und davon bestehen zwei aus langen Pausen und Schweigen, während sie ihre Sätze im Kopf zusammenbauen.

Dabei sind meine Brüder nicht dumm, nicht im Entferntesten. Tatsächlich habe ich einige der Rachetechniken, die ich Ihnen hier vorstelle, von meinen Brüdern gelernt. Sie sind lediglich etwas introvertiert und philosophieren ungern über Themen, die nicht in irgendeiner Form Baseball betreffen. Oder Hockey. Oder Football.

Und zu dieser entzückenden, aber explosiven Mischung

stieß ich, die gute alte Eliza (zweiter Vornamen wird verschwiegen, nicht weil er mir peinlich wäre, sondern weil er wirklich scheußlich ist) Brandt. 4340 Gramm – und ich verbitte mir Scherze über Babyspeck.

Meine frühesten Erinnerungen drehen sich um Familienfeste und Ferienausflüge, die uns Gelegenheit gaben, wie die »wilden Indianer« (Mamas Worte, ganz und gar nicht political correct) herumzurennen. Ich erinnere mich noch genau, wie Barbara Daniel einmal kaltblütig über eine Kühlbox schubste und meiner Mutter dann irgendwie weismachte, er wäre selbst schuld gewesen, weil er sich zur falschen Zeit am falschen Ort aufhielt. Daher kann es kaum verwundern, dass Barbara heute Strafverteidigerin ist. Und zwar eine sehr gute.

Bis zu meinem siebten Lebensjahr bestand mein Leben aus den typischen, eher unspektakulären Ereignissen einer Kindheit in der Vorstadt und verlief rachefrei. Klar war ich ab und an mal wütend und zweifellos spürte ich bei manchen Gelegenheiten die ersten prickelnden Stiche im Magen, doch das war nur kindliche Wut und noch nicht das wahre Verlangen nach Rache.

Doch das sollte sich ändern …

Zeit: die frühen Achtziger. Ort: die Ostküste. Stimmung: nachdenklich, mit dreißigprozentiger Tendenz zur Depression. Ich war in der dritten Klasse und nahm eifrig an allen Moden und Trends der Zeit teil. Wahrscheinlich schaute ich viel MTV, trug Plastikarmbänder und hörte Duran Duran, so wahr mir Gott helfe.

Damals war Joggen das angesagteste Fitnesstraining, also ging mein Vater joggen. Meistens quälte er sich schwitzend und keuchend um den kleinen See in unserer Nachbarschaft, maximal drei Kilometer weit, und stank furchtbar bei der Heimkehr. Damals gab es eine Seifenwerbung, bei der ein kleines Mädchen ihren Vater umarmt (der die Seife benutzt) und in die Kamera sagt: »Ich mag es, wie mein Papa riecht.« Ich mag meinen Vater natürlich auch, aber auf seinen Geruch, insbesondere nach dem Joggen, kann ich verzichten.

Papa brachte immer alle möglichen Kuriositäten von seinen Joggingrunden durch die Nachbarschaft mit: Handzettel, Wohnungsinserate, verlorene Musikkassetten. Er brachte alles mit nach Hause, wo meine Brüder und ich die Beute eifrig aufteilten. Hauptsächlich war es Müll, aber es war *gefundener* Müll, und alles, was man am Straßenrand aufliest, hat automatisch einen besonderen Wert.

Eines Tages las mein Vater den Müll allerdings nicht vom Boden auf, sondern führte ihn gewissermaßen zu unserem Haus. Er war nur zwanzig Minuten fort gewesen, da rief er uns nach draußen, wir sollten gucken kommen. Daniel und Alan waren schneller als ich, und bis ich draußen war, knieten sie schon am Boden und streichelten den dürrsten, räudigsten, bezauberndsten kleinen Welpen, den ich je gesehen hatte. Ein kleiner weißer Flaumknäuel, dessen schwarze Augen in dem verfilzten Fell kaum sichtbar waren.

»Der kleine Racker ist mir bis hierher gefolgt«, erklärte mein Vater. »Ich habe versucht, ihn abzuschütteln, aber er ließ sich nicht abbringen und blieb mir die ganze Zeit auf den Fersen.«

»Wem gehört er?«, wollte ich wissen.

»Keine Ahnung«, sagte mein Vater. »Ich habe ihn hier in der Gegend noch nie gesehen.«

»Vielleicht wurde er ausgesetzt«, schlug Daniel vor.

»Blödsinn«, erwiderte Alan, »der ist irgendwo durch den Zaun geschlüpft. Die Besitzer suchen ihn wahrscheinlich schon.«

Ich wusste, Alan hatte Recht, doch gegen alle Vernunft

hoffte ich, dass der Hund wirklich ausgesetzt worden war, denn Familie Brandt würde ein ausgesetztes Tier doch nicht einfach wieder in die Welt schicken. Oder?

Da wir brave Bürger waren, verbrachten wir den Nachmittag damit, abwechselnd mit dem Hund zu spielen und »Hund zugelaufen«-Zettel zu schreiben. Ich zog mit meinem Vater los, um sie an Laternenpfähle und Stromkästen zu kleben.

»Können wir ihn behalten?«, fragte ich.

»Wir werden sehen, mein Schatz. Er gehört wahrscheinlich einem anderen kleinen Mädchen, das jetzt sehr traurig ist.«

»Aber wenn er nicht entlaufen ist?«, hakte ich nach, »Wenn er auf der Straße geboren wurde? Ein kleines heimatloses Hündchen so ganz allein? Das wäre doch nicht richtig?« Schon damals wusste ich, wie ich meinen Vater erweichen konnte.

Er versprach, darüber nachzudenken, sollten sich die Besitzer nicht innerhalb einer Woche melden. Die folgenden sieben Tage betete ich um einen schrecklichen Sturm, der alle »Hund zugelaufen«-Zettel wegfegte und damit jede Chance zunichte machte, dass jemand den Hund wiedererkannte. Wäre ich gerissener gewesen, wäre ich einfach losgelaufen und hätte die Zettel selbst wieder runtergepflückt. Aber ich wusste, dass es für jede Situation ein korrektes Verhalten gibt und wir Brandts uns immer korrekt verhielten.

Genau eine Woche nachdem der Hund meinem Vater nach Hause gefolgt war – auf die Stunde, nein, die Minute genau –, marschierte ich zu meinen Eltern ins Schlafzimmer und verkündete: »Wir behalten Jogger.«

»Jogger?«, wunderten sie sich im Chor.

»So heißt der Hund. Die Woche ist vorbei, keiner hat sich gemeldet, also behalten wir ihn.«

Meine Eltern tauschten Blicke – die Sorte, bei der man gleich weiß, dass es Ärger gibt, wenn man seinen Willen durchsetzen will.

»Liebling«, begann meine Mutter, »du weißt doch, dass Barbara auf Hunde allergisch ist.«

Und mit »allergisch« meinte sie auch allergisch. Für Barbara war es zwar nicht lebensbedrohlich, es sei denn, man meinte ihr gesellschaftliches Leben, aber beim leisesten Kontakt mit Hundehaaren bekam sie rote Flecken am ganzen Körper, dicke, purpurrote Quaddeln, die jeden Quadratzentimeter Haut bedeckten. Das erste Mal erlebten wir das auf einer Hundeschau in der Stadt, und bis wir zu Hause waren, sah Barbara aus, als hätte sie zehn Runden mit dem Weltmeister im Schwergewicht geboxt.

Doch jetzt kommt der springende Punkt: Barbara war achtzehn und stand kurz vor ihrem Schulabschluss. Sie hatte schon einen Studienplatz in Cornell und würde somit noch vor Ende des Sommers in Ithaka und damit aus der Gefahrenzone sein. Konnten sechs Monate eine womöglich jahrzehntelange Hundeliebe ausstechen? Pflichtschuldig wies ich meine Eltern darauf hin. »Ich bin noch zehn Jahre hier!«, sagte ich, zwar laut, aber vernünftig. »Ich weiß, warum ihr dagegen seid: Ihr hasst mich!«

Gut, vielleicht war der zweite Teil nicht ganz so vernünftig, und auch nicht, dass ich mich die nächsten drei Stunden mit Jogger in mein Zimmer einschloss, aber als ich heraus kam, entspannten sich die Fronten und es kam zu einem Friedensvertrag: Jogger durfte bleiben. Ich musste ihn von Barbara fernhalten, sogar von ihrem Zimmer, und war verantwortlich für die tägliche Pflege: Futter, Wasser, Gassi gehen, Dreck wegputzen. Ich war selig.

Natürlich versprechen die meisten kleinen Kinder das

Blaue vom Himmel herunter, wenn es darum geht, ein neues Haustier zu bekommen, und die meisten Kinder halten diese Versprechen auch ungefähr sechs Tage lang ein. Doch bei mir war das anders. Ich sorgte verantwortungsbewusst für mein Tier. Ich war die Jane Goodall unserer Straße. Nur ohne Gorillas.

Jogger und ich erlebten drei fantastische Monate miteinander. Ich nahm ihn praktisch überallhin mit und päppelte ihn wieder auf. Wir schliefen im selben Bett und spielten stundenlang Hol-den-Ball. Er war das beste Hündchen, das sich ein Mädchen nur wünschen konnte, und ja, vielleicht verkläre ich die Erinnerung hier ein bisschen, rosarot und schluchzende Geigen, aber ich kann mich nicht erinnern, auch nur einen schlechten Tag mit Jogger erlebt zu haben.

Die Frühjahrsferien verbrachte ich immer in Chicago beim Bruder meines Vaters und seiner Familie. Sie waren der wilde Zweig des Brandt-Clans, mit Haus am See, Festen bis in die Morgenstunden und Cousins, die nur wenige Jahre älter waren als ich und mir eifrig alles Mögliche beibrachten, was ich mir nicht einmal hätte vorstellen dürfen. Es war immer ein Riesenspaß.

In jenem Jahr wollte ich Jogger mitnehmen, aber meine Eltern weigerten sich strikt. Es kam nicht in Frage, dass sie einen Flug für einen Hund bezahlten und außerdem sei es nicht recht, Jogger einer möglicherweise traumatischen Erfahrung auszusetzen, nur damit ich etwas zu knuddeln hatte. Tränenreich verabschiedete ich mich also von meinem Liebling, versprach ihm Extrakuscheleinheiten, sobald ich zurück wäre, und machte mich auf den Weg in den Westen.

Illinois und die Brandt-Cousins waren wie immer der Hit. Wir verbrachten fast die ganze Woche am See, planschten im Wasser, erzählten uns Gruselgeschichten und amüsierten uns blendend. Um ehrlich zu sein, dachte ich nicht all zu viel an daheim oder an Jogger.

Doch sobald ich aus dem Flugzeug stieg und von meinen Eltern empfangen wurde, fragte ich: »Wie geht's Jogger?« Nicht: »Hallo Mama«, »Hallo Papa« oder: »Wie geht's meinen Geschwistern?«, sondern: »Wie geht's Jogger?«

Und da war er wieder, dieser Blick. Auweia. Ich brach sofort in Tränen aus, fragte, ob er tot sei, ob ihn ein Auto überfahren hätte, ob er im Krankenhaus sei, ob man ihn dort besuchen könne – die ganze Palette eines hysterischen Anfalls eben.

Mama blickte Papa an und meinte: »Sag du es ihr.«

Ich sollte hinzufügen, dass zu diesem Ereignis mittlerweile die verschiedensten Versionen in meiner Familie kursieren. Meine Erinnerungen sind, wie die aller Menschen, dem Revisionismus und dem Zahn der Zeit unterworfen, doch dieser Tag steht mir so klar vor Augen, dass ich mir sicher bin, dass meine Version die richtige ist.

Meine Eltern nutzten die Osterferien, um für zwei Tage nach Atlantic City zu fahren, und ließen Barbara, Daniel und Alan daheim. Barbara war achtzehn und da sie schon auf ihre Geschwister aufgepasst hatte, seit sie alt genug für einen Kinderbüstenhalter war, und oft die Verantwortung für uns gehabt hatte, schien dies kein großes Problem zu sein.

Nur dass Barbara nicht vorhatte, zu Hause zu hocken und ihren kleinen Brüdern eine Woche lang beim Risiko-Spielen zuzusehen. Sobald meine Eltern fort waren, rief sie ein paar Freunde an, die ihrerseits ein paar Freunde anriefen, die dann, wie es eben so ist, wieder Freunde anriefen, und so weiter und so fort.

Es war eine dieser wilden Partys der Achtziger. Die Sorte, die in John Hughes Teenyfilmen verewigt wurde, wo alle coolen Kids Sportjacken trugen und die Langweiler draußen auf der Wiese herumlungerten und überlegten, wie sie reinkommen konnten. Drinnen vergnügten sich mindestens hundert Leute mit dem nötigen Bier, Rückwärtssaltos vom Sprungbrett und unverantwortlich lauter Musik.

Genau genommen war die Musik wohl so laut, dass der arme Jogger durchdrehte. Er war doch auch nur die sanften Klänge von Simon LeBon und den Eurythmics aus meinem Lo-Fi-Kassettenrekorder gewohnt. Wie Barbara erzählte, raste er panisch durch den ersten Stock, riss die Vorhänge herunter, zerfetzte die Gardinen (Gott sei's gedankt, sie waren himmelblau und sündhaft scheußlich) und erleichterte sich auf fast sämtlichen Betten.

Was die Lage noch verschlimmerte, jawohl, verschlimmerte, war Carl Dimiglio, ein miesepetriger Zweiundachtzigjähriger zwei Häuser weiter, den die Musik nervte und der um Punkt zehn Uhr die Polizei rief, um dem Radau ein Ende zu setzen.

Als die Polizei auftauchte, verdünnisierten sich die Kids in alle Richtungen. Ich glaube nicht, dass die Polizei groß versuchte, jemanden einzufangen. Sie waren wegen einer Ruhestörung gerufen worden und nicht daran interessiert, eine Razzia unter minderjährigen Mittelschichtkindern zu veranstalten.

Aber während des ganzen Trubels stand die Eingangstür offen, und wenn Jogger etwas liebte, waren es rennende Menschen. Ein Blick auf all die aus der Tür stürmenden Kids, und er hatte sich hundertprozentig begeistert angeschlossen und eines von ihnen bis nach Hause gejagt. Als er des Spaßes müde wurde, war Jogger wahrscheinlich meilenweit entfernt, hatte sich verirrt und war einmal mehr im Leben allein.

Meine Eltern hatten schon Zettel aufgehängt und im Tierheim nach ihm gefragt, aber ohne Erfolg. Und obwohl ich den ganzen nächsten Monat nach ihm suchte, wie Agatha Christie persönlich Spuren mit der Lupe untersuchte und allen Indizien nachging, kam ich zu keinem Ergebnis. Jogger war verschwunden.

Anfangs gab ich allen und jedem die Schuld. Meinen Eltern, weil sie Jogger mit meinen Geschwistern allein gelassen hatten. Daniel und Alan, weil sie nicht genug auf ihn aufgepasst hatten, obwohl sie doch wussten, dass Barbara es bestimmt nicht tun würde. Carl Dimiglio, zum einen, weil er die Polizei gerufen hatte, wegen der dann die Eingangstür offen stand, zum andern, weil er einfach ein Ekel war.

Aber letzten Endes wusste ich, wer wirklich verantwortlich war: Barbara.

Sie hatte die Party organisiert. Ihre Musik hatte die gesamte Nachbarschaft beschallt. Ihre Freunde hatten Jogger verrückt gemacht und ihre Freunde hatten die Türe offen gelassen. Außerdem hatte sie Jogger nie gemocht, und, davon war ich damals überzeugt, mich auch nicht. Barbara war schuld und Barbara, so meine tiefe, fast spirituelle Erkenntnis, würde dafür bezahlen müssen.

Es heißt, wenn Leute zu Jesus finden (oder Buddha oder Vishnu oder irgendeinem anderen dieser großen, wichtigen Göttertypen), erleben sie die Große Einsicht, das All-Eins. Sie fühlen sich irgendwie verbunden mit einer Welt, die unsere bloße physische Existenz übersteigt, und Ruhe und Frieden erfüllen sie, zumindest in den ersten Tagen.

Ich hatte vielleicht nicht zu Jesus gefunden (oder Moses oder Allah), aber irgendwann während meines achten Lebensjahres fand ich zur Rache. Und dieses Gefühl, diese tiefe, innere Wahrheit, half mir über die nachfolgenden Monate.

Ich wusste, es hätte keinen Sinn, Barbara eins auszuwischen. Ich konnte auf meine Eltern einschreien, sie sollten Barbara bestrafen, oder ihr auf die Schulter hauen, wenn sie nicht aufpasste, aber all das wurde dem Anlass einfach nicht gerecht. Um Barbara dranzubekommen, musste ich mich in Geduld üben. Ich musste einen meiner späteren wichtigsten Grundsätze beherzigen: »Rache schmeckt lauwarm am besten.«

Der Rest des Jahres verlief ohne größere Katastrophen. Barbara machte ihren Abschluss mit Auszeichnung und wir jubelten ihr zu, als sie nach vorne ging und ihr Zeugnis entgegennahm. Der Sommer flog vorbei, Barbara bereitete sich aufs College vor, die Jungs waren in ihren Sportvereinen und ich in irgendeinem Feriencamp. Als die Schule wieder losging, hielt ich mehr Kontakt zu meiner Schwester als in der ganzen Zeit, als sie noch zu Hause wohnte. Wir schrieben uns, telefonierten und ich brachte sie dazu, mir alle Details ihres neuen Lebens am College zu erzählen. Ich kannte ihren Stundenplan auswendig, all ihre neuen Freundschaften, und obwohl es sie sicher nervte, ständig mit ihrer kleinen Schwester reden zu müssen, war sie irgendwie auch stolz, mir berichten zu können, was sie alles geschafft hatte und wie weit sie im Leben schon gekommen war.

Am Ende des Wintersemesters hatte ich mich hinreichend bei Barbara eingeschmeichelt, so dass sie einwilligte, als ich fragte, ob ich sie in ihrem College besuchen könnte. Meine Eltern waren begeistert, wie gut wir miteinander auskamen, und fanden es schön, wenn ich einen Eindruck von meiner großen Schwester in ihrer neuen Welt bekäme. Sie ließen Barbara also Stein und

Bein schwören, gut auf mich aufzupassen, mich nicht zu irgendwelchen Studentenpartys mitzuschleppen und mich jeden Morgen warm anzuziehen. Dann buchten sie mir den Flug und los ging's zu Barbara aufs College.

Die Cornell Universität im Staat New York ist eine der besten des Landes und gehört zu den Ivy League Elite-Universitäten. Sie brüstet sich, eine erstklassige Ausbildung in einer der schönsten Landschaften östlich des Mississippi zu bieten. Ich klinge ein bisschen wie eine Werbebroschüre, aber lassen Sie sich davon nicht abschrecken.

Außerdem besitzt Cornell eine der besten tiermedizinischen Fakultäten der USA. Aus der ganzen Welt kommen Studenten, um hier Tierpflege zu erlernen, deshalb gibt es jede Menge Viehzeug auf dem Gelände. Hunde und Katzen laufen frei herum, es gibt eine Molkerei (wo man ein Wahnsinnseis zu Schleuderpreisen bekommt, obwohl sie bei 25 Grad minus lieber heiße Schokolade anbieten sollten), und es ist wahrscheinlich die einzige Elite-Uni, an der man Schweinepflege als Studienfach belegen kann.

Barbara hatte mit diesen Tierfächern natürlich nichts am Hut, aber das hieß nicht, dass sie viel Abstand dazu hatte. Barbara lebte im so genannten Nordcampus, der nur einen Katzensprung vom tiermedizinischen Institut entfernt lag, wenn man einen der kostenlosen Campusbusse nahm.

Am Abend vor meiner Abreise wurde Barbara von einem Jungen aus irgendeinem Studentenbund eingeladen, den sie toll fand. Ich überredete sie, die Einladung anzunehmen, und versicherte, dass es mir nichts ausmachte, ein bisschen allein zu bleiben. Ich versprach, das Zimmer nicht zu verlassen, und, unglaublich aber wahr, sie nahm mich beim Wort. Das ist der Vorteil, wenn man als braves Kind gilt: Die Leute glauben einem, wenn man es wirklich bitter nötig hat, vor allem, wenn es darum geht, sie zu belügen.

Niemand schien sich über eine Neunjährige zu wundern, die allein in einem Campusbus unterwegs war. Ich nehme an, ich war ziemlich groß für mein Alter, konnte also als zehn oder elf durchgehen, aber falls sie mich nicht für ein Wunderkind hielten, war es ganz schön verantwortungslos von diesen Studenten, mich einfach so herumlaufen zu lassen.

Um zehn war ich in der Tiermedizinischen Fakultät angekommen und riss alle Abfallcontainer in Reichweite auf. Missverstehen Sie mich nicht, ich fror und hatte Angst: weil es dunkel war, weil ich entdeckt werden könnte, sogar weil ich so weit weg von zu Hause war. Aber ein Gefühl der Pflichterfüllung trug mich durch all diese Ängste.

Im dritten Container fand ich das Gesuchte: Haare. Fell. Rasurabfälle. Jede Menge. Fellreste von Hunderten verschiedener Tiere, alles in einem dicken Ballen. Ich zog den dafür mitgebrachten Kissenbezug hervor und stopfte ihn voll, so schnell ich nur konnte.

Auf dem Heimweg im Bus blickte ich kein einziges Mal auf, und als ich jemanden hinter mir fragen hörte: »Ist das nicht die kleine Schwester von Barbara Brandt?«, rannte ich den ganzen restlichen Weg zu ihrem Zimmer. Als ich atemlos und völlig verängstigt in Barbaras Zimmer ankam, schlief ihre Zimmerkollegin Annette schon. Das war gut, denn wäre sie wach gewesen, hätte sie meine Pläne ernsthaft behindern können. Außerdem war sie ein erstklassiges Miststück. Ich dachte, das sollte mal erwähnt werden, der Nachwelt zuliebe.

Rasch machte ich mich an die Arbeit: Ich stopfte Tierhaare in Barbaras Kissen und verteilte sie gleichmäßig über ihre Matratze. Darüber legte ich die universitätseigenen, dünnen Laken, die so gut wie keinen Schutz vor den Allergenen darunter bieten würden. Ich streute Haare in ihr Make-up-Täschchen und wiederholte die Prozedur mit der Tasche, in der sie Shampoos und Handtücher verwahrte. Dann behandelte ich einige ihrer Lieblingsblusen. Innerhalb einer halben Stunde hatte ich alle Haare verteilt und war zu Tode erschöpft. Ich schlief auf meinem Schlumpfinchen-Schlafsack ein und träumte von den glücklichen Tagen mit Jogger.

Schreie weckten mich.

Barbara war purpurrot. Überall. Als wäre sie in einen Farbtopf gefallen. Sie war angeschwollen wie ein Michelinmännchen und passte nicht mehr in ihre Kleider (die sowieso grundsätzlich eine Nummer zu klein waren).

Sie schrie und schluchzte und verfluchte die ganze Welt, aber ich glaube kaum, dass sie ahnte, dass ich hinter diesem Schlamassel stand. Was mich anging, machte ich ein ernstes Gesicht und spielte die besorgte kleine Schwester. Ich weiß nicht, wie lange ich das Spiel durchgehalten hätte, aber darum machte ich mir keine Sorgen: Ich musste ja zum Flughafen.

Zwei Stunden später flog ich heimwärts und Barbara war im Krankenhaus, wo die Ärzte ihr Kortisonspritzen verpassten und erklärten, jetzt müsse sie einfach warten. Da half es gar nichts, dass der Winterball bevorstand und sie gerade einem netten Jungen näher kam, der sicher nicht sehen wollte, wie sie als Gruselmonster verkleidet aussah. Das einzige, was die Schwellungen und Flecken ausheilen konnte, war die Zeit.

So wie die Zeit mich schließlich über den Verlust meines einzigen Haustiers hinweggebracht hatte, würde sie auch Barbara über den (vorübergehenden) Verlust ihres perfekten Teints hinwegbringen.

Es dauerte eine Weile, aber schließlich zählte Barbara eins und eins zusammen und kombinierte, dass ich dahinter steckte. Sie versuchte, mich bei unseren Eltern anzuschwärzen, doch ohne eindeutige Beweise weigerten sie sich, mich zu verurteilen. Als Strafe sprach sie sechs Monate kein Wort mit mir, aber ich ging völlig in diesem neuen, herrlichen Gefühl auf.

Jedes Mal, wenn mich ein Hund an Jogger erinnerte und mir das Herz sank, dachte ich daran, wie Barbara schreiend vor ihrem großen Spiegel gestanden hatte, purpurrot verschwollen, und das linderte meinen Schmerz ein ganz klitzekleines bisschen.

War das übertrieben? Zum Teufel, natürlich war es das. Ich war jung und ungebildet. Heute würde ich niemals aus Rache absichtlich mit der Gesundheit eines Menschen spielen. Aber wie so viele, deren Talente in der Kindheit roh und fast gewalttätig zu Tage treten, strömte ich damals über vor Aufregung über all die vor mir liegenden Möglichkeiten.

Heutzutage, wenn es wieder einmal Zeit ist und die Brandt'sche Familie Weihnachtsgeschenke austauscht, feiere ich gewöhnlich den Moment, in dem ich die Rache entdeckte. Ich kaufe Barbara eine Bluse oder Jacke oder einen Rock – irgendetwas Teures und Modisches.

Hauptsache purpurrot.

Kapitel Vier

Rache am Arbeitsplatz: Durchdrehen ist mega-out

Dieses wichtige Kapitel wollen wir mit einem kleinen Assoziationsspiel beginnen. Ich werde Ihnen ein paar Begriffe nennen und Ihre Aufgabe ist es, *das erste,* das Ihnen dazu in den Sinn kommt, aufzuschreiben. Sollten Sie keinen Stift zur Hand haben, schreien Sie Ihre Antworten einfach heraus. Denken Sie sich nichts dabei, wenn Sie in der U-Bahn oder im Wartezimmer beim Arzt sitzen – dieser Test soll Ihnen helfen und Sie können auf die Empfindlichkeiten anderer Leute keine Rücksicht nehmen. Sollte Sie jemand böse anschauen, blättern Sie einfach zum Kapitel *Rache bei bösen Blicken* und handeln Sie den dortigen Anweisungen entsprechend.

Bereit?

Ihr Chef: ______________________________
Ihre Kollegen: __________________________
Ihr Gehalt: _____________________________
Arbeitspensum: _________________________
Steuerliche Abzüge: ______________________
Der Kopierer: ___________________________
9:00 Montagmorgen: ______________________
14:00 Dienstagnachmittag: ________________
Ihre Zukunftsaussichten: __________________

Danke fürs Mitmachen. Jetzt sehen Sie sich die Liste einmal in Ruhe an (für diejenigen, die geschrien haben statt zu schreiben: Greifen Sie sich einfach einen der Umstehenden, um Ihre Antworten zu rekonstruieren). Sollten drei oder mehr Ihrer Antworten eher negativ ausgefallen sein (z. B. *Chef: bescheuert; Kollegen: bescheuert; Gehalt: Bin ich eigentlich bescheuert?*), sollten Sie dieses Kapitel sehr aufmerksam lesen. Es könnte Wunder wirken.

Wenn Sie kaum negative Antworten haben, heißt das, Sie sind mit Ihrer Arbeit glücklich und zufrieden und Gott ist mit Ihnen. Überspringen Sie dieses Kapitel.

Obwohl, sollten Sie bei *14:00 Dienstagnachmittag*, was erwiesenermaßen den Tiefpunkt jeder Arbeitswoche darstellt, eine positive Assoziation haben, gehören Sie zu den Leuten, die anderen das Leben schwer machen, und müssen damit rechnen, dass sich bald ein Kollege an Ihnen rächt. Tut mir Leid, aber vielleicht sollten Sie dieses Kapitel doch lesen, damit Sie wissen, worauf Sie sich einzustellen haben.

Wenn jedoch *alle* Ihre Antworten negativ ausfallen, sollten Sie sich entweder nach einer anderen Beschäftigung umsehen oder sich an eine Beratungsstelle wenden. Oder beides. Denn Miesepeter mag keiner.

Für alle, die dieses Kapitel weiterlesen, hier ein paar Zahlen: In den USA wird jährlich fast eine Million Menschen Opfer von Gewalt am Arbeitsplatz und fast tausend sterben, darunter viele Frauen. Gewalt ist bei jungen Frauen sogar die häufigste Todesursache am Arbeitsplatz.

Ganz schön krass, was? Ich weiß, Sie erwarten seichte Unterhaltung und ich komme hier mit diesen Stimmungstötern.

Damit will ich jedoch verständlich machen, dass zu viel Wut und Frust in der Arbeitswelt herrschen und es für den kleinen Angestellten keine angemessene Möglichkeit gibt, sich abzureagieren. Was können Sie schon tun, wenn Ihre Chefin Sie grundlos niedermacht? Wenn Sie sich bei ihren Vorgesetzten beschweren, wird es das nächste Mal nur schlimmer. Sie können Ihren Kollegen Ihr Leid klagen, aber die schalten auch irgendwann auf Durchzug und drehen die Lautstärke ihres iPods hoch. Sie könnten kündigen, aber wovon sollen Sie dann leben? Sie fühlen sich gefangen, und in die Enge getriebene Tiere sind bekanntlich die gefährlichsten, weil sie unberechenbar sind. Plötzlich beißen oder kratzen sie oder schießen mit halbautomatischen Maschinengewehren um sich.

Brauchen Sie noch mehr Beweise? Geben Sie den Satz »I hate my job« bei Google ein und schauen Sie, wie viele Treffer Sie haben. Gerade keinen Computer zur Hand? Ich erledige es für Sie: 53 600. Eine ganze Menge Hass für etwas, womit man ein Drittel seines Tages verbringt.

Probieren Sie es mal mit »I hate my boss«. Immer noch kein Computer? 8130.

Jetzt probieren Sie es zum Vergleich mal mit »I love my boss«. Was bekommen Sie? 3912. Nicht mal halb so viele Treffer. Und ein Drittel dieser »I love my boss«-Seiten sind Pornoseiten, die wahrscheinlich ohnehin erfunden sind.

Gehen Sie noch einen Schritt weiter und probieren Sie es mit »Kill my boss«. Das wäre eine extreme Maßnahme, die dieses Buch niemals empfehlen würde, aber es verschafft uns eine Vorstellung davon, was im Kopf des durchschnittlichen englischsprachigen Arbeitnehmers vorgeht. 683 Websites findet man zu diesem hoch brisanten Satz.

Und wie viele findet man zum Thema »Kiss my boss«, ein Satz, der nur in zwei Buchstaben vom vorhergehenden abweicht? Gerade mal 169. Und in den meisten davon ist es nur der Anfang des Satzes »Kiss my boss' ass.«

Weitere Aussagen und ihre Trefferquoten bei Google:

I hate my cubicle. (Ich hasse mein Büro.): 6460
My boss is an ass. (Mein Chef ist ein Idiot.): 503
My Boss sucks. (Mein Chef nervt.): 2090
I hate work. (Ich hasse Arbeit.): 10 700
Work sucks. (Arbeit nervt.): 76 000

So sieht's aus. Kein Wunder, dass es so viel Frust in der Arbeitswelt gibt. Etwas muss geschehen, und zwar schnell.

Benutzen Sie Rache als Ventil. Behalten Sie sich Rache als Notausgang vor für Zeiten, in denen Sie sich in die Enge getrieben fühlen. Bei richtiger Anwendung kann Rache tätliche Übergriffe am Arbeitsplatz um, sagen wir mal, 58 Prozent verringern und sie hinterlässt einen minzfrischen Geschmack im Mund.

Beachten Sie die folgende E-Mail einer Freundin von mir, die damit kämpfte, die krankhaften Tendenzen ihres Chefs mit ihrem Wunsch, bei Verstand zu bleiben, unter einen Hut zu bringen.

Von: Denise Scharpf ›dliteme@criscom.net‹
An: Eliza Brandt ›elizabrandt@yahoo.com‹
Gesendet: Mon, 18 Nov 2004 07:31:22
Betreff: Hilfe, Hilfe, Hilfe

eliza,
er tut es schon wieder, und ich weiß nicht, was ich machen soll. ich kam um 7:15 ins büro weil ich noch etwas vom vortag fertig machen wollte und er

war schon hier und hatte wieder diesen irren blick. ich glaube, er hat die ganze nacht durchgekokst oder so, seine augen sind blutunterlaufen und er murmelt die ganze zeit unverständlich vor sich hin. ich wollte an seiner tür vorbeischleichen, aber er erwischte mich, und weil sonst keiner im büro war, hat er mir sechs kunden zur bearbeitung aufgeladen, für die ich gutachten schreiben soll, und das zusätzlich zu der ganzen anderen arbeit, die er mir letzte woche aufgeladen hat, als ich um 21:00 heimgehen wollte! samstagabend hatte ich streit mit garrett, weil ich aus dem haus gehe, bevor er aufsteht, und erst heimkomme, wenn er wieder schläft, und ins fitnesstraining habe ich es auch seit einem monat nicht mehr geschafft, so dass sich langsam fettröllchen auf meinen hüften bilden, und ich tue nichts mehr außer arbeiten, arbeiten, arbeiten, arbeiten

was soll ich tun? bitte hilf mir!

Arme Denise. Auf der einen Seite stresst der Chef, auf der anderen der Mann, und dann machen sich auch noch Fettröllchen auf den Hüften breit. Noch drei, vier Wochen, und sie hätte als weitere Nummer in die Statistik in einem schlecht recherchierten Ratgeber eingehen können.

Doch zum Glück ist sie mit mir befreundet und ich beschäftige mich schließlich fast den ganzen Tag mit Lösungen für genau diese Art von Problemen.

Von: Eliza Brandt ›elizabrandt@yahoo.com‹
An: Denise Scharpf ›dliteme@criscom.net‹
Gesendet: Mon, 18 Nov 2004 14:12:03
Betreff: Antw: Hilfe Hilfe Hilfe

alles in ordnung, eliza hilft dir. tief durchatmen, du erinnerst dich? gehe schritt für schritt vor, und alles wird gut. wir haben ja schon festgestellt, dass dein chef vom typ paranoia-paul ist, und wenn du ihm nicht ausweichen kannst, musst du ihn eben ein wenig tiefer in den wahnsinn treiben. das dürfte nicht allzu schwer sein. als erstes musst du seine fenster schwärzen. wenn ich mich recht erinnere, sitzt ihr im erdgeschoss, es sollte also machbar sein. verdunklungsfolien bekommst du in jedem autozubehörladen. kaufe raue mengen davon. du musst in der arbeit warten, bis er heimgeht, und das könnte einen langen abend für dich bedeuten, aber das ist es wert. wenn er weg ist, klebst du die schwarze folie an seine bürofenster. tagsüber musst du ihn von seinem platz weglocken und dann seine uhr verstellen, nur eine halbe stunde vor oder so. er wird sie vielleicht mit seiner armbanduhr vergleichen und wieder zurückstellen, aber nach ein paar tagen dieser behandlung sollte sein zeitempfinden so durcheinander sein, dass du ihm jederzeit weismachen kannst, dass du pünktlich oder unpünktlich bist.

außerdem solltest du in seinem büro nach koks ausschau halten. wenn du welches findest, strecke es mit zucker oder stärke. auf lange sicht tust du ihm damit einen gefallen.

lass mich hören, wie es dir weiter ergeht.

eliza

Das ist weniger Rache als praktische Problembehandlung, aber ein typisches Beispiel dafür, wie beides Hand in Hand geht. Der Trick mit dem Fenstertönen und der verstellten Uhr funktionierte, aber nur kurze Zeit, weil sich herausstellte, dass der Chef seine Schwäche für das Koksen tatsächlich etwas zu weit trieb. Soweit ich weiß, hat er inzwischen einen Entzug hinter sich und ist heute ein produktives und etwas weniger verrücktes Mitglied unserer Gesellschaft. Ich weiß nicht, ob Denise ihn jemals dazu brachte, Puderzucker zu schnupfen, aber wenn sie es getan hat, wäre ich gerne dabei gewesen.

Vielleicht ist Ihnen in meiner E-Mail aufgefallen, dass ich Denises Chef als »Paranoia-Paul« bezeichnet habe. Das ist eine der sechs Hauptkategorien der unausstehlichen Chefs, und bevor wir über Rache sprechen, müssen wir erst die einzelnen Gruppierungen betrachten.

Unausstehliche Chefs

Der Miesepeter

Der Miesepeter ist meistens über sechzig, obwohl auch schon welche im Alter von dreißig gesichtet wurden. Der Miesepeter hat noch nie einen Untergebenen getroffen, an dem er nicht irgendetwas auszusetzen hätte, wahrscheinlich, weil sein Vater früher auch immer an ihm herumgemeckert hat. Der Miesepeter schlürft um 9:00 ins Büro und verschwindet um 17: 00, aber wehe, Sie wollen es ihm gleichtun! Schon trifft sie der Zorn des Miesepeters, der hauptsächlich aus röchelndem Gekeife, gefolgt von einem heftigen Hustenanfall besteht. Keiner kann den Miesepeter besonders gut leiden, aber irgendwie haben sich alle an ihn gewöhnt. Seine Anwesenheit ist wie ein chronisches leichtes Ziehen im Kreuz: Es nervt, verursacht aber selten ernsthafte Schmerzen, und wenn doch, so kann man ihnen mit ein paar Aspirin beikommen.

Der Miesepeter hat den Chefposten erlangt, indem er permanent schlecht über alle anderen geredet hat, genau in dem Maße, dass sie entlassen wurden, aber nicht so viel, dass er als Petze dastand. Er ist sich seiner Übellaunigkeit bewusst und wenn Sie ihn darauf ansprechen, wird er Sie anfahren: »Möchten Sie sich beschweren, oder was?« Tief im Innern sehnt auch er sich nach Liebe, glaubt jedoch, dass es zwischen Chefs und Angestellten eine harte Trennlinie geben muss, die in den Augen des Miesepeters mit viel Geschrei gewährleistet werden kann.

Den Miesepeter findet man typischerweise in der Buchhaltung, bei Verkäufen übers Telefon und allen Geschäften, bei denen ein Lächeln weder nötig noch hilfreich wäre.

Anregungen für die Rache am Miesepeter

- Stecken Sie ihm Blumen oder Smiley-Postkarten in den anonymen Kummerkasten.
- Führen Sie eine Liste über seine Beschwerden, fotokopieren Sie diese und legen Sie sie bei der Weihnachtsfeier unter den Baum. Auf diese Weise erfahren alle, wofür er seinen Weihnachtszuschlag in diesem Jahr bekommt.
- Tun Sie so, als wären Sie gerade einem Flugzeug entstiegen und könnten sein Geschrei nicht verstehen. Warten Sie, bis er heiser wird, dann sagen Sie: »Jetzt ist es besser. Die Ohren sind frei. Was sagten Sie gleich wieder?«

Die Eifersüchtige Eileen tritt in vielen Formen auf, obwohl sie meistens weiblich ist, strenge Bürokostümchen trägt und die Angewohnheit hat, durch Sie hindurchzublicken, wenn Sie mit ihr reden. Eileen regt sich schnell über fast alles auf, was Sie sagen, wahrscheinlich, weil sich ihre Mutter früher auch über alles aufregte, was sie sagte (wie sich bei diesen Vorgesetzten doch immer alles auf die Kindheitsprägungen zurückführen lässt ...). Eileen ist überzeugt, dass sie mehr arbeitet, als es tatsächlich der Fall ist, und beschwert sich lauthals, wenn ihr deswegen im Büro nicht so viel Respekt entgegengebracht wird, wie sie es für angemessen erachtet. Mindestens einmal die Woche wird sie Ihnen von Jobangeboten erzählen, die sie erhalten hat, in der Hoffnung, dass Sie Ihrerseits von Jobs erzählen, die Ihnen angeboten wurden, die sie sich dann selbst unter den Nagel reißen könnte. Erzählen Sie ihr also bloß nichts.

Die Eifersüchtige Eileen ist an ihre Chefposition gekommen, indem sie Vorgesetzten die Stiefel leckte und sich lieb Kind machte. Wahrscheinlich ist sie ziemlich clever. Manchmal allerdings kann man beobachten, wie sie mit niederen Angestellten flirtet, zum Beispiel den Jungs von der Poststelle und dem Getränkelieferanten.

Die Eifersüchtige Eileen findet man vor allem in Marketingabteilungen, der Werbung und in Hollywood, obwohl sie dort nicht leicht in der Menge auszumachen ist.

Anregungen für die Rache an der Eifersüchtigen Eileen

- Die beste Form der Rache an einer Eifersüchtigen Eileen ist, eine zweite Eifersüchtige Eileen aufzutreiben und die beiden aufeinander loszulassen. Gehen Sie in die Personalabteilung und erkundigen Sie sich; die wissen immer, wo die Leichen im Firmenkeller stecken. Wenn Sie Ihre »Traumchefin« gefunden haben, suchen Sie eine Gelegenheit, die beiden einander vorzustellen. Vielleicht können Sie sie unter dem Vorwand zu einem Essen zusammenbringen, dass Ihre zwei Abteilungen so wundervoll zusammenarbeiten könnten. Machen Sie die beiden miteinander bekannt, dann lehnen Sie sich zurück und erfreuen Sie sich am Funkenflug.

- Versetzen Sie Eileen in Panik, indem Sie das Gerücht streuen, die Firma versuche, irgendeine Spitzenkraft aus einem Konkurrenzunternehmen abzuwerben. Wenn nötig, fälschen Sie eine Bewerbungsmappe und legen sie dorthin, wo die Eifersüchtige Eileen sie sieht. Sie wird sich die Unterlagen sofort unter den Nagel reißen und in ihrem Büro verschwinden, wo sie sich stundenlang in allen Punkten mit dieser Neuen vergleichen und Ihnen damit die Freiheit verschaffen wird, in Ruhe im Internet zu surfen.

Paranoia-Paul

»Wo waren Sie gestern Abend? Worüber haben Sie geredet? Haben Sie über mich gesprochen? Was haben Sie gesagt? Sind Sie mit mir zufrieden? Hat die Firma angerufen? Haben Sie was über mich gesagt? Sind Sie mit mir zufrieden?«

Kommt Ihnen das bekannt vor? Wenn ja, dann sind Sie Angestellte von Paranoia-Paul, einem der tödlichsten und gefährlichsten unausstehlichen Chefs dieses Planeten. Paranoia-Paul ist so tödlich, weil er gar nicht merkt, was er eigentlich anstellt. Er ist so sehr mit seinem eigenen, wie er meint, gefährdeten Posten in der Firma beschäftigt, dass er keinerlei moralische Bedenken hat, auch Sie in Teufels Küche zu bringen. Paranoia-Paul verbreitet nahezu jedes Gerücht, das ihm zu Ohren kommt, weil er tief im Innern glaubt, es könnte wahr sein und sich eines Tages gegen ihn wenden.

Paranoia-Paul ist an seinen Chefposten gekommen, indem er ein überwaches Auge auf alle Vorkommnisse hatte, die seiner Laufbahn schaden könnten. Die meisten waren unwichtige Ereignisse, die ihn unnötig in Panik versetzten, aber eines unter hundert hätte ihn tatsächlich betreffen können. Weil er auf echte und eingebildete Bedrohungen in gleicher Weise reagiert, erwischt er tatsächlich auch die echten darunter. Dass er durch sein Verhalten jede Menge Unbeteiligter beschuldigt und verletzt, stört Paranoia-Paul nicht, denn das ist ihm nicht einmal bewusst.

Paranoia-Paul findet man im Verkauf, in der Herstellung und in so ziemlich jedem Beruf, in dem es dunkle Ecken und tuschelnde Kollegen gibt.

Anregungen für die Rache an Paranoia-Paul

Da Paranoia-Paul jeden Moment überzuschnappen droht, sollte man behutsam sein, wenn man sich mit seiner wohlverdienten Rache befasst. Meistens ist seine Paranoia derart ausgeprägt, dass er schon Tage bevor Sie überhaupt daran denken weiß, was Sie planen. Gehen Sie also mit größter Umsicht vor.

- Laufen Sie den ganzen Tag im Büro herum und reden Sie in voller Lautstärke. Es ist entscheidend, dass Ihre Kollegen das Gleiche tun. Das mag seltsam klingen, aber wahrscheinlich wird sich Paranoia-Paul dadurch etwas entspannen. Solange er kein Geflüster hört, ist er glücklich. Das ist weniger eine Racheform als vielmehr ein Weg, mit Ihrem Chef auszukommen, und manchmal ist das die bessere Wahl.

- Andererseits können Sie ihn komplett in den Wahnsinn treiben und alle Unterhaltungen auf ein Flüstern reduzieren. Ohne Zweifel wird sich seine Paranoia steigern, wenn der Lautstärkepegel im gesamten Betrieb auf nahezu null fällt, da jedes Flüstern (für ihn) bedeutet, dass er abgesägt wird. Es ist nicht ganz ungefährlich, aber bei richtiger Ausführung schafft man ihn damit unter Umständen in eine Zwangsjacke oder Katatonie. In jedem Fall haben Sie gewonnen.

Kuschel-Karl

Kuschel-Karl ist Ihr Kumpel, Kuschel-Karl hat Sie lieb. Kuschel-Karl wäre gern Ihr bester Freund, sowohl in der Arbeit als auch sonst. »Heute Abend schon was vor? Lust noch einen trinken zu gehen? Rechnung geht auf mich!« Kuschel-Karl ist überbemüht, die Sorte Chef, bei denen die Arbeit als Entschuldigung herhalten muss, dass sie sonst kein Leben haben. Immer lacht er und scherzt mit den Angestellten, selbst wenn er jemandem kündigt oder, wie er es nennt, »Ein Abschiedsbusserl verteilt«. Kuschel-Karl kann nicht anders, weil er als Kind nie gelernt hat, mit Klassenkameraden umzugehen. Vielleicht hatte er Privatunterricht oder hat Klassen übersprungen. Jedenfalls ist er nicht dumm. Ganz im Gegenteil, wahrscheinlich macht er seine Arbeit ausgezeichnet. Aber er ist ein derartiger Klammeraffe, dass es keiner in seiner Nähe aushält. Man munkelt von Mitarbeitern, die sich Beförderungen in leitende Positionen entgehen ließen, weil sie die Vorstellung, auf

Konferenzen ein Zimmer mit ihm teilen zu müssen, einfach nicht ertrugen.

Kuschel-Karl wurde durch eine Mischung aus Unfall und Standhaftigkeit Ihr Chef. In großen Unternehmen tun sich Leute der Chefetage schwer, ihn zu feuern, weil er sie permanent abknutscht. Versuchen Sie einmal, jemanden zu feuern, der Sie gerade abknutscht. Gar nicht so einfach, was?

Kuschel-Karl findet man zumeist in tödlich langweiligen Berufsfeldern. Sollten Leute nach kurzer Zeit weghören, wenn Sie die Frage nach Ihrem Beruf beantworten, arbeiten Sie in genau so einem Feld und Kuschel-Karl ist vielleicht Ihr Chef. Bussis für alle!

Anregungen für die Rache an Kuschel-Karl

Armer Kuschel-Karl. Eigentlich verdient er keine Rache. Er gibt sich so viel Mühe, er meint es doch nur gut, aber seine unerschütterlich gute Laune ist eben einfach so unerträglich ... na ja, unerschütterlich. Deshalb werden Ihre Aktionen ihn in der Regel auch nicht lange aus der Bahn werfen, wahrscheinlich behält er sein Lächeln vierundzwanzig Stunden am Tag, sieben Tage die Woche, 365 Tage im Jahr. Aber wenn es denn sein muss:

- Zahlen Sie ihm seinen Frohsinn mit gleicher Münze heim. Er grinst, Sie grinsen zurück. Er klopft Ihnen auf die Schulter, sie knuffen ihn in den Bauch. Er schlägt vor, auf ein Bier zu gehen, Sie antworten: »Nichts lieber als das!« In der Kneipe erkundigen Sie sich, was er Heiligabend macht. Wenn Sie Heiligabend bei ihm sind, fragen Sie, was er am ersten Weihnachtsfeiertag vorhat. Wenn Sie am ersten Weihnachtsfeiertag bei ihm sind, laden Sie sich zu Silvester bei ihm ein. Spätestens nach vierzehn Tagen wird er Sie und Ihre falsche Fröhlichkeit genauso satt haben wie Sie die seine.

- Jedes Mal, wenn er Ihnen mit seinem »Halli-Hallöchen« kommt, seinem »Na, alles im grünen Bereich?« oder einem anderen seiner Sprüche, die Sie nicht brauchen, wenn Sie frühmorgens mit Ringen unter den Augen einfach nur Ihre Arbeit erledigen wollen, schniefen Sie leise und lassen eine kleine Träne aus dem Auge kullern. Unter Umständen müssen Sie sich dazu unter dem Schreibtisch eine Nadel in den Finger pieksen, aber ein bisschen Leidensbereitschaft gehört eben dazu. Wenn Kuschel-Karl sich erkundigt, was Ihnen fehlt (was er unweigerlich tun wird), jammern Sie ihm irgendein persönliches Drama vor. Er wird Sie mit Plattitüden im Sinne von »Kopf hoch« und »Ohren steif halten« trösten. Nicken Sie unglücklich und schleichen Sie von dannen. Wiederholen Sie diese Prozedur *immer*, wenn er Sie anspricht und erzählen Sie jedes Mal eine andere Leidensgeschichte. Am siebten oder achten Tag wird selbst der lustigste Kuschel-Karl aufgeben. Vielleicht nennt er Sie von da ab Heulsuse. Aber damit können Sie leben.

Die Schnarchnase

Hallo. Allerseits.

Guten. Morgen.

Ich. Kümmere. Mich. Gleich. Darum.

Die Schnarchnase leidet nicht unter Depressionen, sie will sich auch nicht drücken. Sie arbeitet, so gut sie kann, und leitet ihre Abteilung oder führt ihr Unternehmen oder was auch immer …

Nur eben langsam. Extrem langsam. Die Schnarchnase

hat kein Stoffwechselproblem, sie ist auch nicht geistig zurückgeblieben und auf Ihre Hilfe angewiesen, um ihre Unterlagen zu entziffern. Sie bewältigt das selbst ganz ausgezeichnet, nur … langsam. Warum die Schnarchnase so ist, weiß keiner genau, doch Wissenschaftler vermuten, dass es etwas mit Kunstfasern zu tun haben könnte.

Die Schnarchnase bevölkert vor allem Kundenservice-Telefone. So zumindest scheint es mir immer, wenn ich dort anrufe.

Anregungen für die Rache an der Schnarchnase

- RedenSieschnell. RedenSiesoschnelldassSiesichselbst kaumverstehen.
- Oder gehen Sie ins andere Extrem und antworten Sie genauso langsam. Übertrumpfen Sie die Schnarchnase in ihrem eigenen Spiel. Wenn sie sich langsam bewegt, bewegen Sie sich noch langsamer. Bis Sie mit Ihrem Gespräch fertig sind, ist der Tag vorbei, und Sie mussten wenigstens nicht arbeiten.
- Besorgen Sie ihr einen Papageien. Genug gesagt.

Die Völlig Durchgeknallte Debby

Sehen Sie sich einmal in Ihrem Büro um. Machen Sie schon, wagen Sie einen Blick. Laufen alle wie auf rohen Eiern? Zittern die Leute am Empfang? Wenn Sie einer Kollegin »Buh!« ins Ohr sagen, springt sie zwei Meter hoch aus ihrem ergonomisch geformten Bürostuhl? Dann arbeiten Sie vielleicht für eine der seltensten und gefürchtetsten Arten der unausstehlichen Chefs: die Völlig Durchgeknallte Debby.

Debby ist nicht miesepetrig oder überlustig, sie ist nicht panisch oder neidisch oder hätte sonst irgendeine der Eigenschaften, die wir bisher betrachtet haben.

Debby hat sie *alle.*

Je nach Wochentag – nein, Tageszeit – nein, Minute – kann Debbys Stimmung plötzlich kippen. Wenn Sie glauben, sie sei schlecht gelaunt, lobt sie Sie auf einmal für Ihre gute Leistung, doch noch während Sie sich in dem unerwarteten Kompliment sonnen, blafft Sie plötzlich eifersüchtig: »Aber ich habe das besser gemacht, als ich noch Ihre Stellung hatte« und lässt Sie mit einem mürrischen Schnauben stehen. Zehn Sekunden später macht sie das Gleiche bei Ihrer Freundin Rebecca, nur in umgekehrter Reihenfolge.

Keiner weiß zu sagen, wie die Völlig Durchgeknallte Debby zu ihrem Chefposten gekommen ist. Derzeit lautet die gängige Theorie, dass ihre Vorgesetzten genauso viel Angst vor ihr haben wie Sie.

Trotz ihrer Seltenheit kann die Völlig Durchgeknallte Debby in eigentlich jedem Berufsfeld vorkommen. Man weiß nie, wo und wann sie als nächstes auftaucht, also halten Sie die Augen offen und die Laufschuhe parat.

Grundregeln für die Rache an der Völlig Durchgeknallten Debby

Gütiger Himmel, Sie erwägen doch nicht etwa ernsthaft, sich mit dieser Frau anzulegen? Es gibt Situationen, wo es vernünftiger ist, sein Bündel zu schnüren und in eine andere Stadt zu ziehen. Wenn Sie jedoch darauf bestehen, müssen Sie sich darüber im Klaren sein, dass Sie bei dieser Sorte Chefin immer auf eine hohe Rachestufe müssen. Alles andere würde die Bestie nur reizen und zum Angriff treiben.

- Planen Sie eine »Überraschungsparty« zu ihrem Geburtstag. Achten Sie dabei auf alles, was sie nicht ausstehen kann – all die kleinen Details, die sie immer auf die Palme bringen (Kaffeesahne statt Milch,

Fotos, wenn sie sich gerade hinsetzt, vielleicht wollen Sie die eine oder andere verflossene Liebschaft einladen) –, und laden Sie die Chefetage dazu. Wenn Sie Glück haben, ist sie durchgeknallt genug, vor den hohen Tieren auszurasten, und wird gefeuert. Übersteht sie die Party, sind Sie allerdings geliefert.

- Um die Party noch ein wenig aufzuheizen, laden Sie ihre Mutter dazu ein. Diese Leute haben nie ein gutes Verhältnis zu ihrer Familie (Doch Vorsicht: Die Mutter könnte genauso durchgeknallt sein und dann haben Sie Ihr Problem verdoppelt).
- Das Sahnehäubchen: Sollte sie noch am Leben sein, laden Sie die Großmutter ein. Denken Sie nur daran, Katastrophenschutz und Rettungsdienst rechtzeitig zu informieren.

Wären unausstehliche Chefs Ihr einziges Problem, hätten Sie leichtes Spiel. Mit einem Miesepeter oder einer Schnarchnase wird jeder fertig. Doch in den Büros der Arbeitswelt lauert ein noch viel übleres Problem:

Die Kollegen.

Das größte Problem mit den Kollegen ist, dass es so schrecklich viele sind. Kaum hat man das Problem mit einem gelöst, taucht auch schon der nächste auf. Sie sind wie Maulwürfe, nur nicht so süß und pelzig, und wahrscheinlich graben sie auch nicht Ihren Garten um.

Doch wie bei den unausstehlichen Chefs gibt es auch bei den Kollegen eine Liste von Prototypen.

Der Kaffeeautomatenschwätzer

Da kommt er den Gang herunter. Sie würden ja ausweichen, aber er hat Sie schon erspäht. Wenn Sie jetzt ganz schnell nach links springen würden, könnten Sie sich vielleicht noch im Büro verstecken … doch nein, zu spät. Da ist er schon. Der Kaffeeautomatenschwätzer. »Na, Frau Kollegin«, begrüßt er Sie mit breitem Grinsen. »Scheint, Sie haben das Montagssyndrom.« Widerstehen Sie dem Impuls, ihm eine reinzuhauen. Es hilft ja nichts. Er würde einfach weiterreden.

Der Kaffeeautomatenschwätzer meint es nicht böse. Wahrscheinlich redet er zu Hause an die Spüle gelehnt weiter, während seine Frau das Abendessen zubereitet und heimlich plant, ihn im Schlaf zu ersticken, der einzigen Gelegenheit, bei der er den Mund hält. Wenn Sie das Verzeichnis der unausstehlichen Chefs aufmerksam verfolgt haben, erraten Sie vielleicht, dass der Kaffeeautomatenschwätzer so viel redet, weil seine Eltern jedes seiner Worte aufsogen und er jetzt glaubt, seine Ergüsse wären ein Quell der Weisheit. Oder aber seine Eltern haben ihn komplett ignoriert und jetzt kämpft er um die ihm vorenthaltene Liebe und Anerkennung.

Der Kaffeeautomatenschwätzer ist die am häufigsten vorkommende Spezies im Büro und oftmals hat man es nicht mit einem, sondern gleich mit mehreren Exemplaren zu tun. Sie versammeln sich gerne an der Wasserstelle und plaudern darüber, was am Vorabend im Fernsehen lief, oder tauschen die neuesten politischen Witze aus.

Anregungen für die Rache am Kaffeeautomatenschwätzer

- Stechen Sie Löcher in die Kaffeebecher. Wenn es ihn auch nur dazu bringt, sich seine eigene Tasse aus dem Büro zu holen, ärgert es ihn doch und verschafft Ihnen Zeit, sich aus dem Staub zu machen.
- Verraten Sie ihm bei einem kleinen Schwatz die Schlüsse sämtlicher Filme, die zurzeit laufen.
- Erklären Sie Ihrer Chefin, Sie hätten ein paar Fragen an sie, wenn Sie sie das nächste Mal am Kaffeeautomaten treffen. Bleiben Sie mit ihr am Automaten stehen, während Sie wichtige Firmenarbeit besprechen. Nach ein paar Momenten wird sie registrieren, dass der Schwätzer dort herumsteht und nichts tut – Anlass zu einer Rüge. Dieser Trick funktioniert am besten mit dem Miesepeter, der Eifersüchtigen Eileen und der Völlig Durchgeknallten Debby.

Die, Die In Den Hörer Schreit

Es gibt Leute mit Hörproblemen. Das ist mir klar. Meine kleine Nichte Sasha trägt seit ihrem dritten Lebensjahr ein Hörgerät, also kommen Sie mir nicht mit verärgerten E-Mails von wegen Verkennung der Notlage von Schwerhörigen. Mit Der, Die In Den Hörer Schreit, verhält es sich jedoch anders. Sie ist extrem nervtötend.

Die, Die In Den Hörer Schreit erkennt man daran, wie sie, na ja, in den Hörer schreit. Bei einer normalen Unterhaltung kann sie absolut liebenswürdig sein, aber sobald sie ans Telefon geht, dreht sie die Lautstärke auf und man ist gut beraten, Ohrstöpsel zu tragen, wenn man keine bleibenden Schäden davontragen will. Die Forschung hat noch nicht herausgefunden, warum Die,

Die In Den Hörer Schreit in ihren Hörer schreit, man nimmt aber an, dass es irgendwie mit Vitamin D zusammenhängt. Wiederholte Bitten an Die, Die In Den Hörer Schreit, leiser zu telefonieren, begegnet sie normalerweise mit einem »Hab ich wieder so laut gesprochen? Das wollte ich nicht.«

Die, Die In Den Hörer Schreit wird wahrscheinlich gerne bei Hörgeräteanbietern eingestellt, wo die meisten Kunden gar nichts Ungewöhnliches an ihr finden.

Anregungen für die Rache an Der, Die In Den Hörer Schreit

- Wo wir gerade bei den Schwerhörigen waren: Es gibt Telefonverstärker für Gehörschwache. Diese kleinen Geräte sind relativ günstig und können in jedes Telefon eingebaut werden. Wenn Die, Die In Den Hörer Schreit wieder loslegt, wird ihr der Verstärker das eigene Stimmvolumen doppelt laut um die Ohren knallen. Vielleicht versteht sie auf diese Weise, worüber sich die Leute immer beschweren.
- Alternativ können Sie anfangen, in normalen Gesprächen mit ihr zu schreien. »HALLO JESSICA! SPITZENKONFERENZ GERADE, WAS?« Meinen Sie, sie versteht den Wink? Nein? Ich stimme Ihnen zu.
- Programmieren Sie ihr Telefon so, dass sie immer bei ihrer Großmutter landet, egal welche Nummer sie wählt. Die beiden können sich dann stundenlang damit vergnügen, sich gegenseitig anzuschreien, und am Ende wird sie so heiser sein, dass sie die nächsten Tage nur noch flüstern kann.

Mittlerweile sollten Sie diese verdammte Abteilung eigentlich leiten, ist es nicht so? Und das würden Sie auch, wäre Ihnen nicht der Ideendieb in die Quere gekommen und hätte Ihnen Ihre besten Konzepte geklaut. Der Ideendieb gab anfangs vor, Ihr Freund zu sein, vielleicht sogar, Sie ein wenig unter die Fittiche zu nehmen und durch das Labyrinth der Firmenpolitik zu lotsen. Doch als es dann zur großen Präsentation kam, stand er an der Tafel und präsentierte Ihre Ideen als seine eigenen – ohne jedes Anzeichen von Scham. Wahrscheinlich hat er dabei auch noch eine hässliche Krawatte getragen.

Beim Ideendieb muss man immer bedenken, dass er, anders als der Schwätzer oder Die, Die In Den Hörer Schreit, sehr wohl etwas für sein Verhalten kann. Er müsste nur sagen: »Diese Idee stammt von Eliza«, und alles wäre verziehen. Alles, womit Sie sich an so jemandem rächen, ist also absolut gerechtfertigt und moralisch unbedenklich.

Meistens begegnet man dem Ideendieb in Branchen, in denen gute Ideen hoch gehandelt werden, weil sie nämlich so selten sind, also in der Werbebranche, im Marketing und in der Unterhaltungsindustrie. In kleinen Versicherungsagenturen begegnet man ihm eher selten, da dort die meisten Innovationen so langweilig sind, dass es sich einfach nicht lohnt, vorzugeben, sie stammten von einem selbst.

Anregungen für die Rache am Ideendieb

Es gibt nur einen Weg, dem Ideendieb beizukommen, und zwar, ihn so schnell wie möglich aus Ihrem Arbeitsumfeld zu entfernen. Man kann ihn mit einem Krebsgeschwür vergleichen, nur dass man mit Krebs manchmal leben kann. Der Ideendieb wird Ihre Lebensenergie aufsaugen, solange Sie ihn lassen. Darum:

- Warten Sie, bis wichtige Entscheidungen in Ihrem Unternehmen anstehen. Vielleicht naht ein großes Meeting, bei dem die verschiedenen Abteilungsleiter Lösungsvorschläge vorbringen sollen? Nehmen Sie sich etwas Zeit, die absolut dümmste Idee auszuhecken, ein schreckliches, hoffnungslos verzetteltes Konzept mit jämmerlicher Ausführung und ohne Substanz. Bringen Sie Ihre Vertrauten im Büro dazu, über Ihren Plan zu reden, als sei er die große Neuerung. Wie die Motte ins Licht wird der Ideendieb in Ihr Büro geflattert kommen. Jetzt müssen Sie ein wenig schauspielern. Sie winden sich. Erklären Sie ihm, dass Sie es eigentlich niemandem sagen wollen, weil es so genial ist, und erst, wenn er sich vor Aufregung schon fast die Lippen durchgebissen hat, rücken Sie damit heraus. Verkaufen Sie es gut. Verkaufen Sie es teuer.
  Er wird die Idee stehlen. Wie immer. Und wenn er sie bei der Versammlung als seine eigene präsentiert – besser noch, wenn sie es ihn durchführen lassen und es den Bach hinuntergeht –, dann haben Sie bald einen nervigen Kollegen weniger, mit dem Sie sich herumplagen müssen.

Die Über Vetternwirtschaft Eingestellte Tochter der Völlig Durchgeknallten Debby

Fliehen Sie. Im Ernst. Wenn Mama nicht Chefin wäre, dürfte die Tochter in Ihrem Büro höchstens den Kaffee kochen. Das kann einfach nicht gut gehen. Sie haben die Wahl, entweder ihre beste Freundin zu werden und sich auf diese Art ein Leben voll Kummer und Leid zu sichern oder auf der Stelle zu kündigen. Wenn Sie bleiben, liegt eine dunkle Zeit vor Ihnen.

Denn die Über Vetternwirtschaft Eingestellte Tochter der Völlig Durchgeknallten Debby ist selbst völlig durchgeknallt, jedoch auf andere Art. Höchstwahrscheinlich ist sie eine unterwürfige kleine Meisterin in der Kunst, sich so tief wie möglich zu ducken, um den unberechenbaren Wutausbrüchen ihrer Mutter zu entgehen. Sie ist völlig unselbständig und permanent von der Arbeit überfordert, so dass Sie alles für sie erledigen müssen, und sei es nur, damit sie endlich aufhört zu jammern. Besonders problematisch aber wird es, wenn ihre Mutter dem Glauben verfällt, Sie würden a) ihre Tochter zu viel Zeit kosten, b) sich nicht genug für die berufliche Laufbahn ihrer Tochter interessieren oder c) gerade zur besten Freundin ihrer Tochter, worüber sie entzückt wäre.

Der Über Vetternwirtschaft Eingestellten Tochter der Völlig Durchgeknallten Debby begegnet man nur im Tandem mit der Völlig Durchgeknallten Debby. Verlässt die Mutter den Arbeitsplatz, wird ihr die Tochter ein paar Tage später folgen und dabei Gründe wie Überanstrengung, Stress oder eine undefinierbare Nervengeschichte angeben. Wenn sie einmal weg ist, wird sie nie wieder an ihren Arbeitsplatz zurückkehren, es sei denn, sie hätte ihre »I ❤ BEATLES«-Tasse vergessen.

Anregungen für die Rache an der Über Vetternwirtschaft eingestellten Tochter der Völlig Durchgeknallten Debby

- Lassen Sie die Finger davon. Suchen Sie das Weite.
- Ernsthaft, lassen Sie es bleiben.
- Sie wollen nicht verstehen? Vergessen Sie es. Ich sage dies zu Ihrem Besten.
- Schön. Wenn Sie unbedingt *müssen*, gehen Sie mit ihr zum Friseur. Verschaffen Sie ihr eine glamouröse

Frisur. Sollte sie eine natürliche Schönheit sein, besuchen Sie Abendkurse zur Stärkung des Selbstvertrauens mit ihr. Kurz, unternehmen Sie all die Dinge, die ihre Mutter ihr all die Jahre vorenthalten hat. Das wird mit hundertprozentiger Sicherheit einen Keil in die Mutter-Tochter-Beziehung treiben – Ihnen aber wahrscheinlich eine Gehaltskürzung bescheren. Sagen Sie nicht, ich hätte Sie nicht gewarnt.

Rächer-Ramona in der Arbeit

Als ich damals in der Schule Ramona erfand, ahnte ich noch nichts vom Stress des Arbeitsalltags. Soweit ich informiert war, arbeitete mein Vater in einem Büro, fragte: »Besser, schlechter oder ungefähr gleich?«, die Leute gaben ihm Geld, er gab ihnen Brillen und ich konnte mit meinen Spielsachen spielen.

Als ich älter wurde und meinen ersten bezahlten Job annahm, Zitronenauspressen an einem Stand im Einkaufszentrum (die große Zappelige mit der dummen Mütze, bei uns gab es auch Hotdogs, Sie haben mich sicher mal gesehen), erfuhr ich die traurige Wahrheit über die Arbeit: Sie nervt.

Natürlich hatte Ramona etwas zu diesem Thema zu sagen, und obwohl es sich im Folgenden um einen eher kürzlich entstandenen Cartoon handelt, illustriert es Ramonas Funktion als Alter Ego für Eliza ziemlich treffend. Der Mann in dem Cartoon ist Ramonas Chef, Mr. Creosote. Er ist fünfunddreißig und unverheiratet.

Ramona! Ich bin schockiert! Mit einer Anklage wegen sexueller Belästigung zu drohen. Und das als Kind bei einem fünfunddreißigjährigen Mann. Ich bin schockiert und beschämt. Schockiert und beschämt und fassungslos. Schockiert und beschämt, fassungslos und traurig.

Und stolz. Hatte ich das schon erwähnt?

Kapitel Fünf

Rache auf der Leinwand

Als Kind der Achtziger wuchs ich mit einer Diät aus Pop Rock, Coca-Cola und ebenso monumentalen wie tumben Kinofilmen auf. Meine Brüder schleppten mich regelmäßig in Filme wie *Rambo, Die Hard* und *Terminator,* und während mir die Gewalt nicht besonders viel ausmachte, langweilte mich doch die Sinnlosigkeit des Ganzen. All die Helden waren so verdammt, na ja, heldenhaft, und wenn sie die Chance hatten, dem Bösen die Hölle richtig heiß zu machen, Auge um Auge und so, spielten sie meistens die Überlegenen und blieben anständig. Die Filme für Mädchen gefielen mir auch nicht besser. Um über *Zeit der Zärtlichkeit* zu weinen, war ich zu jung. Es war mir egal, ob Harry Sally bekam, und ich kapierte nicht, warum Molly Ringwald James Spader in *Pretty in Pink* nicht einfach eine Kopfnuss verpasste.

In meinem letzten Jahr an der High School war ich dann mit einem echten Kinofan zusammen und dieser Freund (der später eine bemerkenswerte Rolle in einer TV-Sitcom spielte, aber meine Lippen sind versiegelt) führte mich ins Kino der Rache ein. Und so, per VHS-Kassette auf dem Großbildschirm seines Vaters, erreichte mich die Inspiration, nach der ich gesucht hatte. Rache im Überfluss und in all ihren Varianten. Man kann über Hollywood sagen, was man will, aber bei Bedarf konnten die Drehbuchautoren ganz schön ausgekocht sein.

Zum Glück haben sich nun auch andere in der Filmindustrie der Rache angenommen und produzieren hochwertige Filme zu diesem von uns so geliebten Thema. Und auch wenn die idealisierten Umstände eines Hollywoodfilms die echte Welt nicht ganz widerspiegeln können, ist es gut, sich ein solides Fundament an fiktionaler Rache anzulegen, bevor man sich selbst an den härteren Sachen versucht.

Außerdem ist es ein wunderbarer Zeitvertreib, um sich eine schlaflose Dienstagnacht zu vertreiben.

Gefährliche Liebschaften (1988)

Bewertung: 
Handlung: Schöne französische Menschen tun sich gegenseitig unaussprechlich gemeine Dinge an, während sie gepuderte Perücken tragen und mit englischem Akzent sprechen. Es geht weniger um Rache als um Verruchtheit, aber sobald das Ganze einmal in Gang ist, dreht sich alles nur noch ums Heimzahlen. Sexuelle Eskapaden und wirbelnde Psychodramen, verpackt in spitzzüngige Dialoge und wunderschöne Gewänder. Und erst die Besetzung! Glenn Close, John Malkovich, Michelle Pfeiffer. Sogar Keanu Reeves gibt sich solche Mühe, seiner Rolle treu zu bleiben, dass es süß wirkt. Wenn Sie lernen möchten, wie man sich *stilvoll* rächt, sollten Sie sich dieses Juwel unbedingt mal ausleihen.
Anwendung des Films auf Ihr eigenes Leben: Kristallklare Vorlage, wie man Feuer mit Feuer bekämpft, falls es einen untreuen Ehemann, Freund oder sonst ein verdorbenes Individuum in Ihrem Leben gibt.

Die unglaubliche Entführung der verrückten Mrs. Stone (1986)

Bewertung:
Handlung: Sam Stone (Danny DeVito) ist so ekelhaft, wie man es sich nur vorstellen kann. Untreuer Ehemann, verlogener Boss, ein rundum widerliches Geschöpf. Als zwei ehemalige Angestellte (Judge Reinhold und Helen Slater – was ist eigentlich aus ihr geworden?) seine Frau Barbara (Bette Midler) entführen und Lösegeld fordern, meint Sam die Chance zu erkennen, auf die er seit ihrer Hochzeit vor fünfzehn Jahren gewartet hat – sie loszuwerden und all das Geld einzusacken, das sie von ihrem sagenhaft reichen Vater geerbt hat. Blöd ist nur, dass Barbara von seinem Plan erfährt und mit den vormaligen Entführern den Spieß gegen Sam wendet und einen eigenen Racheplan ausheckt. Es gibt auch einen Nebenplot mit Sams Geliebter, ihrem trotteligen Liebhaber (Bill Pullman, bevor er begann, immer Präsidenten zu spielen) und einer Heerschar hinterhältiger, degenerierter Unterschichtler auf der Jagd nach Diamanten und Geld und einem Anteil am Trubel. Ein Wahnsinnsspaß!
Anwendung des Films auf Ihr eigenes Leben: Sie werden hoffentlich nie von gescheiterten Modedesignern gekidnappt, aber der Film gibt eine ausgezeichnete Lektion zu Vertrauen und Treue. Nämlich: Trauen Sie niemandem.

My Friends Need Killing (1976)

Bewertung:
Handlung: Ein unbedeutender, gewalttätiger Film über einen durchgeknallten Vietnamveteranen, der die Männer, mit denen er im Krieg gedient hat, einen nach dem anderen aufspürt und umbringt. Ich hatte die ganze Zeit die Augen zu und die Hände über den Ohren. Nicht dass ich diesen Film wirklich empfehle. Er ist so übertrieben gewalttätig und deprimierend, dass ich eher nahelege, sich möglichst davon fern zu halten, aber wie könnte ich einen Film mit diesem Titel nicht in die Liste aufnehmen?
Anwendung des Films auf Ihr eigenes Leben: Also, wenn Sie Kriegsveteranin sind und ... na ja ... irgendwie sauer sind ... auf irgendwen ... okay, in Ordnung, vielleicht lässt er sich wirklich nicht so gut anwenden. Sehen wir weiter.

Der Rosenkrieg (1989)

Bewertung:
Handlung: Vereinfacht gesagt handelt es sich um eine Scheidungsdrama. Oliver und Barbara Rose (Michael Douglas und Kathleen Turner in jüngeren Jahren) waren ein glückliches Paar, bis ..., ja bis sie das eben nicht mehr waren. Ihr frisch gebautes Haus ist allerdings eine Schönheit und als der Scheidungsprozess voranschreitet, geht es nur noch darum, wer nun das Haus behält. Bald geraten die Dinge außer Kontrolle, als Oliver und Barbara ihre Rachebemühungen verstärken und sich gegenseitig darin überbieten, das Leben des anderen zu ruinieren. Ach ja, und am Ende sterben beide.

Anwendung des Films auf Ihr eigenes Leben: Ach herrje. Haben Sie das Detail bemerkt, dass am Ende beide sterben? Nicht eben das Lebensziel der meisten Menschen. Einige der anfänglichen Rachetechniken allerdings (sie hat es besonders auf sein geliebtes Auto abgesehen) könnten in einer Scheidungssituation funktionieren, wenn man sie so weit herunterdämpft, dass sie weitgehend innerhalb der gesetzlichen Spielräume bleiben.

Heathers (1989)

Bewertung: 
Handlung: Die coolste Clique an der Westerburg High School in Ohio sind die Heathers, drei Mädchen namens Heather und eins namens Veronica (Wynona Ryder in einer unschuldigeren Zeit). Zu dieser Mixtur stößt J. D. (Christian Slater in einer Rolle, die meinen Männergeschmack jahrelang beeinflussen sollte), ein leicht rebellischer Typ mit einer Neigung zu Morden an fiesen Footballcracks und biestigen Ballschönheiten, die er dann als Kurzschlusshandlungen und Selbstmorde tarnt. Die schwärzeste aller schwarzen Komödien darüber, was für eine Hölle die High School ist und wie jeder dort einzig von Rache träumt.
Anwendung des Films auf Ihr eigenes Leben: Großer Gott, bitte nicht. Es ist gar nicht nötig, Leute zu erschießen oder Ihre Schule in die Luft zu jagen, nur um zu zeigen, dass Sie sich nichts gefallen lassen. Wenn Sie aus den letzten fünf Kapiteln dieses Buches irgend etwas gelernt haben, dann, dass körperliche Gewalt selten oder nie das beste Mittel ist, sich zumeist kontraproduktiv auswirkt und den eher subtilen, psychologischen Maß-

nahmen im Allgemeinen unterlegen ist. Sollten Sie übrigens allein stehende Männer kennen, die aussehen wie Christian Slater, richten Sie ihnen bitte aus, sie sollen mich anrufen.

Kill Bill, Teil 1 (2003)

Bewertung: 

Handlung: Auf seltsame Weise sind die *Kill Bill*-Filme gleichzeitig Filme über Rache und Frauenfilme. Ich weiß, das klingt komisch, wenn man bedenkt, dass es der wahrscheinlich blutigste Film dieser Liste ist. Ja, vielleicht sogar der blutigste Film, den ich je gesehen habe. Trotzdem ist die Heldin eine starke Frau und es geht neben einigen aufregenden Schwertkämpfen um Mutterliebe. Dann gibt es noch die knisternden Dialoge aus dem Hause Tarantino, die abwechselnd extrem lustig und extrem langweilig sind, manchmal beides im selben Satz. Der Plot ist, wenn man bedenkt, dass er von Tarantino stammt, eher simpel gestrickt: Eine Berufsmörderin (in diesem Teil »Die Braut« genannt) wird schwanger und beschließt, das Töten aufzugeben, wird aber am Tag ihrer Hochzeit von ihrem früheren Boss und Kollegen niedergeschossen, zusammen mit dem Bräutigam und der gesamten Hochzeitsgesellschaft. Sie wird für tot gehalten und liegen gelassen, erwacht aber Jahre später im Krankenhaus und macht sich auf einen weltumspannenden, mörderischen Rachefeldzug gegen jene, die bei der versuchten Exekution gescheitert sind. Der Name des Bosses, sollten Sie es noch nicht aus dem Titel geschlossen haben, ist Bill. Das Filmstudio hat den Film wegen Überlänge in zwei Teile geteilt, die ich auch rachetechnisch einzeln besprechen möchte.

Anwendung des Films auf Ihr eigenes Leben: Man sollte meinen, dass sich das in *Kill Bill,* Teil 1, vorgelebte Beispiel eigentlich nicht auf das Leben anständiger Menschen anwenden lässt, aber ich finde, aus der Entschlossenheit Der Braut bei ihrer Suche nach Rache kann man lernen. Durch nichts lässt sie sich vom einmal eingeschlagenen Kurs abbringen. Nicht einmal die Tatsache, dass ihre Beine versagen, als sie aus einem vierjährigen Koma erwacht, scheint sie groß aufzuhalten. Während ich also keineswegs empfehle, nach Japan zu fliegen und dort Leute mit Hatori-Hanzo-Schwertern zu zerhacken, empfehle ich durchaus diesen Film: als Vorbild für einen starken Willen und die hingebungsvolle Verfolgung eines Zieles. Ich bin mir sicher, dass in den Filmbesprechungen etwas ganz Ähnliches gesagt wurde.

Kill Bill, Teil 2 (2004)

Bewertung: 
Handlung: Eigentlich geht es genauso weiter. Nachdem Die Braut noch ein paar Bösewichte auf ihrer Liste umgebracht hat, jagt sie (mit richtigem Namen heißt sie Beatrix, erfahren wir jetzt) die großen Fische, darunter die rundum silikonerneuerte Darryl Hannah, einen aufgedunsenen Michael Madsen und den seltsam altersresistenten David Carradine, der voller Inbrunst seine Grashüpfernummer durchzieht.
Anwendung des Films auf Ihr eigenes Leben: Auch hier ist nicht allzu viel übertragbar, aber es gibt einige hübsche Momente zum Thema Familie und den Grenzen der Mutterliebe gegen Ende des Films. Am meisten hat mich beeindruckt, wie Uma ihre Sache bis zum

Ende durchzieht, obwohl sie irgendwann jeden denkbaren Grund hat, ihre Rache aufzugeben. Was für ein Soldat.

Eiskalte Engel (2004)

Bewertung: 
Handlung: Zwei schöne, aber etwas krätzige Stiefgeschwister (Ryan Philippe und Sarah Michelle Gellar als Sebastian und Kathryn) verbringen ihre Tage damit, in ihrem schicken Internat so ziemlich jedermanns Ruf zu ruinieren. Einfach nur, weil es sie so unglaublich langweilt, schön zu sein. Ist uns ja allen schon mal so gegangen. Kathryn, die sich so sehr langweilt, dass sie bereits das Langweiligsein der Schönheit langweilt, wettet mit ihrem Stiefbruder: Sollte er es schaffen, die jungfräuliche Tochter des Schuldirektors (Reese Witherspoon) zu verführen, darf er auch mit Kathryn schlafen. Mit seiner Schwester. Haben das alle verstanden? Es ist quasi *Gefährliche Liebschaften* als Internatsfilm, mit einem Schuss Pseudo-Inzest. Genau genommen bin ich mir sicher, dass der Plot genau damit in irgendwelchen Konferenzzimmern in Hollywood angepriesen wurde.
Anwendung des Films auf Ihr eigenes Leben: Schlafen Sie nicht mit Ihrem Bruder, weil, na ja, ähem.

Dirty Work (1998)

Bewertung: 
Handlung: Die Handlung, wenn man dieses Potpourri aus Herrenwitzen, fäkalen Einzeilern und Körperausscheidungen so nennen will, dreht sich um einen Mann

namens Mitch (Norm McDonald), der verzweifelt Geld braucht. Da er sich dummerweise nur mit Rache auskennt, eröffnet er eine Rache-Vermittlungsagentur.

Großer Gott, mir kommt gerade, wie ich einen Haufen Geld verdienen kann!

Anwendung des Films auf Ihr eigenes Leben: Bitte nicht. Die schludrige Ausführung und die fragwürdigen Rachetechniken in diesem Film sind bestenfalls Hollywoodglamour und im schlimmsten Fall gefährlich. Der einzige Grund, sich den Film anzusehen, ist, dass Bob Saget Regie führt, den man von der Familienserie *Full House* und von *Pleiten Pech und Pannen* kennt, und es ist immer schön, herauszufinden, dass so ein Saubermann auch eine verdorbene Seite hat. Ach ja, und Rebecca Romijn hat eine Gastrolle als bärtige Lady, und es macht doch immer Spaß, schöne Menschen in hässlichen Rollen zu sehen. Mir zumindest.

Zwei haarsträubende Rivalen (1987)

Bewertung: 

Handlung: Noch ein Klassiker, diesmal von Barry Levinson. Richard Dreyfuss und – wieder mal – Danny DeVito sind Handelsvertreter für Aluminiumfassaden im Baltimore von 1936. Als sie in einen Autounfall geraten, gibt es eine Reihe von Verwicklungen um Untreue, die amerikanische Finanzpolizei und jede Menge Blech. Die beiden Akteure lieben sich nicht gerade und der ganze Ton erinnert an einen anderen hier aufgelisteten DeVito-Film, den *Rosenkrieg*, aber irgendwie schlägt ein echtes Herz unter den ganzen hässlichen Äußerlichkeiten. Ach Gott, jetzt werde ich sentimental.

Anwendung des Films auf Ihr eigenes Leben: Falls Sie zufällig Handelsvertreter für Aluminiumbleche sind, ist dieser Film ein Leckerbissen für Sie. Andernfalls bietet er ein paar lebenswichtige Lektionen über die Gefahren und Freuden ausufernder Rache und wann man einfach nicht weit genug gehen kann oder man damit eben, na ja, zu weit geht. Zusätzlich bekommt man Barbara Hershey in einer großartigen Darstellung von DeVitos endlos leidender Ehefrau zu sehen und lernt daraus, dass sie noch etwas anderes kann als am Strand herumzutollen und in Bette Midlers Armen zu sterben.

Rebellen auf Skateboards (1989)

Bewertung: 
Handlung: Christian Slater spielt einen Skater, dessen vietnamesischer Adoptivbruder von Waffenschmugglern umgelegt wird, und da die Polizei sich nicht für den Fall interessiert, jagt er die Mörder mit einer Gang loyaler Skateboardpunks selbst. Oder so ähnlich. Ich erinnere mich nur noch daran, dass Christian Slater damals noch so wahnsinnig süß war, bevor die Jahre der wilden Partys und Verhaftungen ihn in einen schlechten Witz verwandelten, und ich damals zweimal ins Kino ging, weil mir so gut gefiel, wie seine Haare im Wind wehten.
Anwendung des Films auf Ihr eigenes Leben: Verteidigen Sie Ihren Bruder, selbst wenn er tot, adoptiert und Vietnamese ist. Lassen Sie sich nicht von Autoritäten einschüchtern, vor allem nicht, wenn sie versuchen, Ihnen das Skateboard wegzunehmen. Treten Sie tapfer für den freizügigen Gebrauch von Haargel ein.

Die Rache der Eierköpfe (1984)

Bewertung: ✗ ✗ ✗ ✗

Handlung: Sie müssen sich bloß einmal die Besetzungsliste ansehen, um zu verstehen, welche Faszination dieser Film auf jeden ausübte, der in den Achtzigern aufwuchs. Da wäre einmal Anthony Edwards (vor *Emergency Room*), ein einigermaßen schlanker John Goodman, Tim Busfield vor *West-Wing* (als Präsident Poindexter! Ehrlich!), James Cromwell, Robert Carradine und Curtis Armstrong als Popel (was in meinem Haushalt wie ein Fluch auf ihm lastet, denn immer wenn der Typ in einem anderen Film oder einer Fernsehshow erscheint, springe ich sofort vom Sofa auf und kreische »Igitt, der Popel!«). *Die Rache der Eierköpfe* ist nach klassischem Muster gestrickt: Eine Gruppe von Außenseitern rächt sich an den coolen Kids. Und wer sollte den Anführer der eingebildeten Sportcracks in diesem hübschen Filmchen spielen? Kein anderer als Ted McGinley! Nun kommen Sie, wenn Ted McGinley mitspielt, kann der Film doch gar nicht so schlecht sein. Wahrscheinlich kann er auch nicht so gut sein, aber das ist ja gerade das Geniale an der *Rache der Eierköpfe*. Sie machen aus dem alltäglich Banalen etwas verrückt Komisches. Und wer sich ernsthaft für Rache interessiert, muss sich diesen Film ansehen. Sie werden verstehen, wenn Sie es sehen.

Anwendung des Films auf Ihr eigenes Leben: Stehen Sie ein für das, woran Sie glauben. Kämpfen Sie für das Gute! Wenn nötig, benutzen Sie Ihre unglaubliche technische Geschicklichkeit und basteln Sie Roboter, Computersimulationen und Lasershow-Rockkonzerte, um zu siegen.

9 To 5 (1980)

Bewertung:

Handlung: Wow, hier geht's endlich zur Sache! *9 To 5* ist der ultimative Rachefilm für Frauen, weil es hier um Damen aus schlechten Verhältnissen geht, die ihr Leben in die Hand nehmen und ihre Rache-Energie nicht nur dafür einsetzen, ihr eigenes Leben zu verbessern, sondern auch das aller Leute um sie herum. Kurz gesagt geht es in *9 To 5* um drei Verwaltungsassistentinnen (wundervoll gespielt von Lily Tomlin, Jane Fonda und Dolly Parton vor ihrer Busenverkleinerung), die von ihrem chauvinistischen Chef, herrlich böse dargestellt von Dabney Coleman, abwechselnd ignoriert, tyrannisiert und sexuell belästigt werden. Nach einer ausführlichen Traumsequenz, die sich keine Frau mit echtem Interesse an Rache entgehen lassen darf, kommen die drei zu der Überzeugung, dass sie ihren Boss aus Versehen vergiftet haben (was nicht stimmt), sperren ihn in Jane Fondas Wohnung und geben vor, er sei auf Geschäftsreise. Dann verbessern sie die Umgangsformen im Büro. Am Ende hat Dabney Coleman seine Lektion gelernt, die Mädels werden auf angemessene Positionen befördert, und so ziemlich alle, die ich kenne, applaudieren. Und das Titellied ist bombastisch.

Anwendung des Films auf Ihr eigenes Leben: *9 To 5* ist gut für Racheszenarien am Arbeitsplatz und gleichzeitig ein Appell an uns Frauen, zusammenzuhalten. Es gibt Zeiten, in denen wir schmerzlich versucht sind, aufeinander loszugehen, und ja, ich gebe zu, dass ich fast das ganze Buch hindurch von nichts anderem rede, aber wenn es hart auf hart geht, werden sich nur Ihre Schwestern für Sie einsetzen und Rücken an Rücken unerbittlich für Sie kämpfen.

Revenge! (1904)

Bewertung: nicht möglich
Handlung: Okay, zugegeben, ich habe diese kleine Perle online gefunden. Aber sehen Sie nur, 1904! Ist es nicht wundervoll, zu entdecken, dass vor über hundert Jahren, als das moderne Kino noch in den Windeln lag, Rache schon Thema in den Köpfen und Kinosälen war? Die Handlung, so entnehme ich dem Internet, dreht sich um eine Frau und ihr Kind. Sie werden von einem Herrn in Uniform gestört, den die Frau mag, das Kind aber nicht, was sich viel besser erklärt, als der Ehemann nach Hause kommt und auf den anderen Mann losgeht. Ein Schusswechsel, das Haus brennt, und alles in allem klingt es nach einem ziemlichen Spaß, auch wenn es ein grobkörniger, schwarz-weißer Stummfilm ist und er nur 5 Minuten dauert.
Anwendung des Films auf Ihr eigenes Leben: Betrügen Sie Ihre Frau/Ihren Mann/Partner nicht. Wenn Sie herausfinden, dass Ihr Partner Sie betrügt, stellen Sie sich der Herausforderung und tun Sie das Nötige. Gelingt es Ihnen stumm zum Klang eines Klaviers – umso besser.

Kapitel Sechs

Die Geschichte von Eliza Teil 2: Eliza entdeckt ihr Potential

Auch wenn ich durch die Affäre mit dem Hund und andere von Barbara verursachte Schrecken einen ersten Vorgeschmack bekommen hatte, war ich doch völlig unbedarft, was die wahre Kunst der Rache betraf. Die frühen Lektionen von Klein-Eliza lagen dünn gestreut in einer fröhlichen Welt voller Regenbogen, Glockenblumen und tanzender Feen, die den Eichhörnchen Lieder vorsangen. Stellen Sie sich einfach den Vorspann eines beliebigen Kindervormittagsprogramms vor und Sie haben einen Eindruck, wie das Leben für mich aussah.

Und weswegen hätte ich auch Rachegedanken hegen sollen? Mein Zuhause, Essen, Transport, Kleidung, Freizeit, alles wurde mir von meinen Eltern bereitgestellt, die nicht ein einziges Mal in den achtzehn Jahren, die ich unter ihrem Dach wohnte, Miete von mir verlangten. Meine Tage wurden sorgfältig kontrolliert, doch ich genoss den strikten Ablauf: Aufwachen, Essen, Schule, Essen, Schule, Spielen, Essen, Spielen, Schlafen. Sicher gab es hier und da mal einen Wutanfall oder eine Unabhängigkeitserklärung, aber größtenteils waren diese ganz unmotiviert und durch Eis oder leise Drohungen leicht zu zerstreuen. Zum großen Krach kam es selten. Alles in allem war ich ein ziemlich frohgemutes, einfach zu handhabendes Kind.

Was ich damals nicht wusste, aber bald herausfinden

sollte, war, um wie viel schwieriger es ist, mit der äußeren Umwelt glücklich zu sein, wenn man mit sich selbst nicht zufrieden ist. Außerdem lernte ich, wie leicht man Alleskleber in Shampooflaschen füllen kann, doch dazu später mehr.

Bis zu meinem neunten Lebensjahr verbrachte ich die Sommer immer in unserer örtlichen Tagesstätte, wo Barbara anfangs als Helferin, später als voll bemächtigte Betreuerin arbeitete und für das Leben und Wohlbefinden einer ganzen Horde jüngerer Kinder verantwortlich war – mochte Gott ihnen allen beistehen. Meine Eltern, die eine vage Ahnung von den Neigungen meiner großen Schwester hatten, sorgten dafür, dass ich nie in Barbaras Gruppe kam und somit relativ unbeschadet durch den Sommer kam.

In den Sommerferien nach der zweiten Klasse erbettelte ich von meinen Eltern jedoch die Erlaubnis, in ein Ferienlager mit Übernachtung zu dürfen. Warum, daran erinnere ich mich nicht mehr, wahrscheinlich wollte ich einfach mal etwas Neues ausprobieren. Vielleicht wollte ich auch weiter weg von Barbara sein. Beide Gründe wären absolut nachvollziehbar gewesen, aber meine Eltern waren dagegen.

Sechs Monate vor den nächsten Sommerferien startete ich eine Kampagne, um sie umzustimmen. Sie bestand hauptsächlich aus selbst gemachten, handgeschriebenen Flugzetteln, die ich Abend für Abend auf ihren Betten drapierte, und ausführlichen Prospekten aus mit Markern beschriebener Bastelpappe, in denen ich die vielen pädagogischen Vorzüge eines Ferienlagers mit Übernachtung anpries. Ich bin nicht sicher, ob meine überzeugenden Argumente den Ausschlag gaben oder eher eine Kosten-Nutzen-Analyse der durch Marker und Bastelpappe verursachten Unkosten versus sechs Wochen Ferienlager, jedenfalls gaben sie irgendwann im Frühjahr nach und buchten für mich.

Selbstverständlich hatte ich eine unrealistisch idyllische Vorstellung von dieser Art von Ferienlager. Spiele, Schwimmen und vor allem die Kameradschaft mit den anderen Kindern schwebte mir vor. Wir hatten als eine der wenigen Familien unserer Nachbarschaft einen Videorekorder und ich hatte die amerikanische Variante des *Doppelten Lottchens* sicher sechs- oder siebenhundertmal gesehen, um mich auf das Treffen mit meiner verloren geglaubten Zwillingsschwester im Ferienlager vorzubereiten. Ich würde nach Paris fliegen und mit meinen neuen Eltern Croissants mit Marmelade essen, während meine Zwillingsschwester in meinem langweiligen alten Zuhause jeden Morgen das Bett machen und eine Schüssel Cornflakes herunterschlingen musste, bevor es zur Schule ging.

Es stellte sich heraus: Der blöde Film hatte von vorn bis hinten gelogen.

Erstens gab es im Cayuhuega Camp keine aus Paris eingeflogene Eliza-Brandt-Doppelgängerin. Die größte Entfernung, die jemand zurückgelegt hatte, war von Albuquerque, New Mexico, und Anita Gonzales sah mir kein bisschen ähnlich. Hätte ich sie an meiner Statt nach Hause geschickt, wären mir meine Eltern sofort auf die Schliche gekommen. Außerdem war ich nicht sonderlich erpicht darauf, in Albuquerque zu leben, weil das so schwer zu buchstabieren war und so.

Zweitens rannten die anderen Mädchen in Cayuhuega nicht sofort alle auf mich zu, als ich aus dem Bus stieg, schlossen mich nicht in ihre sonnengebräunten Arme und nahmen mich nicht in ihrer Mitte auf. Nein, als ich nach vierzehn Stunden Busfahrt hinab in den roten Staub sprang, um neue Freunde zu treffen und jede

Menge Spaß zu haben, empfingen mich höhnische Blicke und offener Spott angesichts meiner schwarzen Sandalen, die an meiner Schule voll in Mode, hier in der Wildnis des Camps offensichtlich aber nicht mehr angesagt waren.

In den folgenden paar Tagen lernte ich, dass es im Camp zwei Gruppen gab: die Mädchen, die seit Jahren nach Cayuhuega kamen, sich kannten und die Clique der Coolen bildeten, und jene, die zu spät zur Party erschienen waren und deshalb auf der Stufe von Schuhabstreifern standen. Klar gab es seltene Gelegenheiten für uncoole Außenseiter, in die Reihen der arrivierten Kader einzudringen, aber das war so ähnlich, als wollte man nach Europa auswandern: Man musste ein Talent vorweisen, das dort niemand hatte. Ein Mädchen wie Caren Gordon, die mit neun einen doppelten Salto rückwärts beherrschte (und sich später beim Training für die 1988er Gymnastik-Olympiamannschaft verletzte, hahaha), wurde problemlos aufgenommen. Ein Mädchen wie Eliza Brandt jedoch, das zwar lieb und freundlich war, deren größtes Talent aber im Zusammenfalten der Zunge bestand, hatte keine Chance.

Vielleicht hätte ich mich niemals auf die lebenslange Reise durch die Welt der Rache begeben, wäre sich die Clique der Coolen selbst genug gewesen und hätte uns anderen in Ruhe unsere Ferien genießen lassen. Aber wie diese Coolen eben so sind, mussten sie auf allen herumhacken, die sie nicht mochten, weil sie den Fehler machten, weniger cool zu sein.

Die schlimmste in der Meute war eine elfjährige Blondine namens Stephanie Moreno: 1,45 Meter Herablassung und Einbildung. Tatsächlich kam sie aus einer Stadt in meiner Nähe, aber die wenigen Male, in denen ich sie in ein Gespräch verwickeln wollte über dieses oder jenes Einkaufszentrum (immerhin kamen wir beide aus Jersey), ließ sie mich nicht nur abblitzen, sondern beleidigte mich auch noch für meine Bemühungen.

Und dann: der Tropfen, das Fass … Sie wissen ja, wie das ist.

Der Auslöser war nicht mal besonders der Rede wert, aber manchmal führen eben die kleinen Dinge zur größten Eskalation. Wir hatten rund eine Stunde im Bastelzelt gesessen und aus Draht und Garn Freundschaftsbänder geflochten. Ich war schnell mit meinem fertig und lief zum Schrank, um Material für ein zweites zu holen. Als ich plötzlich Stephanies Stimme hörte, wusste ich sofort, dass es Ärger geben werden würde.

»Wohin des Weges, Eliza?«

Ich weiß nicht, warum ich ihr überhaupt antwortete. Vielleicht hoffte ich immer noch, sie würde eine 180-Grad-Wendung hinlegen und mich in ihre Clique aufnehmen. »Ich hole mir noch Draht«, antwortete ich. »Für ein zweites Armband. Soll ich dir was mitbringen?«

»Ein zweites?«, spottete sie. »Warum? Du hast doch nicht mal *eine* Freundin, wozu brauchst du da zwei Bänder?«

Eine Welle aus Wut und Scham überflutete mich und ich floh blindlings aus dem Zelt. Ich ließ sogar mein fertiges Armband liegen. Das Blut rauschte mir in den Ohren, aber ich bin ziemlich sicher, dass Stephanie und die anderen Mädchen sich vor Lachen kugelten.

Doch dann geschah etwas Seltsames: Als ich mich vom ersten Schock erholt und ein paarmal tief durchgeatmet hatte, fiel mir auf, dass ich gar nicht weinte. Tatsächlich war es der erste Tag im Camp, an dem ich überhaupt nicht weinte. Stattdessen hatte ein neues Gefühl die übliche Traurigkeit ersetzt. Ich wusste nicht gleich, was es war, aber ich spürte es, ganz tief unten in der Magengrube: Dort drehte sich ein kleiner Kreisel, ganz still und leise, und gewann mit jeder Drehung an Schwung. Ich wusste nur eines: Stephanie sollte am eigenen Leibe erfahren, wie sehr sie mich verletzt hatte. Sie sollte genauso leiden, wie sie viele von uns hatte leiden lassen.

Ich wollte Rache.

Ein tolles Gefühl.

Aber schon in diesem frühen Stadium meiner Karriere verstand ich instinktiv, dass man Rache am besten lauwarm serviert. Ich würde nicht überstürzt und kopflos ins Bastelzelt rennen und auf sie losgehen, aber ich wollte auch nicht warten, bis das Camp und meine Chance auf eine direkte Vergeltung vorbei waren. Noch hatte ich allerdings keine Idee, wie ich vorgehen sollte.

Ironischerweise war es ausgerechnet ein Freundschaftsritual, das uns einander näher bringen sollte, welches mir das Wissen und die Mittel lieferte, die ich so dringend brauchte. Eines Abends zwei Wochen vor Ferienende setzten die Betreuer die Mädchen aus den Hütten vier, fünf und zehn um ein Lagerfeuer und nötigten uns, in der Gruppe einige unserer tiefsten Geheimnisse zu offenbaren. Es war wie in einer Selbsthilfegruppe, nur dass man nachts nicht zu anderen aufs Zimmer schlich, um heimlich Sex zu haben.

Als ich an die Reihe kam, faselte ich irgendetwas Harmloses über den Diebstahl von fünf Dollar aus der Geldbörse meiner Mutter, genug für ein Aufstöhnen unter den Braven und ein verächtliches Schnauben unter den weniger Braven.

Dann war Stephanie dran und ich saß mucksmäuschenstill und heuchelte Desinteresse, während ihr dieses winzige Detail entschlüpfte:

»Ich habe schreckliche Angst vor Enten.«

Das war nicht viel, doch es war genau die Schwachstelle in ihrer strahlenden Rüstung, nach der ich gesucht hatte. Der Rest des Plans erhellte sich mir in einem grellen, fast Ehrfurcht einflößenden Blitz. Göttliche Inspiration? Mag sein. Wahrscheinlich erkannte ich zum ersten Mal mein Potential. Manche Kinder sind gut in Mathe oder im Geigespielen, mein Talent lag einfach auf einem anderen Feld.

Vor dem Abendessen hatten wir immer anderthalb Stunden zur freien Verfügung. Die meisten spielten Tratzball, hörten Musik oder schrieben nach Hause. Stephanie Moreno duschte. Ich weiß nicht, ob sie einfach gerne porentief rein war oder ob sie bereits ihre Wirkung auf das andere Geschlecht entdeckt hatte, jedenfalls strebte Stephanie durch das Lager hinüber zu den Duschkabinen und reinigte sich gründlich für das Abendessen, während der Rest von uns sich mit seinen neunzig Minuten Freiheit vergnügte.

Vier Tage vor Ende des Camps schritt ich zur Tat. Ich hatte wochenlang Brotstückchen gehortet und in meinem Kissen versteckt, damit die Betreuer sie nicht entdeckten. Jetzt wartete ich, bis Stephanie mit der Shampooflasche in der Hand auf dem Weg zur Dusche war, griff nach meinem Kissenbezug, schlich mich aus der Hütte und auf einen Pfad, der zu dem See führte, auf dem wir Boot und Wasserski fuhren. (Besser gesagt, wo die anderen Boot und Wasserski fuhren – ich ruderte hauptsächlich hilflos herum oder wurde mit dem Gesicht nach unten durch nach Diesel stinkende Gischt gezerrt.)

Hier gab es Enten. Massen von Enten.

Den Rest können Sie sich wahrscheinlich denken. Ich warf den Enten Brotstückchen zu und versammelte so viele wie möglich um meine Füße. Als rund dreißig oder vierzig laut nach mehr Futter schrieen, eilte ich ihnen voran ins Camp, ließ jeden halben Meter etwas Brot fallen, und die Enten, kleingeistige Kreaturen, die sie sind, folgten mir emsig.

Es muss komisch ausgesehen haben, wie ein kleines neunjähriges Mädchen zielstrebig durch das Lager lief, mit vierzig Enten im Gefolge. Mir war klar, dass ich eine Menge Aufsehen erregte, egal – je mehr, desto besser.

Bei den Duschkabinen angelangt verkeilte ich die Tür mit einem meiner Schuhe. Um diese Zeit war sonst niemand in den Duschen, weil die meisten morgens duschten oder abends vor dem Schlafengehen. Nur Stephanie war drinnen, wie ich am Rauschen des Wassers hörte.

Zwanzig Brotstückchen später waren alle Enten direkt vor ihrer Duschkabine versammelt. Ich warf die übrigen Brotstückchen mit einer letzten triumphalen Bewegung in die Luft und versetzte damit die Enten in eine gefiederte, quakende und flatternde Ekstase kulinarischen Entzückens.

Eine Zehntelsekunde später stürzte Stephanie aus der Dusche und schrie so schrill, dass Glas zersprungen wäre. Die Enten bissen ihr in die Fersen, um zu dem dicken Teppich aus Brotresten zu gelangen, der den Boden bedeckte, und mir schien, sie bemerkte nicht einmal, dass ich in der Ecke stand, als sie splitternackt aus dem Duschhäuschen ins helle Licht des Nachmittags hinausstürzte.

Die Enten ihrerseits verwechselten Stephanie wohl mit mir und waren überzeugt, sie hätte noch mehr Brot zum Verteilen, denn mindestens die Hälfte der quakenden Vögel rannte ihr nach und jagte sie durch das halbe Camp. Sie war so panisch, dass sie nicht mal auf direktem Weg zu unserer Hütte rannte, sondern im Kreis herum lief und jedes Mal zurückwich, wenn es einer Ente gelungen war, sich ihr in den Weg zu stellen. Die Menge der lachenden Kinder wuchs stetig, immer mehr kamen neugierig aus ihren Hütten, bis sich fast alle der fünfhundert Cayuhuega-Camper zu dem Schauspiel eingefunden hatten – viele von ihnen mit Kameras, um das Ereignis für die Nachwelt zu dokumentieren …

In diesen letzten vier Tagen des Ferienlagers war ich eine Heldin. Es war zwar nicht die Art Verehrung, bei der die unterdrückten Massen mich auf die Schultern hoben und in den Sonnenuntergang trugen, aber ich spürte den Respekt der anderen Mädchen, die sich wünschten, sie wären selbst auf die Idee gekommen, und das Bemühen von Stephanies Freundinnen, mir nicht in die Quere zu geraten. Genau danach hatte ich mich die ganze Zeit gesehnt, nur hatte ich es nicht gewusst.

Und das war erst der Anfang. Es sollten noch viele Rache-Gelegenheiten kommen …

Kapitel Sieben

Rache am Ex – am besten lauwarm serviert

Kaum etwas weckt eine so große Lust nach Vergeltung wie ein Ex, sei es nun Exfreund, Exmann, Exliebhaber oder Ex-Ex (wenn er noch mal zurückkehrt und es erneut versaut). Zu diesem Thema erreichen mich mehr E-Mails als zu allen anderen zusammen, und das ist auch kein Wunder. Wir haben all unsere Hoffnungen und Träume in diese Lumpen gesetzt und in der Regel taten sie uns irgendwann etwas Schreckliches an. Da ist es doch nur natürlich, dass wir sie unter unseren manikürten Daumen zerquetschen wollen.

Dieser Rachedurst ist naturgegeben kurz nach der Trennung am größten, wenn die Wunden noch frisch sind. Wundern Sie sich nicht, wenn Ihre Heulkrämpfe durch scheinbar völlig irrationale Rachegelüste unterbrochen werden: Das ist ganz normal und kein Anlass, zum Arzt zu rennen. Es hat seinen Grund, warum der Satz »Die Hölle kennt keinen schlimmeren Zorn als den einer verlachten Frau« die Zeiten überdauert hat.

Dennoch müssen wir Frauen in solchen Momenten besonders vorsichtig sein. Rache sollte niemals von planlosen Gedanken oder einem erhitzten Gemüt geleitet werden, denn dann ist sie oft nicht mehr als das wütende Stampfen eines Kindes im Sandkasten und kann leicht abgeblockt werden. Weibliche Rache sollte von Intellekt und Intuition gesteuert sein und von der Fähigkeit, maximalen Schaden mit minimalen Folgen zu verursachen.

Daher der Untertitel dieses Kapitels. Rache serviert man am besten lauwarm. Sie sollten weder sofort wild um sich schlagen noch so lange warten, bis Ihr angepeiltes Ziel vergisst, was er Ihnen angetan hat. Timing lautet hier das Stichwort.

Zum Glück ist die Dauer einer Beziehung direkt proportional zur Zeit, die vor dem Vergeltungsschlag verstreichen sollte. Hierzu habe ich Ihnen eine hilfreiche kleine Tabelle gezeichnet. Ist Ihnen aufgefallen, welche Form sie hat? X wie »Ex«. Gut, was? Ach, hören Sie auf, ich fand es eine tolle Idee.

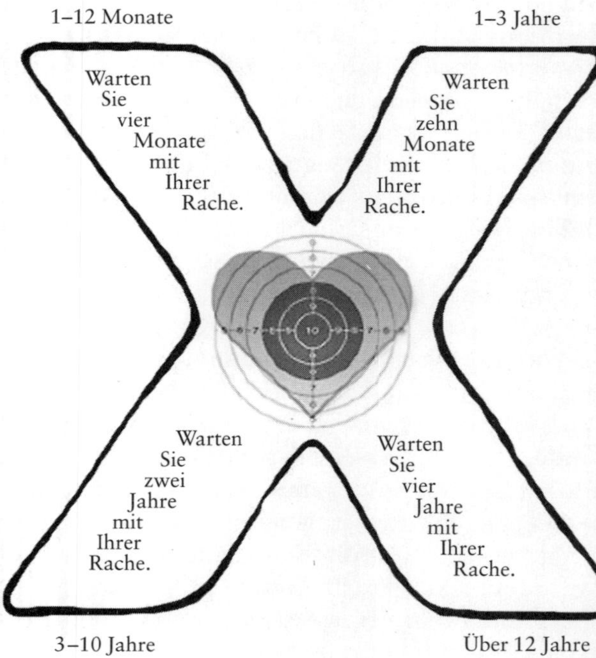

Zwei Jahre? Vier Jahre? Aber Eliza, das ist doch viel zu lang!, werden wahrscheinlich manche von Ihnen einwenden.

Ich sage ja auch nicht, dass Sie den Typ in den vier Jahren nicht schon mal nerven können, ihm Steine in den Weg legen und ihm das Leben in jeder erdenklichen Form versauern dürfen. Ich rate lediglich zu den oben angegebenen Zeiträumen, um Ihrer Racheaktion die Chance auf den größtmöglichen Effekt zu verschaffen. Sie wollen doch nicht Ihr ganzes Pulver in den ersten drei Wochen mit einem halb ausgegorenen Plan verschießen, so dass Ihr Exfreund denkt: »Cool, seht mal, was für ein seelisches Wrack ich hinterlassen habe!« Nein, Sie wollen, dass ihn in zwei Jahren, wenn er in aller Seelenruhe Chips mampfend aus einem Laden kommt, die Konsequenzen seiner Untaten wie ein Donnerschlag überrumpeln. Es schmerzt immer mehr, wenn einen das Schicksal unerwartet trifft.

Um das Verständnis zu erleichtern, werde ich den Ablauf in Unterkapiteln skizzieren und jeweils ein paar nützliche Beispiele dazu geben.

1–12-monatige Beziehung

Sehen wir den Tatsachen ins Auge: Das war keine besonders wichtige Beziehung, jedenfalls nicht auf's Große Ganze gesehen. Ich weiß, Sie werden mir vielleicht widersprechen und darauf pochen, dass er der Mann Ihres Lebens war, Ihr Ein und Alles, der einzig wahre, aber warten Sie ein wenig ab und Sie werden erkennen, dass das einfach nicht möglich ist. Sie waren vielleicht schrecklich verliebt und ganz bestimmt furchtbar verrückt nach ihm, aber die Hälfte davon war Chemie und die andere Wunschdenken. Hat die Beziehung tatsächlich nicht länger als ein Jahr gehalten, kann sie einfach nicht so wichtig gewesen sein.

Dennoch …

Es tut trotzdem höllisch weh, nicht wahr? Sollte der Trennungsschmerz noch zu frisch sein, rate ich Ihnen, dieses Buch noch einmal zur Seite legen. Wahrscheinlich sind Sie noch zu wütend, um meine Ratschläge zu verarbeiten. Ohne Zweifel würden Sie am liebsten sofort losrennen und dem Penner eins mit Ihrer Handtasche/Ihrem heißem Lockenstab/den 5-Pfund-Hanteln, die Sie im Fitnesscenter mitgehen ließen, überziehen. Aber ich bitte Sie inständig, Ruhe zu bewahren und zu warten, bis sich die Wogen geglättet haben, bevor Sie sich zu einer Dummheit hinreißen lassen.

Vielleicht hilft Ihnen dieser Vergleich: Eine gute Beziehung ist wie eine gute Maniküre: ein Riesenspaß, manchmal entspannend, einigermaßen nützlich, und wenn Sie wollen, können Sie bei Ihren Freundinnen damit angeben. Wenn die Beziehung auseinander bricht, blättert der Lack ab. Risse tauchen auf, die Nagelhaut wächst nach und auf einmal verstecken Sie Ihre Hände mitten im Juni in ellbogenlangen Handschuhen, zumindest, bis Sie einen neuen Termin in Ihrem Nagelsalon haben.

Aber nehmen wir einmal an, Ihre übliche Handpflegerin ist ausgebucht oder sie besucht gerade ihre Familie in Korea (meine scheint irgendwie jede zweite Woche über den Ozean zu fliegen. Wie kann Sie sich das nur leisten, bei $ 26 pro Behandlung?). Vielleicht sind Sie so ungeduldig, dass Sie Ihre Nägel bei jemand anderem – Unbekanntem – machen lassen. Das Ergebnis könnten wunderschöne neue Nägel sein oder aber auch angeritzte Nagelhäute, die sich entzünden und mit drei

Monaten Bettruhe und Antibiotika auskuriert werden müssen.

Der Wunsch nach Rache gleicht dem Wunsch nach einer Handpflegerin. Sie meinen, die Zeit drängt, aber Sie sind besser beraten, auf den richtigen Zeitpunkt zu warten. Vielleicht landen Sie mit einem Schnellschuss einen Glückstreffer, aber in der Regel geht er nach hinten los.

Warum rate ich also, vier Monate mit der Rache zu warten? Bei einer derart kurzen Beziehung brauchen beide Parteien ungefähr einen Monat, um sich gefühlsmäßig zu erholen. Die nächsten zwei Monate benötigen Sie zum Auskundschaften und Planen und der vierte Monat ist lediglich ein Puffer, um sicherzugehen, dass Ihr Ex-Was-auch-immer nicht mehr mit Ihrer Rache rechnet. Nach vier Monaten wird er sich nicht mehr nervös umblicken, wenn er Absätze klappern hört – und das ist der richtige Zeitpunkt für den Vergeltungsschlag.

Kelly Putnam kam in meinen Kurs, als sich Brad, ihre zehnmonatige Beziehung, mit dem überstrapazierten Vorwand, »seinen Freiraum zu brauchen«, von ihr trennte. In Wahrheit war er nur ein geiler Bock, der nicht mit Kelly zusammenbleiben wollte, da sie zu spießig war, um zu akzeptieren, dass er jede Frau im Umkreis von zehn Kilometern flachlegte. Er schützte Bindungsängste vor, schob die Schuld auf seine Eltern, auf enttäuschte Gefühle in der Jugend und eine Reihe andere Gründe, die er wahrscheinlich bei einer Überdosis an Serien im Nachmittagsprogramm aufgeschnappt hatte.

Kelly war zutiefst verletzt. Sie hatte so viel Mühe, Zeit und Liebe in die Beziehung mit Brad investiert, nur damit jetzt alles zu Asche und Staub zerfiel. Ihr erster Impuls war daher, ihm sofort eins reinzuwürgen: ihm den Vorgarten umgraben, seine Post zerschreddern – all die typischen In-die-Eier-Tret-Reaktionen. Glücklicherweise konnte ich sie beruhigen. Wir tranken einen Cappuccino zusammen und besprachen ihre Situation. Schließlich ließ sich Kelly auf die viermonatige Wartefrist ein.

Die ersten Wochen waren nicht leicht für sie, doch im Laufe des zweiten Monats fing sie langsam an, meine Gründe zu verstehen. Bald konnte sie wieder lachen – über das, was gewesen war, und über das, was noch kommen würde.

Schließlich war es so weit. Brad war, wie sie erfuhr, schon über ihre Beziehung hinweg und mittlerweile mit einer Frau am anderen Ende der Stadt zusammen. Die beiden waren seit circa einem Monat zusammen, als Kellys vereinbarte Viermonatsfrist verstrichen war. Sie hatte gründlich recherchiert und Material gesammelt, daher war sie bereit, als der Tag schließlich kam.

Es kostete sie nur $ 38 für einen minderwertigen Verlobungsring, den sie in ein altes Tiffany-Schächtelchen steckte und mit einem weißen Band versah. Dann fand Kelly heraus, wo Brads neue Flamme wohnte, und stellte ihr das Päckchen vor die Haustür, versehen mit einem Kärtchen. Darauf stand schlicht: »Willst du? In Liebe, Brad.«

Mittlerweile ist Kelly seit über einem Jahr mit einem tollen Typen zusammen. Sollte sie sich also jemals trennen, müsste sie sich an das nächste Unterkapitel halten …

1–3-jährige Beziehung

Jetzt wird es ernst. Eine Beziehung dieser Länge sollte man nicht auf die leichte Schulter nehmen, es sei denn, Sie sind Filmstar: In diesem Fall ist es wahrscheinlich die längste Beziehung, die Sie jemals haben werden und zugleich die belangloseste. Warum können diese Leute nicht lernen zusammenzubleiben? Ich hasse es, wenn sie sich trennen. Das verdirbt mir jedes Mal den ganzen Tag.

Nach einer 1–3-jährigen Beziehung ist der Trennungsschmerz unweigerlich tiefer und stärker als nach ein paar Monaten, und sei es auch nur, weil Ihre Zuneigung so lange wachsen konnte. Ich möchte das Manikürebeispiel nicht überstrapazieren, aber wenn ein abgebrochener Nagel seitlich wegsteht, ziept es nur einmal kurz, wenn die Handpflegerin das Stück abrupft. Doch wächst der Nagel ein oder entzündet sich, wird die Behandlung viel schmerzhafter und langwieriger.

Hier stehen Sie also, nach ein bis drei Jahren Beziehung: mit leeren Händen. Fast ebenso wahrscheinlich stehen Sie mit einer Reihe Rechnungen da, Kleidung, in die Sie nicht mehr hineinpassen, und einem unansehnlichen Trauerrand in Ihrem Waschbecken, weil er es nach dem Rasieren nie ausgespült hat. Ihr erster Impuls wird vielleicht sein, sich einzurollen und Eiscreme in sich hineinzulöffeln, und ich schlage vor, dass Sie diesem Drang erst einmal nachgeben. Es ist nichts Verwerfliches an einem ordentlichen Heulkrampf und ein wenig Dessert, solange man es nicht übertreibt. Von Lightprodukten muss ich allerdings abraten, da diese bei großer Trauer einfach nicht helfen. Wählen Sie Häagen Dazs oder Mövenpick, wenn Sie sich so richtig gehen lassen wollen.

Sind Sie aus dem Zuckerkoma erwacht, werden Ihre Gedanken zu dem Mann zurückkehren, der Sie so schlecht behandelt hat, und die Rachegelüste stellen sich von ganz alleine ein. Doch wieder gilt: Unterdrücken Sie dieses Verlangen so lange wie möglich, denn ohne Zweifel geht es ihm gerade genauso schlecht wie Ihnen (nun ja, mit 23-prozentiger Wahrscheinlichkeit), oder er versucht sich abzulenken, indem er sich nach neuen Eroberungen umsieht (mit 77-prozentiger Wahrscheinlichkeit). In jedem Fall käme Rache jetzt zu früh und wäre wenig wirksam.

Warum also rate ich bei einer Beziehung dieser Länge zu einer Wartezeit von zehn Monaten? Diese Zeitspanne berechnet sich wieder nach der Formel: den Schmerz überwinden plus darüber hinwegkommen plus Erkundigungen einholen plus ausholen und zuschlagen.

Also mindestens zwei Monate für den ersten Schock (inklusive Häagen-Dazs-Phase), weitere vier Monate, um darüber hinwegzukommen, und vier Monate, um den Vergeltungsschlag zu planen.

Nach ein bis drei Jahren Beziehung kennen Sie unweigerlich viele kleine Sünden Ihres Ex. Zweifelsohne könnten Sie einfach die Obrigkeiten auf eine seiner kleinen Vergehen aufmerksam machen (mit Obrigkeiten meine ich in diesem Fall seinen Chef, seine Mutter, vielleicht sogar die Polizei), doch das wäre nicht besonders einfallsreich und würde Ihnen nicht die Genugtuung verschaffen, nach der sie sich sehnen. Die Rache muss direkt von Ihnen kommen, wenn Sie sich wirklich reinwaschen und ein neues Leben beginnen wollen.

Hier ein Beispiel. Zwei Jahre vor dem Abschluss teilte ich mein Zimmer mit der liebenswerten Regina aus Missouri. Ihre Hauptfächer waren Entwicklungspsychologie und Recht, nach der Uni wollte sie in ihrer

Heimatstadt in einer NGO zur Verbesserung der Gesetze gegen häusliche Gewalt arbeiten. Sie gehörte also zu den Gutmenschen dieser Welt und war eine dieser nachbarschaftlichen Typen aus dem mittleren Westen mit glänzendem Haar und strahlendem Lächeln, die man immer in der Zahnpastawerbung sieht. Eine ganz reizende Person.

Als wir uns kennen lernten, war Regina seit fast zwei Jahren mit einem Typ zusammen, den sie im ersten Semester im Englischkurs kennen gelernt hatte. Um die Anonymität zu wahren, wollen wir ihn hier einmal Tommy nennen, obwohl sich sein richtiger Name auf *Snob* reimt und mit einem *B* beginnt.

Ungefähr einen Monat vor den Winterferien wurde bei Reginas Mutter Brustkrebs diagnostiziert und Regina eilte nach Missouri, um ihr bei Chemotherapie und Bestrahlung beizustehen. Nur damit Sie sich nicht den ganzen Rest der Geschichte lang sorgen, verrate ich schon jetzt, dass sich Reginas Mutter bestens erholte.

Während ihrer Abwesenheit ging ich eines Abends mit ein paar Freunden zum Essen in ein italienisches Restaurant fernab des Campus, in dem ich erst ein-, zweimal gewesen war. Es war nicht besonders gut und genoss einen miserablen Ruf, aber es war günstig und wir hatten Hunger.

Um es kurz zu machen: Tommy kam mit einem anderen Mädchen herein, einer Erstsemestlerin namens Williamette Hall. Er erkannte mich nicht. Aber ich erkannte sie. Sie knutschten, fummelten und ferkelten die ganze Zeit während des Essens miteinander herum.

Ich bin für gewöhnlich keine Petze, aber schließlich hatte ich Tommy gegenüber keinerlei Verpflichtungen und Regina war eine gute Freundin, die er in eine schreckliche Situation brachte. Aus Rücksicht auf ihre Lage zu Hause wartete ich, bis es ihrer Mutter wieder besser ging und Regina zurück an der Uni war, bevor ich ihr erzählte, was ich gesehen hatte.

Und Regina, Gott segne sie, verschwendete keine Zeit mit dem Unfug, den wir Frauen sonst gerne veranstalten: Sie beschimpfte mich nicht als Lügnerin und stellte auch nicht meine Sehkraft in Frage, um ihren Freund zu verteidigen. Sie glaubte mir sofort und wusste, was zu tun war. Bravo!

Damals (und vielleicht auch heute) boten Kreditunternehmen ihre Plastikkarten überall auf dem Campus an Ständen an, die mit Studenten besetzt waren oder Studienabbrechern, die noch immer wie Studenten aussahen. Normalerweise zierte diese Karten das Logo oder Maskottchen der Universität, was aus irgendeinem Grund reichte, uns Schwindel erregend hohe Zinssätze aufzubrummen, an denen einige von uns bis heute zu knabbern haben.

Tommy hatte sich in seiner grenzenlosen Weisheit gleich drei dieser Karten besorgt und war hoch zufrieden mit seiner daraus resultierenden Kreditfähigkeit. Reginas Ziel war es, diesen Status so nachhaltig wie möglich zu ändern.

Doch sie beachtete die Lauwarm-Maxime und wartete einige Monate, bevor sie ihren Plan in die Tat umsetzte. Obwohl sie ursprünglich geplant hatten, die Semesterferien auf dem Campus zu verbringen, überzeugte Regina Tommy davon, dass ihre Familie ihnen eine Woche in Acapulco spendieren wollte, mit Flug und allem Drum und Dran. Einen Mexikoausflug mit Freundin konnte sich Tommy natürlich nicht entgehen lassen und sicherlich schwebte ihm eine Woche Sex, Bier und eine ewig volle Minibar vor. Wie man sich doch irren kann.

Regina erklärte ihm, sie müsse vorher noch einmal nach Missouri fliegen und nach ihrer Mutter sehen und würde von dort aus nach Mexiko nachkommen. Er müsse sich nur am Flughafen sein Ticket abholen.

Doch als er dort ankam, lag kein Ticket für ihn bereit. Er rief Regina auf ihrem Handy an, die natürlich nicht in Missouri war. Sie saß neben mir auf dem Sofa unserer Wohnung und ließ sich von mir soufflieren, was sie sagen sollte. Regina erklärte Tommy, dass es ein Versehen gegeben habe und er den Flug nach Acapulco erst einmal selbst kaufen solle. Sie würde ihm das Ticket mit Reisechecks, die sie von ihren Eltern bekommen habe, ersetzen. Als kleines Extra würde sie ihn auf Zimmer 412 im Palacio des Bombas erwarten und etwas tragen, das sie speziell für dieses Wochenende angeschafft hatte.

Tommy kratzte die neunhundert Dollar für den kurzfristigen Flug zusammen, indem er den Betrag auf seinen neuen Visakarten verteilte, und düste nach Acapulco. Als er irgendwo über dem Golf von Mexiko war, verließen Regina und ich die Wohnung und fuhren zum Strand, wo wir ein fröhliches Faulenzerwochenende zu zweit verbrachten, bei dem wir Leute wie Tommy aus unseren Gedanken verbannten.

Was Tommy betrifft, so kam er übersprudelnd vor Hormonen in Acapulco an, musste aber feststellen, dass keiner wusste, wo das Palacio des Bombas sein sollte oder ob es überhaupt existierte. Soweit wir später den zunehmend verwirrten und wütenden Nachrichten auf dem Anrufbeantworter entnehmen konnten, verbrachte Bobby drei kostspielige Tage in Mexiko, in denen er auf der Suche nach Regina und dem Palacio sein Kreditlimit überzog, bevor er merkte, dass er reingelegt worden war. Zehn Tage später erschien er wieder an der Uni. Verschuldet und ohne einen Penny in der Tasche war er gezwungen gewesen, über die Grenze und zurück an die Uni zu trampen.

Maßlos? Vielleicht. Erfolgreich? Darauf können Sie wetten.

3–10-jährige Beziehung

Lassen Sie mich erst einmal Folgendes sagen: Ich hoffe, Sie hatten einen Ring am Finger, bevor es den Bach runterging. In anderen Worten: Dieser Ex sollte entweder ein Exverlobter oder Exmann sein oder Sie haben irgendwann einen entscheidenden Fehler gemacht. Sind wir ehrlich – wenn Sie drei Jahre mit einem Mann zusammen waren und er zu geizig für den Klunker war, stimmt ganz grundsätzlich etwas nicht.

Sollten Sie allerdings seit der Schule oder dem ersten Jahr am College zusammen sein und sich gegenseitig immer vertröstet haben, bis »die Umstände günstig« seien (oder wie man das sonst so schön ausdrückt), nun, ich denke, das kann man durchgehen lassen. Ich will nicht, dass irgendwer behauptet, Eliza Brandt wolle Achtzehnjährige in den Hafen der Ehe treiben.

Aber all das spielt ja jetzt keine Rolle, denn was immer diese Beziehung einmal war, jetzt ist sie es nicht mehr. Und drei bis zehn Jahre in einer Beziehung sind ganz schön lang, um das Ganze dann einfach auslaufen zu lassen. Was auch immer er getan hat, es muss verdammt übel gewesen sein. Ich gehe natürlich davon aus, dass Sie keinerlei Schuld an dieser Situation trifft. Ich bin nicht hier, um Sie für Ihre Fehltritte zu geißeln. Es gibt tonnenweise Selbsthilfebücher, mit denen Sie Ihre Wut gegen sich selbst richten können. Meine Aufgabe besteht darin, mich dieser Wut anzunehmen und sie auf das wahre Objekt Ihres Zorns zu richten.

Hier stehen Sie also, mehrere Jahre fest in einer Beziehung, und dann – puff – ist plötzlich alles vorbei und Sie bleiben zurück mit dem Scherbenhaufen eines verpatzten Lebens. Es ist nur natürlich, dass Sie das schmerzt und vielleicht verunsichert. Mir fällt noch nicht mal ein passender Vergleich aus meinem Nagelstudio ein, weil dieser Schmerz so viel tiefer geht als alles, was wir bisher behandelt haben.

Normalerweise rate ich bei Beziehungen dieser Länge immer zu zwei Jahren Wartezeit bis zur Rache. Lassen Sie sich ein Jahr, vielleicht sogar eineinhalb Jahre Zeit, um die schlimmste Trauer zu überwinden. Sollten Sie in diesem Zustand hängen bleiben, verschieben Sie Ihre Rache, bis er endgültig überwunden ist. Sie sollten Ihre Rache nicht wütend, sondern überlegt und kontrolliert ausführen.

Nach der ersten Trauerphase sollten Sie sich noch ein paar Monate zusätzlich Zeit geben für den Fall, dass Nachwehen eintreten, dann können Sie anfangen, zu planen und Material zu sammeln. Nach all der gemeinsamen Zeit besitzen Sie sicher einen großen Wissensfundus, was seine persönlichen Angewohnheiten, seine Eigentümlichkeiten und wunden Punkte angeht. Wahrscheinlich wissen Sie genau, wie er tickt, und das kann Ihnen bei Ihrer Rache nur helfen.

Diese wird noch süßer, wenn es Ihnen gelingt, Ihren Ex ein wenig zu erziehen oder ihn auf den Boden der Tatsachen zurückzuholen. Unsere Zeit auf diesem Planeten ist begrenzt, und ohne jetzt esoterisch klingen zu wollen: Sind wir nicht hier, um uns gegenseitig zu helfen? Zumindest ein bisschen?

Nehmen Sie zum Beispiel meine Freundin Cathy J.

Sechs wundervolle Jahre war sie mit Jim verheiratet (davor waren sie bereits zwei Jahre zusammen gewesen) und sie führten in jeder Hinsicht eine glückliche Ehe. Beide waren Ingenieure und teilten die Liebe für alles Technische und, um ehrlich zu sein, leicht Abartige (ihre Hochzeitseinladungen waren auf wunderschöne spitzenverzierte Karten gedruckt und auf der Rückseite in binäre Zahlen übersetzt), aber sie waren ein rundum liebenswürdiges Paar.

Jim war Pornofan. Er ist ein Mann und, ob es uns passt oder nicht, Männer stehen nun mal auf Pornos. Ich weiß, dass es auch Frauen gibt, die sich das Zeug anschauen, aber dieser Prozentsatz ist merklich geringer. Ich schätze, dass statistisch gesehen 94 Prozent der Männer fast jeden Tag Pornos schauen oder daran denken, und die restlichen 6 Prozent liegen im Koma. Wir Mädels schauen es hingegen meist nur aus Jux an, entweder mit unserem Freund, weil er es scharf findet, dass wir überhaupt dazu bereit sind, oder mit ein paar Freundinnen, wenn wir restlos betrunken sind und uns dabei schlapplachen.

Aber Jim war richtiger Pornofan und er hatte eine stattliche Sammlung auf seiner Festplatte gespeichert. Cathy wusste natürlich davon – sie hatten keine Geheimnisse voreinander –, und solange es keine Auswirkungen auf ihr Sexleben hatte, war sie eigentlich ganz glücklich damit, dass er seine Fantasiewelt hatte. Denn dahin konnte er sich zurückziehen, wenn sie mal nicht in Stimmung war und sich lieber eine alte Dschungelcamp-Folge auf Video anschauen wollte.

Doch eines Tages nahmen die Dinge eine Wendung, als Cathy Jims E-Mails nach einer Adresse absuchte, um die er sie gebeten hatte, und dabei auf eine Reihe von E-Mails stieß, die sehr nach einer Online-Romanze aussahen.

(Anmerkung: Cathy behauptet bis heute, dass sie ihm nicht nachspioniert hat, und ich persönlich glaube ihr. Doch sollte sie ihm nachspioniert haben, folgte sie offensichtlich einer Ahnung, die sich dann bewahrheitete – was wäre daran also falsch gewesen? Aber, wie gesagt, hat sie es ja nicht getan. Belassen wir es dabei.)

Nach einigem Nachforschen (nicht Spionieren) stellte Cathy Jim bezüglich der Mails zur Rede, und anstatt es zu leugnen, legte Jim noch einen drauf: Wie sich herausstellte, »verkehrte« Jim seit einem Jahr mit dieser Frau, obwohl sie sich noch nie gesehen hatten, und Jim nahm Cathys Entdeckung zum Anlass für einen Entschluss: Er würde sich von Cathy scheiden lassen und UnicornRider201 heiraten.

Zwei Jahre und eine unschöne Scheidung später lebte Cathy allein und kam schließlich wieder in die Gänge. Sie hatte einen tollen Job gefunden, eine neue Beziehung mit einem liebevollen Mann, der keine Ahnung von Computern hatte, und war über das Trauma von Jims Betrug hinweg. Sie hatte ihm verziehen …

Aber vergessen hatte sie nicht.

Zwei Jahre nach der Scheidung also loggte sich Cathy unter zahlreichen verlockenden Decknamen in einer Reihe von Chatrooms ein. Sie wählte Namen, von denen sie wusste, dass sie Jim reizen würden: *SuperVGA Vixen, MicroSoftMomma* und den unglaublich pornografischen/nerdy Namen *1111000x3* (Cathy erklärte mir, dies sei die binäre Übersetzung für dreimal X bzw. XXX. Ganz schön clever).

Bald hatte sie Jim entdeckt, der noch immer seinen alten Decknamen *Big Processor* benutzte, und sehr bald stieg er auf sie ein und nutzte die Anonymität des Internets, um eine Reihe äußerst dreckiger Dinge vorzuschlagen, die er unter normalen Umständen niemals aussprechen würde.

Cathy hatte alle Informationen, die sie brauchte. Jim arbeitete noch immer mit den alten Tricks, obwohl er mittlerweile zu UnicornRider nach Utah gezogen war. Man musste ihm eine Lektion erteilen.

Nachdem Jim seinen Lebensunterhalt mit dem Computer verdiente und ihn gleichzeitig als Freizeitvergnügen und zum Schäkern verwandte, fiel die Wahl des Ziels nicht schwer. Cathy wusste aus den Jahren mit Jim, dass er Pakete mit neuem Computerzubehör immer sofort in sein Computerzimmer schleppte und dort öffnete. Bewaffnet mit diesem Wissen, gab sie bei Jims Lieblingscomputerseite eine Bestellung auf und gab seine Anschrift als Lieferadresse an. Auf dem Beipack-Kärtchen stand: *Ich dachte, die könntest du vielleicht gebrauchen. Liebe Grüße, Cathy.*

Zwei Wochen später nahm Jim an der Haustür ein Paket entgegen, sah als Absender eine der vielen Tech-Firmen, bei denen er Stammkunde war, und nahm es sofort mit in sein Computerzimmer, um es zu öffnen und den viel versprechenden Inhalt zu installieren.

Er stand nur einen halben Meter von seinem Rechner und der Festplatte entfernt, als er das Paket öffnete, das Styropor entfernte und ihm zwei Supermagneten um die Ohren flogen. Mit lautem Knall schnappten sie zusammen und versetzten Jim in helle Panik.

Für die technisch weniger Versierten: Magneten sind für Computerfestplatten wie Weihwasser für den Teufel. Supermagneten, die stärksten Magneten der Welt, können eine Festplatte augenblicklich komplett löschen.

Und genau das passierte bei Jim. Alles, was er in seinem Büro elektronisch gespeichert hatte, war unwiderruflich verloren, da konnten selbst die Computerspezialisten, die er monatelang für Tausende von Dollar bemühte, nichts mehr retten. Jims Pornosammlung und seine Möglichkeit, mit Frauen (oder Männern) in Kontakt zu treten, mit denen er nicht liiert war, war zerstört.

Cathy ist Realistin und weiß natürlich, dass Jim sich im Laufe der Zeit eine neue Sammlung durch Downloads und CD-Roms erstellen wird. Und vielleicht ist er bald auch wieder in den Chatrooms zugange.

Aber vielleicht überlegt er es sich beim nächsten Mal etwas besser. Vielleicht denkt er diesmal an die Magneten und Cathy und den Schmerz, den er ihr zugefügt hat.

Aber wahrscheinlich nicht. Jim ist ein echter Schwerenöter.

10-jährige oder längere Beziehung

Wow. Ich muss gestehen, dass ich mich auf diesem Gebiet nicht besonders gut auskenne, weil ich nie das Vergnügen einer 10-jährigen oder längeren Beziehung hatte. Ich habe nie erfahren, wie es ist, wenn man so lange mit einem Menschen zusammen ist, dass er sozusagen ein Teil von einem wird. Dieses Ausmaß an Vertrauen oder Zusammengehörigkeitsgefühl habe ich nie erlebt. Oder an Glück. Oder reiner, bedingungsloser Liebe.

Entschuldigen Sie mich. Ich muss mir kurz die Nase pudern.

Rächer-Ramona und der Exfreund

Zugegeben, heutzutage zählt Ramona auf Bobby Boyfriend (s. o.), aber das heißt nicht, dass sie seit Anbeginn der Zeit ein Paar waren. Ja, es gab andere Männer vor Bobby, und, um genau zu sein, wird es wahrscheinlich auch welche nach ihm geben. Ramona hat ein paar Exfreunde und behandelt jeden in der ihm angemessenen Art und Weise.

Einer von Ramonas Exfreunden ist der Dunkle Domingo. Er ist groß und gut gebaut und eben dunkelhäutig. Wäre dieses Buch in Farbe, könnten Sie sehen, wie dunkel er ist, aber nachdem hier alles schwarz und weiß ist, müssen Sie es sich eben vorstellen. Das ist Domingo:

Beachten Sie die dicken Bizepse, die geschwungenen Augenbrauen und die kurz geschorenen Haare. Wenn Sie das Buch um neunzig Grad drehen und die Augen leicht zusammenkneifen, sieht er außerdem ein bisschen wie ein Scheinwerfer aus, aber das tut hier nichts zur Sache. Domingo ist groß und Domingo ist stark und Domingo ist ganz schön eingebildet.

Domingo gehört außerdem zu diesen Exfreunden, die immer wieder auftauchen, um Ramonas Herz zurückzuerobern. Doch sie ist schlau genug, sich nicht noch einmal auf ihn einzulassen, deshalb ist sie mittlerweile Expertin auf dem Gebiet, ihn zurückzuweisen.

Hier ist zum Beispiel eine dieser Begebenheiten:

Sehen Sie, so einfach ist das. Ramona hat nur die Eigenschaften angesprochen, die ihn seines Erachtens attraktiv machen, und sie ins Gegenteil verkehrt – und all das in nur drei Bildchen. Gut gemacht, Ramona.

Aber nur weil Domingo ein ziemlicher Macho ist, heißt das nicht, dass sich Ramona ausschließlich mit muskulösen Männern abgibt. Bobby ist zwar auch keine Niete im Sport, aber er ist nicht so ein Muskelbrocken. Ramona hat sich jedoch auch mal am anderen Ende des Spektrums umgesehen und, wie wir alle, ihre Erfahrung mit einem Supereinfühlsamen Freund gemacht.

Das ist Eliot:

Ja, das sind tatsächlich Sandalen. Eliot ist ein klassisches Beispiel für den Supereinfühlsamen Exfreund, der sich vom Supereinfühlsamen Freund nur dadurch unterscheidet, dass Sie schon mit ihm Schluss gemacht haben und er Sie immer weiter bekniet, es sich doch noch einmal zu überlegen. Oftmals sind Exfreunde wie Eliot unermüdlich in ihrer Bemühung, eine verlorene Partnerin wieder zurückzuerobern. Das mag beim ersten oder zweiten Mal ja noch ganz süß sein, doch schon nach kurzer Zeit nervt es einfach unerträglich.

Hier ist einer von Eliots Versuchen, unsere Freundin Ramona noch einmal zu erweichen:

An Leuten wie Eliot kann man sich nur schwer rächen, weil sie alles mit einem Lächeln abtun. Er meint es nicht böse, aber er ist so schrecklich nachgiebig, dass es Ramona in den Wahnsinn treibt.

Es muss doch einfach etwas zwischen Domingo und Eliot geben. Sollte jemand einen derartigen Mann kennen, geben Sie ihm bitte meine Adresse. Aber sagen Sie ihm lieber nicht, womit ich mein Geld verdiene.

Kapitel Acht

Rachespielchen in der Problemfamilie

Vor zwei Jahren schenkte mir meine Mutter einen Dampfkochtopf. Sie hatte ihn Anfang der Siebziger als Hochzeitsgeschenk erhalten und aus irgendeinem Grund fand sie es wichtig, ihn an ihre unverheiratete Tochter weiterzugeben. Vielleicht glaubte sie an das Prinzip von Ursache und Wirkung und wollte mich so zum Finden eines Ehemannes zwingen. Tut mir Leid, liebe Mutter, Pech gehabt.

Ich sollte vielleicht hinzufügen, dass ich nicht sonderlich oft koche. Und »nicht sonderlich oft« heißt »nie«. Nicht, weil ich nicht kochen könnte, sondern weil ich nicht mag. Und ich mag vor allem deshalb nicht, weil bei den drei Gelegenheiten, bei denen ich etwas Komplizierteres als Tütensuppe kochte, ich mich zweimal verbrannt und beim dritten Mal meine Freundin Carol vergiftet habe. Carol geht es übrigens wieder gut, es war nur eine ziemlich unbedeutende Lebensmittelvergiftung.

Also gab mir meine Mutter diesen Dampfkochtopf, da er, in ihren Worten, »das Kochen so ungemein erleichtert«. Mag sein, aber gleichzeitig gab sie ein gefährliches Gerät in die Hände einer Frau, die bereits bewiesen hatte, dass sie eine Bedrohung für die kulinarische Gesellschaft darstellt.

All denjenigen unter Ihnen, denen das Talent zum Kochen ebenso abgeht wie mir, möchte ich kurz die innere Funktionsweise eines Dampfkochtopfes erläutern: Eigentlich ist es ein normaler Kochtopf, nur mit abgedichtetem Deckel, so dass kein Dampf entweichen kann, außer durch ein kleines Druckventil. Wie ich später herausfand, wird dieses leicht durch bestimmte Speisen verstopft. Durch ein System von Ringen, Knöpfchen und dem magischen Einfluss von Feenstaub steigt der Dampfdruck im Topfinneren an, und zwar auf Temperaturen, wie sie sonst nur in kleinen afrikanischen Nationen erreicht werden, so dass Gerichte wie Schmorbraten, Eintöpfe und wahrscheinlich ganze Kamele in wenigen Minuten gegart werden können.

Oder so ähnlich. Mein damaliger Lebensabschnittsgefährte warf die Gebrauchsanweisung weg, bevor ich sie richtig durchlesen konnte.

Vor allem aber sagte mir niemand, dass diese Dinger explodieren können. Gewaltig explodieren können! Ich war damals seit drei Wochen auf Sojadiät, weil ich gelesen hatte, dass Soja vom Körper schneller verbrannt wird. Ich rechnete mir aus, dass ich meine Fettpölsterchen nicht mehr im Fitnesscenter abarbeiten müsste, wenn ich mich rundum und ausschließlich von Soja ernährte. Diese unschlagbare Logik erklärt wahrscheinlich, warum ich weder Ärztin noch atemberaubend schlank bin.

Ich wollte also Sojabohnen im Dampfkochtopf weich kochen, als Grundlage für Soja-Schoko-Knuspergebäck, und verließ die Küche, um während des Kochvorgangs einen Einrichtungskatalog durchzublättern.

Irgendwo zwischen den gusseisernen Gartenbänken und der Hollywoodschaukel aus Sperrholz hörte ich plötzlich ein Geräusch wie von einem dieser Zimbeln schlagenden Aufziehäffchen – ein wiederholtes Scheppern, das immer schneller und lauter wurde. Ich war kaum auf die Füße gesprungen, als der Topf schon explodierte, seinen Deckel scheppernd an die Decke schleuderte und die kochend heißen Sojabohnen in der ganzen Küche verteilte. Nur gut, dass ich nicht in der Nähe gestanden hatte, sonst hätte ich Gehör und Haut eingebüßt. Aber ein paar Tage Krankenhaus wären vielleicht besser gewesen, als die ganze folgende Woche die zu Zement ausgehärteten Sojabohnen aus allen Ritzen und Winkeln meiner Küche zu kratzen. Danke, Mama!

Diese jammervolle Geschichte zum Thema Küchenunglück sollte auf sehr umständliche Weise etwas zum Thema Familiendynamik beitragen. Die meisten von uns verbringen die ersten achtzehn Jahre des Lebens im Schoße der Familie, in die sie geboren (oder adoptiert) wurden. Und während man eine Arbeit jederzeit kündigen oder einen Freund zum Teufel jagen kann, ist es um einiges schwerer, die eigene Familie loszuwerden. Tagein, tagaus steigt die Temperatur, ohne dass Sie diesen Dampfdrucktopf mal eben ausschalten und weggehen könnten. Jeder Tag mit Ihrer Familie ist ein neuer Versuch, Soja-Schoko-Knuspergebäck zu kreieren, ohne von fliegenden Küchengeräten getroffen zu werden.

Klingt das vertraut? Dann brauchen Sie dringend ein Racheventil, um Dampf abzulassen.

Mütter

Verstehen Sie mich nicht falsch, ich liebe meine Mutter. Ich mag sie sogar ein bisschen. Aber manchmal überschreitet sie Grenzen und dann muss man sich eben wehren.

Meine Mutter ist die klassische Wandelnde Anklage, vermischt mit ein wenig TrendyMama. Diese Kategorien sagen Ihnen jetzt noch nicht viel, aber sobald wir die verschiedenen Müttergattungen und ihre jeweiligen

Brutpflegegewohnheiten und Habitate analysieren, werden Sie mit Leichtigkeit auch seltenste Unterarten bestimmen können.

Die Wandelnde Anklage

Wie wir aus zahllosen Filmen, Fernsehshows und Büchern der vergangenen Jahre wissen, existieren Mütter nicht zuletzt, um unser Leben mit ein paar Schuldgefühlen zu versüßen. Manchmal bedarf es eines kleinen Engels, der uns ermahnt: Warum hast du deine Mutter nicht angerufen, ihr geschrieben oder an sie gedacht – und das jetzt schon seit über sechs Stunden?

Die Wandelnde Anklage geht aber weit über das normale Maß hinaus und treibt die Schuldgefühle auf die Spitze. Sie erwartet, dass Sie auf gebührende Weise den Geburtsschmerz würdigen, den sie Ihretwegen durchlitt, und ebenso all die Chancen und Möglichkeiten, die sie opferte, nur um Sie großzuziehen. Diese Dankbarkeit erwartet sie nicht nur generell, sondern eigentlich durchgehend, ohne Feierabend, Urlaub oder Krankmeldung.

Natürlich wird sie das nicht unumwunden zugeben. Sie werden nie etwas anderes von ihr hören als: »Mir geht's gut, mach dir keine Sorgen.« Aber genau da liegt ihr teuflisches Vermächtnis. Wenn sie eine echte Wandelnde Anklage ist, hat sie in den ersten zwanzig Jahren Ihres Lebens unermüdlich Samen gelegt, die erst austreiben, wenn Sie irgendwann Ihr eigenes Leben führen wollen. Sie merken nicht einmal, wie die Schuldgefühle Sie zu fünf Besuchen pro Woche (mittwochs zwei, weil Sie ihr dann die Einkäufe heimtragen) und drei Anrufen täglich treiben.

Die Wandelnde Anklage ist die am meisten verbreitete Müttergattung, man findet sie fast überall auf der Welt.

In Gebieten mit großen jüdischen und/oder katholischen Populationen tritt sie besonders häufig auf, was nicht heißt, dass ihr Vorkommen auf diese Regionen begrenzt ist. Wandelnde Anklagen sind weder an Rasse, Religion oder Nationalität gebunden, sie sind pandemisch. Es gibt noch keine Hinweise auf eine genetische Vererbung des Symptoms, aber die Chancen stehen gut, dass auch Sie eine Wandelnde Anklage werden, wenn Ihre Mutter eine war. Geben Sie also nicht mir die Schuld, wenn Ihre Tochter die nachfolgenden Techniken eines Tages gegen Sie einsetzt …

Anregungen zur Rache an der Wandelnden Anklage

- Am besten rächen Sie sich an Wandelnden Anklagen durch vollständiges und unnachgiebiges Ignorieren jeden Versuchs, Ihnen Schuldgefühle einzuflößen. Das ist ein schwieriges Unterfangen, doch bei Gelingen setzt es die Wandelnde Anklage völlig außer Gefecht. Ein Beispiel:
  Wandelnde Anklage: »Du kommst dieses Jahr also nicht über Weihnachten? Ah, verstehe. Du und dieser Mann, ihr fliegt nach Hawaii? Tja, wenn dir das lieber ist. Ist schon in Ordnung. Ich fand es schön letztes Jahr mit der ganzen Familie. Und wie es heute um die Welt steht, wer weiß, ob wir nächstes Jahr noch mal zusammenkommen … Jedenfalls, viel Spaß in Hawaii. Amüsier dich gut.«
  Sie: »Fein! Ich wünsche euch schöne Weihnachten. Ich bringe euch auch eine Kokosnuss mit!«
- Falls das nicht fruchtet oder sie einfach nicht aufhört, schieben Sie die Schuld auf sie zurück. Bei jedem »Ach, schon in Ordnung« kontern Sie mit etwas Ähnlichem. Warnung: Kann zu langwierigen und extrem frustrierenden Unterhaltungen führen.

- Falls Ihre Wandelnde Anklage von der Art ist, die sich immer beschwert, dass Sie nie zu Besuch kommen, viel zu selten anrufen und sie so einsam ist, melden Sie sie doch in einer oder mehreren Kontaktbörsen an. Oder geben Sie ihre Telefonnummer zehn Ihrer Freunde mit der Bitte, alle fünfzehn Minuten mal durchzuläuten, nur um rasch »Hallo« zu sagen.
- Noch besser: Gehen Sie auf eine beliebige Messe (je exotischer, desto besser) und tragen Sie den Namen Ihrer Mutter bei allen möglichen Werbeaktionen und Gratisangeboten ein. Bald schon wird sie das Telefonkabel aus der Wand reißen und Sie haben Ihre Ruhe.

Die TrendyMama

Hier die fünf wichtigsten Merkmale, an denen Sie ablesen können, ob Sie es mit einer TrendyMama zu tun haben:

1. Sie fährt Sportwagen mit offenem Verdeck, bei jedem Wetter. Fällt die Temperatur unter null, dreht sie einfach die Heizung voll auf.
2. Sie informiert sich über Einschaltquoten der Fernsehserien, um zu wissen, was gerade angesagt ist.
3. Sie vermischt aktuellen Slang mit dem von vor dreißig Jahren zu so absurden Sätzen wie: »Wär doch affengeil, wenn wir im Benzie runter zum Tante-Emma-Shop machen, oder?«
4. Sie stehen vor einer Disco und der Türsteher lässt Sie nicht rein, bis Ihre Mutter hinter Ihnen auftaucht und erklärt, dass Sie zu ihr gehören.
5. Sehr enge Gürtel.

Wir alle haben unsere Erfahrungen mit TrendyMamas, sei es nun die eigene oder die einer Freundin. Damals in der Achten wurde Sharon Beltram von ihrer Mutter immer in einem feuerroten Pontiac Fiero abgeholt. Die Haare hatte sie bis zum Dach hoch toupiert und aus dem Autoradio wummerte der örtliche Rocksender. Sharon konnte gar nicht genug Abstand zu ihrer Mutter halten, die doch nur Anerkennung suchte und zu den Mädels gehören wollte.

TrendyMamas geben nie auf. Das ist das Problem. Immer wollen sie dazugehören. Lediglich ihre Definition von »Mädels« ändert sich. Als Sie dreizehn waren, wollte TrendyMama Teenager sein. Als Sie auf der Universität waren, schwatzte sie mit Ihren Freundinnen über Wohnheim-Partys. Bei Ihrer Heirat steht Ihre Mutter plötzlich wieder in der Blüte ihrer Jahre. Und was passiert, wenn sie Großmutter wird, wollen wir uns lieber gar nicht vorstellen. Kein schöner Anblick jedenfalls, vor allem wegen dieser Leggins.

Sie müssen nicht unbedingt Abneigung gegen Ihre TrendyMama empfinden, aber ich nehme an, dass es einiges an Mitleid zu verarbeiten gibt. Aus irgendeinem Grund glaubt sie, ihre eigene Jugend verpasst zu haben, und will sie jetzt über Sie nachholen. Alter ist für eine TrendyMama nicht irgendeine Zahl, sondern eine Größe, deren Höhe man herunterlügen und deren Preisgabe man um jeden Fall verhindern muss.

Verschiedene Unterarten der TrendyMama finden sich über den gesamten Globus verstreut, aber hauptsächlich zieht es sie in die größeren Städte inmitten ansonsten ländlicher Gegenden.

Werfen Sie einen Blick in einen beliebigen Aerobic-Club in Ihrer Nähe. Dort können Sie so viele enge Gürtel und Leggins sehen, wie Sie nur ertragen können.

Anregungen zur Rache an der TrendyMama

- Man kann sie nicht daran hindern, jedem Trend und jeder Mode hinterherzulaufen, aber mit Geschick können Sie TrendyMama derart fehlleiten, dass sie sich anschließend eine Weile zurückhält. Investieren Sie ein wenig Zeit und legen Sie eine Webseite über die angeblich heißesten Modetrends an. Füllen Sie sie mit lächerlichen Texten über den »allerletzten Schrei« an Accessoires und Klamotten. Zum Beispiel Hot-Dog-Ohrringe, ein zerfranstes Seil als Gürtel, Einkaufstüten als Handtaschen usw. Machen Sie es wie die Pariser Modedesigner und kombinieren Sie einfach alles, was Ihnen gerade in den Sinn kommt. Anschließend erwähnen Sie die Webseite nebenbei im Gespräch und behaupten, das sei DIE Seite, auf der jeder surft, der was auf sich hält. Binnen einer Woche wird Ihre Mutter mit Walmart-Tüten herumspazieren und mit ihrem Isolierband-BH angeben. Extrapunkte gibt's, wenn Sie davon reichlich Fotos machen und in ihrem Damenkränzchen herumreichen.
- Melden Sie sie beim örtlichen Rentnerstammtisch an und kleben Sie ihr lauter Senioren-Aufkleber aufs Auto (Zum Beispiel »Wer seine Kindheit bei sich hat, wird nie älter«, »Vorfahrt für Senioren« oder »Wer nicht alt werden will, muss eben früher sterben.«)
- Eine ähnliche Strategie können Sie verfolgen, wenn Sie mit Ihrer TrendyMama zum Essen gehen. Fragen Sie die Bedienung für alle hörbar, ob es einen Seniorenteller gibt. Falls sie verneint, verlangen Sie den Geschäftsführer zu sprechen und lassen Sie sich dann laut darüber aus, welche Unverschämtheit es sei, dass Ihre Mutter mit ihren 50, 60, 70 Jahren wie ein Kind behandelt werde. Bonussatz: »Sehen Sie diese Falten? Da steckt Weisheit drin, in diesen Falten!«

Wissen Sie noch, wie sich Ihre Mutter den Knöchel verstauchte und zwölf Tage das Bett hüten musste? Sie haben sie bekocht, ihr Zeitschriften besorgt und die Sender für sie umgeschaltet, als die Fernbedienung ausfiel. Und kaum schien es ihr besser zu gehen und der Knöchel war geheilt, befiel sie ein seltener Keuchhusten und aus den zwei Wochen Bettruhe wurde ein Monat, der sich auf zwei ausdehnte, als ihr Rücken das lange Sitzen im Bett nicht mehr mitmachte. Wissen Sie noch?

Falls ja, haben Sie es mit einer Berufskranken zu tun und ich spreche Ihnen meine tiefe Anteilnahme aus. Sie hat Sie in der Hand und Sie werden ihr nicht leicht entkommen, selbst wenn Sie in Top-Form sind. Im Gegensatz zur Wandelnden Anklage wird die Berufskranke ihre Wehwehchen offen zur Schau stellen, was es Ihnen schwer macht, ihren ständigen Hilferufen auszuweichen oder sie zu überhören.

Ich behaupte nicht, dass alle Berufskranken ihre Leiden und Verletzungen erfinden. Ich will auf gar keinen Fall schuld daran sein, dass eine Tochter ihre kranke Mutter vernachlässigt. Und schon gar nicht Artikel lesen über ältere Damen, die unbemerkt sechs Monate lang verblichen in ihrer Wohnung lagen, bis der Vermieter vorbeikam, um die ausstehenden Mieten persönlich einzutreiben. Doch genau solche Szenarien hält Ihnen Ihre Berufskranke vor, nicht um Sie durch Schuldgefühle zu häufigeren Besuchen zu bewegen, sondern weil sie wirklich so denkt. Eigentlich traurig, aber das ist nicht nur für Ihre Mutter ein Problem, sondern auch für Sie!

Berufskranke findet man überall, hauptsächlich aber in großen Städten, wo weniger Kontakt zu den Nachbarn besteht und die Berufskranken ihre Mitleidstour leichter durchziehen können.

Anregungen zur Rache an der Berufskranken

- Rache an Berufskranken ist problematisch, weil sie die Dinge meist noch verschlimmert. Die Berufskranke wird weder zurückschlagen noch plötzlich ihren Wahn erkennen, sondern es lediglich als Hinweis auffassen, dass sie eben noch etwas dicker auftragen muss.
- Oft sind Berufskranke Töchter anderer Berufskranker. Falls Ihre Großmutter ähnliche Symptome aufweist, stellen Sie doch eine Hörkassette der beiden Frauen beim Jammern zusammen. Dabei muss deutlich werden, dass Ihre Großmutter so ziemlich das Gleiche von sich gibt wie Ihre Mutter. Mit etwas Glück fürchtet sie sich mehr davor, wie ihre eigene Mutter zu klingen, als vor ihren Krankheiten und springt energiegeladen aus dem Bett.

Die Furie

Sind Sie mit Kopfhörern aufgewachsen, um dem konstanten Kreischton in Ihrer Umgebung zu entgehen? Bleiben Sie seelenruhig stehen, wenn neben Ihnen ein Vierzigtonner eine Kette von Fehlzündungen produziert? Müssen Sie das Radio auf volle Lautstärke stellen, um einzuschlafen zu können?

Falls ja, sind Sie wahrscheinlich mit einer Furie aufgewachsen. Völlig unberührt vom eigenen Geschrei und der Wirkung, die es auf ihre Kinder (oder Nachbarn) haben könnte, äußert die Furie deutlich und jenseits jeden vernünftigen Lärmpegels ihre Gefühle. Schamlos wäscht sie ihre schmutzige Wäsche auf offener Straße.

Und wehe, Sie benehmen sich auf einer Geburtstagsfeier daneben. Das Gezeter Ihrer Mutter wird das gesamte Partygetümmel zum Stillstand bringen.

Wissenschaftlicher Beleg: Am 4. Oktober 2002 maßen Physiker bei einen Wutausbruch von Annie Pohotski, einer weithin bekannten Furie, 106 Dezibel, fast die Lautstärke einer Motorsäge, als sie ihre beiden Kinder anschrie, sich die Zähne zu putzen.

Die Furie ist mit ihrer Rolle als Hausfrau oft unzufrieden. Häufig ist sie überarbeitet, fühlt sich den Kindern nicht gewachsen, ernährt sich ungesund und leidet unter Schlafmangel. Manche sind natürlich auch einfach nur tobsüchtige Biester.

Furien findet man weltweit, oft treten sie jedoch in Rudeln auf. Das nächste Mal im Einkaufszentrum setzen Sie sich doch einmal in Ruhe auf eine Bank und warten Sie ab. Mit hoher Wahrscheinlichkeit werden Sie schon bald ein Prachtexemplar zu Ohren bekommen.

Anregungen zur Rache an der Furie

- Ganz wichtig: Schreien Sie nie zurück! Was bei Vorgesetzten, Kollegen und anderen Muttergattungen funktioniert, scheitert bei der Furie. Zum einen wird sie nur noch lauter brüllen, zum anderen machen Sie eine schlechte Figur, wenn Sie Ihre Mutter anschreien. Damit verschenken Sie nur Sympathiepunkte.
- Videokameras sind eine beliebte Lösung. Nehmen Sie Ihre Furie wiederholt beim Aus-der-Haut-Fahren auf. Dann überspielen Sie die Aufnahmen auf die Videokassette mit ihrer Lieblingsschmonzette. Wenn sie sich bequem zurücklehnt und auf gute Unterhaltung freut, wird sie unvermutet mit einem

schreienden Monster konfrontiert und sich selbst darin erkennen müssen. Das wirkt Wunder bei Furien, denen gar nicht bewusst ist, dass sie zu dieser Gattung gehören. Bei härteren Fällen müssen Sie die Aufnahmen vielleicht zu einem kleinen Kurzfilm zusammenschneiden, den Sie bei ihrem nächsten Geburtstagsfest oder einem ähnlichen Anlass vorführen. Bonuspunkte gibt's, wenn Sie den Film ins Internet laden und mir den Link zuschicken.

- Schenken Sie ihr Karten für ihre Lieblingssportart. Das klingt nach einer sehr freundlichen Rache, aber falls sie eine echte Furie ist, wird sie sich dort die Lunge aus dem Hals schreien und danach wochenlang heiser sein. Die Methode ist ein wenig kostspielig, aber das Geld ist gut angelegt.

Die Herzausschütterin

Die Herzausschütterin (häufig mit der TrendyMama verwechselt) fühlt sich Ihnen so verbunden, dass sie meint, Ihnen einfach alles erzählen zu können. Und das sind oftmals Geschichten, bei denen Ihnen die Ohren bluten und der Schädel zu zerspringen droht. Die Herzausschütterin teilt ihre sexuellen und sonstigen Geheimnisse mit Ihnen in der Überzeugung, dadurch zu einer quasi kosmischen Mutter-Tochter-Verbindung mit Ihnen zu verschmelzen – während Sie in Wahrheit danach hektisch Ihre Schränke nach etwas Hochprozentigem durchforsten, um das Gehörte schnellstmöglich wegzuspülen.

Leider aber können Sie die verdammten Details nie mehr vergessen, und das weiß die Herzausschütterin genau. Haben Sie ihr einmal Tür und Tor geöffnet, wird Sie sich permanent Zutritt verschaffen und Ihnen weitere unwillkommene Geheimnisse anvertrauen. Es passiert immer wieder und Sie haben kaum Fluchtmöglichkeiten. Teure Therapien lindern die schlimmsten Folgen, aber da Sie der Ursache der Traumatisierung stets aufs Neue ausgesetzt sind, gibt es wenig Hoffnung auf echte Heilung.

Die Herzausschütterin tritt in vielen Varianten auf, vorwiegend aber in Form der allein erziehenden Mutter. Ohne einen zweiten Erwachsenen zur Unterstützung muss sie alle Gefühle und Erlebnisse mit ihren Kindern teilen, die noch nicht die emotionale Stärke besitzen, ihrer Mutter den Mund zu verbieten.

Anregungen zur Rache an der Herzausschütterin

- Die Herzausschütterin erleichtert sich gerne das Herz, verträgt aber oft selbst nicht besonders viel. Füttern Sie ihr also für jede Vertraulichkeit eine zurück. Denken Sie sich notfalls eine aus. Beispiel:
  Die Herzausschütterin: »Letzte Nacht habe ich diesen Kerl aus der Eisenwarenhandlung wieder getroffen. Wir haben die halbe Nacht am Seeufer gevögelt.«
  Sie: »Ich habe in New Mexico einen Mann umgebracht.«
- Das nächste Mal, wenn sie richtig loslegt und sich ewig in Details verliert, hören Sie scheinbar die ganze Zeit konzentriert zu, unterbrechen Sie kein einziges Mal, und wenn sie endlich mit ihrer verschlungenen Geschichte fertig ist, sagen Sie: »Tut mir Leid, ich war wohl etwas unaufmerksam. Kannst du bitte noch mal von vorne anfangen.« Wiederholen Sie das so oft, bis sie aufgibt.
- Echte Rache: Schreiben Sie all ihre Geheimnisse detailliert auf und lassen Sie sie als Buch veröffentlichen. (Tut mir Leid, Mama.)

Übung
Es wird Zeit, dass Sie Ihre eigene Mutter-Tochter-Beziehung analysieren, um rauszufinden, zu welcher Gattung Ihre Mutter gehört. Anschließend haben Sie Gelegenheit, einige Ideen zu möglichen Racheszenarien zu skizzieren. Lassen Sie Ihren Geist frei schweifen, niemand wird Sie deswegen verurteilen. Niemand außer Ihrer Mutter.

Meine Mutter ist eine:
- ☐ Wandelnde Anklage
- ☐ TrendyMama
- ☐ Furie
- ☐ Berufskranke
- ☐ Herzausschütterin

Wie könnte ich mich rächen:

____

____

____

____

Väter

Über Väter kann man sich viel schlechter aufregen als über Mütter. Ausgenommen sind natürlich perverse oder gewalttätige. Solche Väter existieren leider und sind wahrscheinlich durch keine Rache der Welt zur Vernunft zu bringen.

Aber der Rest von uns schlägt sich mit Vätern herum, die im schlimmsten Fall trottelig, besserwisserisch oder leicht verrückt sind. So wie es verschiedene Müttergattungen gibt, existieren verschiedene Typen von Vätern. Selbst wenn Ihr Vater nicht genau in eine der Kategorien passt, ist er sicher eine Mischung aus einigen davon.

Der Harley-Dad

Wie Sie sicher erraten haben, fährt Harley-Dad ein Motorrad. Doch nicht nur irgendein Motorrad – er fährt eine Harley Davidson. Seit *Easy Rider* rauskam, ist die Harley für viele Amerikaner das ultimative Symbol männlicher Coolness.

Doch wäre Harley-Dad ein echter Harley-Biker, trüge er wallendes Haupthaar und einen Rauschebart, wäre am ganzen Leibe tätowiert und Mama wäre seine »Alte«. Aber die meisten Väter dieser Kategorie sind körperlich im Rohzustand, ordentlich gekämmt und arbeiten als Buchhalter, Rechtspfleger oder medizinisch-technische Assistenten.

Harley-Dad ist auf der Suche nach seinem inneren Hippie und will an seine wilde Jugend anknüpfen, in der er seiner Meinung nach rebellisch war. Irgendwann in seiner Vergangenheit hat er mal einen Strafzettel kassiert oder sogar zwei und hält sich seitdem für einen hart gesottenen Gesetzesbrecher. Harley-Dad meint es nicht böse, liegt aber völlig auf der falschen Spur. Manche fahren sogar zum Harley-Treff nach Florida runter und hängen dort mit all den anderen Büroangestellten rum. Wenn dann allerdings die echten Harley-Biker aus ihren Löchern kommen, um die halbe Stadt in Asche zu legen, verkriechen sich die Harley-Dads schnell in ihren Hotelzimmern.

Den Harley-Dad trifft man so ziemlich überall in den Vereinigten Staaten. Verwandte Arten finden sich auch in Europa und wer weiß wo noch. Höhere Konzentrationen finden sich natürlich in den Städten. Auf dem Land haben die meisten Väter nämlich Gelegenheit, tatsächlich mit ihren Motorrädern herumzurasen und diesen Unsinn schließlich aufzugeben.

Harley-Dad nervt eigentlich nur, wenn er ohne Punkt und Komma von seinen »Touren« schwärmt und Sie sich auch dafür begeistern sollen. Davon abgesehen ist er größtenteils harmlos, solange man nicht darüber lacht, wie er auf sein Zweirad steigt.

Anregungen für die Rache am Harley-Dad

- Regel Nummer eins: Lassen Sie die Finger von seinem Motorrad – das wäre schlicht zu grausam.
- Regel Nummer zwei: Na gut, legen Sie ein bisschen Hand an. Ich empfehle rosarote Troddel am Lenker. Vielleicht noch einen wohl platzierten *Peace*-Aufkleber am hinteren Schutzblech. Falls Sie einen Autobastler kennen, bitten Sie ihn, die Hupe (doch, die Dinger haben eine) so umzubauen, dass sie einen lauten, peinlichen Kampfschrei ausstößt, »Hugahuga!« oder so.
- Suchen Sie eine echte Bikerabsteige, die Sorte, in der Ihr Vater im Leben nicht gesehen werden möchte, und organisieren Sie dort eine Überraschungsparty für ihn. Laden Sie all seine Freunde ein, zusätzlich zu vielen echten Bikern. Er wird vielleicht nicht gerade auf und davon rennen, aber das nächste Mal besser nachdenken, bevor er seine Bikerjacke anzieht und auf Tour geht. Andererseits findet er bei dieser Gelegenheit vielleicht neue Freunde und Sie haben ihm sogar noch einen echten Gefallen getan. Was sind Sie doch für eine gute Tochter!

Falls Sie Ihre Mutter als Wandelnde Anklage oder Furie identifiziert haben, bestehen gute Chancen, dass Ihr Vater ein Pantoffelheld ist. Diese Gattungen treten oft im Verbund auf, ähnlich wie bei diesen kleinen Vögeln, die in Krokodilmäulern hocken und dem Biest die Zähne putzen. Die Vögel helfen den Krokodilen bei der Mundhygiene und die Krokodile helfen den Vögeln, indem sie ihnen erlauben, sich das Frühstück aus ihren Mäulern zu picken, statt sie als leckeren Nachtisch zu verspeisen.

Das, meine lieben Schülerinnen und Schüler, nennen wir Symbiose und sie besteht in vielen Haushalten auf der ganzen Welt. Der Pantoffelheld lässt sich gern von der Furie anschreien oder von der Wandelnden Anklage ausnutzen. Das ist völlig in Ordnung aus der Sicht des Pantoffelhelden, der sich ein anderes Leben gar nicht vorstellen könnte.

Der Pantoffelheld genießt es sogar irgendwie, gesagt zu bekommen, was er tun soll, denn dann muss er selbst keine Entscheidungen treffen. Diese Art Väter redet gern über die langen Listen mit Haushaltspflichten, die ihre geliebten Gattinnen ihnen auferlegt haben. »Liebling, würdest du bitte« …, »Schatz könntest du eben …« – man windet sich innerlich beim Zuhören, aber sie wirken glücklich, also wo ist das Problem?

Bei vielen ist die scheinbare Zufriedenheit nur ein fortgeschrittener Fall von erlernter Hilflosigkeit. Wie bei diesem schrecklichen Wissenschaftler mit den Hundeexperimenten. Er steckte einen Welpen in einen Käfig und setzte das Bodengitter unter Strom. Der Welpe sprang herum und jaulte und bellte panisch. Nach dem dreißigsten Mal aber saß er nur noch zusammengekauert da und zitterte. Er hatte die Bestrafung schon erwartet und ließ sie aus dem einzigen Grund über sich ergehen, dass er gelernt hatte, aufzugeben. So ähnlich verhält es sich mit dem typischen Pantoffelhelden, nur dass er sich nicht so oft hinterm Ohr kratzt.

Es tut ein wenig weh, sich einzugestehen, dass der eigene Vater ein Pantoffelheld ist. Väter sollen stark sein und uns beschützen. Wenn eine Furie oder eine Wandelnde Anklage auf uns losgeht, soll Papa dazwischengehen und uns retten. Pech gehabt mit dem Pantoffelhelden – sein Motto ist »mit dem Strom schwimmen«, vor allem, wenn er sich so außerhalb der Gefahrenzone halten kann.

Pantoffelhelden findet man überall dort, wo traditionelle Einkommensquellen versiegt sind. In Pittsburgh zum Beispiel mit seiner überalterten Stahlindustrie oder rund um Detroits Autofabriken. Diese Männer sitzen zu Hause, schnitzen Vogelkäfige aus Holzblöcken oder graben den Garten um, entmannt, aber allem Anschein nach putzmunter. Klar, das waren die alten römischen Eunuchen auch, und wo sind sie jetzt? Alle tot!

Anregungen für die Rache an Pantoffelhelden

- Wozu sich an so jemandem rächen? Das wäre gemein. Lassen Sie den armen Mann in Ruhe.

Der Prahlhans

Es gibt zwei Arten von Prahlhänsen, von denen uns hier nur die zweite beschäftigt. Die erste Art ist so unerträglich aufgebläht, dass man Angst hat, vor Scham in epileptische Zuckungen zu verfallen, wenn man mit ihm spricht. Dieser Typ Vater wird sich kaum ändern und ist sowieso derart von sich eingenommen, dass er Ihre Rache wahrscheinlich nicht einmal bemerken würde.

Wir wollen uns hier mit der anderen Art Prahlhans beschäftigen, die zwanghaft jedem Dahergelaufenen Geschichten über Sie erzählen will. Dieser Vater ist so stolz auf all Ihre echten oder eingebildeten Erfolge, dass er ein Stakkato von Anekdoten über Sie ausspuckt wie ein Rapper.

Hier ergeben sich zwei Probleme:

Erstens: Sie brauchen doch keinen Marktschreier für Ihre Erfolge, oder?

Zweitens: Oft genug erfindet er die Geschichten. Unbeirrt von der Wahrheit geht ein prahlerischer Vater davon aus, dass Ihnen so viele tolle Dinge widerfahren werden, dass er sie genauso gut schon jetzt erzählen kann. Das kann zu einer Menge Ärger und Frust mit Freunden führen, die zum Beispiel mitgeteilt bekommen, Sie seien verheiratet, befördert worden, hätten ein Kind etc. Diese Leute sind dann beleidigt, weil sie diese großartigen Neuigkeiten nicht von Ihnen selbst erfahren haben. Solche Missverständnisse wieder aufzuklären braucht Zeit, die Sie wesentlich sinnvoller mit Arbeiten, Essen oder Einkaufen verbringen könnten.

Den Prahlhans gibt es vorwiegend in größeren Wohnanlagen.

Anregungen für die Rache am Prahlhans

- Ganz einfach: Tun Sie etwas Schlimmes. So schlimm, dass es in den Nachrichten kommt. Das hat natürlich unvermeidliche Vor- und Nachteile:
  Vorteil: Die ganze Welt wird von Ihrer Missetat erfahren und der Prahlhans wird seine ewige Lobhudelei zumindest so lange unterbrechen müssen, bis die Anklage fallen gelassen wird und die Journalisten aufgehört haben, das Haus zu umlagern.
  Nachteil: Sie könnten im Knast landen.

»Hast du den neuen Golfschläger schon ausprobiert, den ich dir letztes Jahr zu Weihnachten geschenkt habe, Schätzchen? Damit sparst du dir vier Schläge! Musst du unbedingt probieren. Ich melde uns gleich beim Golfplatz am.« Klingt das vertraut? Oder, wenn Sie Golfschläger durch Tennisschläger und Golfplatz durch Tennisplatz ersetzen? Setzen Sie einfach *irgendeine* Sportausrüstung ein, und wenn Sie sich dann wiedererkennen, haben Sie einen Profi als Vater.

Der Profi ist Profi in seiner gewählten Sportart, zumindest hält er sich dafür und möchte auch Sie davon überzeugen. Aber es reicht ihm nicht, einfach nur gut zu sein, er will seine Passion mit Ihnen teilen. Manchmal ist das ganz putzig. Gegen eine Partie Golf mit Papa oder gegen einen gemeinsamen Nachmittag Bahnenziehen im Schwimmbad ist nichts einzuwenden. Aber wenn Sie sonst gar nichts anderes mit ihm anfangen können, haben Sie es mit einem Profi zu tun.

Vielleicht sollte ich hinzufügen, dass Profis nicht ausschließlich im Sport zu finden sind. Sie treten auch als Briefmarkensammler, Automechaniker oder Verschwörungstheoretiker auf. Mein Vater zum Beispiel ist überzeugt, dass die NASA die Mondlandung 1969 vorgetäuscht hat – er besitzt einen ganzen Aktenschrank mit »Beweisen« darüber …

Profis findet man weltweit, und jüngsten Zählungen zufolge scheint die Population exponentiell zu wachsen. Würden mehr von ihnen Bungee-Jumping oder anderen Extremsportarten mit möglicher Todesfolge anhängen, könnte ihre Zahl wieder sinken, aber Golf und Tennis scheinen keinen derartigen Begrenzungsfaktor zu beinhalten. Nun ja, vielleicht sollten wir darüber froh sein.

Anregungen für die Rache am Profi

- Schlagen Sie ihn auf seinem eigenen Gebiet. Es kann eine Weile dauern, bis Sie dazu in der Lage sind, aber wenn Sie einigermaßen sportlich veranlagt sind und heimlich Stunden bei einem echten Profi nehmen, sollten Ihre Jugend und längere Ausdauer am Ende für einen Sieg über Ihren Vater ausreichen. Wenn Sie ihn das erste Mal besiegen, wird er begeistert sein. Beim zweiten Mal wird er Ihnen zu Ihrem Glück gratulieren. Ab dem dritten Mal wird er rasch verstummen. Warnung: Wenn Sie ihn wiederholt schlagen, besteht die Gefahr, dass er sich in einen traurigen Pantoffelhelden oder Sie sich Ihrerseits in einen nervigen Profi verwandeln. Seien Sie also gewarnt, Sie wandeln hier auf einem schmalen Grat.
- Noch besser: Begeistern Sie Ihre Mutter für seinen Sport. In der Hälfte der Fälle genießt der Profi die sportlichen Unternehmungen ohne seine Frau, weil er so ein bisschen Zeit für sich findet. Taucht sie in seinem heiligen Rückzugsgebiet auf, wird das seine Begeisterung schmälern. Bonuspunkte, wenn die beiden geschieden sind.
- In Extremfällen müssen Sie seine Ausrüstung ein wenig … na, sagen wir mal: justieren. Nicht so, dass es auffällt, aber ausreichend, damit er schlechter spielt. Lockern Sie die Bespannung seines Tennisschlägers. Kaufen Sie eine identische, aber um ein Pfund leichtere Bowling-Kugel und schieben Sie sie ihm unter. Sägen Sie zehn Zentimeter von seinem Sprungstab ab (ja, ja, schon gut, die wenigsten Profis machen Stabhochsprung, aber ich versuche eben, alle Eventualitäten für Sie abzudecken).

Sprechen Sie öfter mit der Sekretärin Ihres Vaters als mit ihm selbst? Kennen Sie die Melodienabfolge in der Warteschleife seines Telefons auswendig? Haben Sie beim Fußballspiel schon mal gegen die Sonne geblinzelt, um Ihren Vater in den Zuschauerrängen zu erspähen, der versprochen hatte, zu kommen, mit der Folge, dass Ihnen Randi Attias den Ball voll in die Magengrube schießen konnte? (Ich verzeihe dir, Randi.)

Falls ja, ist Ihr Vater der klassische Workaholic. Man schätzt, dass mindestens 34 Prozent der Väter in diese Kategorie fallen, was bei der herrschenden Wirtschaftslage kein Wunder ist. Mein Vater, so wurde uns erklärt, arbeitete so viel, weil wir Spielzeug kaufen wollten und Geld nun mal nicht auf Bäumen wächst. Wenigstens stellte er es so dar.

Man sollte denken, dass Väter seit der Erfindung des doppelten Familieneinkommens weniger unter Arbeitsdruck stehen und etwas mehr Zeit mit ihren Kindern verbringen könnten. Falsch gedacht. Es gibt heute mehr Workaholics denn je.

Meine Aufgabe ist es nicht, die Ursachen dafür zu ergründen. Ich kann Ihnen aber dabei behilflich sein, herauszufinden, wie Sie etwas dagegen tun und gegebenenfalls zurückschlagen können. Sie verdienen es nicht, die zweite Geige nach dem Job zu spielen. Sie sind eine Tochter, und zwar eine ziemlich gute, und kein dahergelaufener Arbeitsunfall in der Fabrik darf Ihnen die Ihnen zustehende Aufmerksamkeit entziehen.

Der Workaholic ist mit Abstand der häufigste und am weitesten verbreitete Vatertyp. Er kommt in allen möglichen Mischformen vor, aber seine workaholischen Tendenzen werden immer dominieren.

Auf einfachen Bauernhöfen wie auch in den Bürohochhäusern der Städte kann man die Workaholics dabei beobachten, wie sie sich zuschanden arbeiten. Halten Sie sie dabei auf, wenn Sie sich trauen.

Anregungen für die Rache am Workaholic

- Da man die Arbeitsgewohnheiten des Workaholics kaum durchbrechen kann, werden Sie zu extremen Mitteln greifen müssen. Bringen Sie Ihre Mutter dazu, ihn auf eine ausgedehnte Kreuzfahrt zu schleppen, und zwar auf ein Schiff ohne Internetzugang und Handyempfang. Legen Sie in der Nacht vor der Abfahrt seinen Laptop lahm. Mit ein wenig Glück wird er einmal im Leben ausspannen und entdecken, dass ihm das gefällt. Wenn es schief geht, lassen sich Ihre Eltern hinterher vielleicht scheiden (aber das ist sowieso gerade in).
- Falls Sie einer ähnlich gelagerten Arbeit wie Ihr Vater nachgehen, bewerben Sie sich um einen Posten in seiner Firma. Wenn Sie es aushalten, eine Weile an seiner Seite zu arbeiten, eröffnen sich Ihnen weitreichende Möglichkeiten, seine obsessive Arbeitshaltung zu durchbrechen. Ordnen Sie zum Beispiel in seiner Abwesenheit seine Dateien um oder verstecken Sie seinen Kalender.
- Wenn er schon längst im Rentenalter ist und sich trotz finanzieller Sicherheit weigert, mit der Plackerei aufzuhören, müssen Sie eventuell dafür sorgen, dass er gefeuert wird. Sichere Tipps, wie man die Kündigung von jemandem bewirkt, entnehmen Sie bitte dem Kapitel über Chefs und Kollegen. Ich empfehle auch, hässliche Briefe auf dem Schreibtisch seines Chefs zu hinterlassen – vielleicht zusammen mit einem verderblichen Geschenk?

Übung
Jetzt ist es Zeit, dass Sie Ihre Vater-Tochter-Beziehung unter die Lupe nehmen. Zu welcher Kategorie gehört Ihr Vater? Machen Sie sich ein paar Gedanken darüber. Nachfolgend haben Sie Gelegenheit, einige Ideen zu möglichen Racheszenarien gegen diesen Typus zu skizzieren. Lassen Sie Ihrer Fantasie freien Lauf, niemand wird Sie deswegen verurteilen. Außer Ihr Vater vielleicht.

Mein Vater ist ein:
- ☐ Harley-Dad
- ☐ Pantoffelheld
- ☐ Prahlhans
- ☐ (Golf-, Tennis-, Schwimm-) Profi
- ☐ Workaholic

Wie kann ich mich rächen:

____

____

____

____

Rächer-Ramona in »Allein gegen die Eltern«

Sie haben doch nicht etwa geglaubt, Ramona triebe ohne elterliche Führung durch die Welt? Natürlich nicht. Ramona hat zwei fürsorgliche Eltern, Mel und June, die sie in allen Nöten des Lebens beschützen, ihr die Welt erklären und sie im Schnitt alle sechzehn Minuten ankotzen.

Hier stelle ich Ihnen Mel vor, ein Augenarzt (der aber überhaupt nicht aussieht wie du, Papa):

Und das ist June, Hausfrau und Freizeitkunsthandwerkerin:

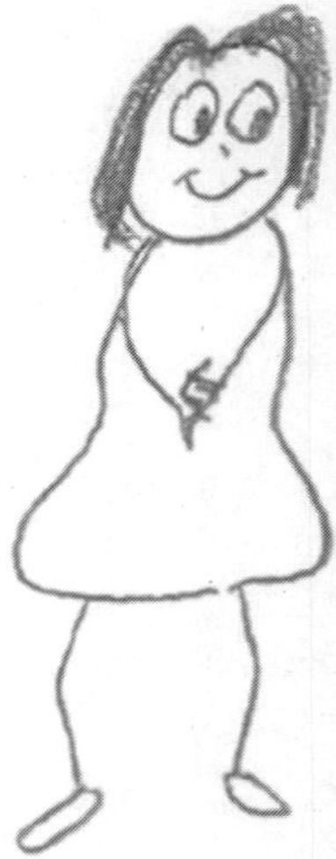

Ich weiß auch nicht, warum June so glockenförmig geraten ist. Keineswegs will ich damit auf meine Mutter anspielen, die eher eine birnen- als glockenförmige Figur hat. (Oh weh, wahrscheinlich bin ich jetzt zu weit gegangen.)

Obwohl ihr die Eltern gelegentlich auf die Nerven gehen, verhält sich Ramona bei diesen Gelegenheiten, wie wir es von ihr gewohnt sind, stets taktvoll, charmant und diplomatisch. Sehen Sie selbst:

Ein Pfuhl voll heißhungriger Krokodile? Ziemlich cool, Ramona. Woher hat sie nur immer diese abgefahrenen Spielsachen? Gibt es da einen Versand für? Dann will ich den Katalog.

Kapitel Neun

Die Problemfamilie, Abteilung Geschwister

Lassen Sie mich dieses Kapitel mit einem Witz beginnen. Zumindest hoffe ich, dass es ein Witz ist. Sie werden verstehen, was ich meine, wenn ich zu Ende erzählt habe. Die Geschichte ist ziemlich derb, Zartbesaitete sollten daher vielleicht die nächsten Seiten überspringen. Andrerseits haben die Zartbesaiteten das Buch wahrscheinlich ohnehin längst weggelegt.

Jill war vier Jahre jünger als ihr großer Bruder Dave, aber im Haus der Familie gab es nicht genug Platz, als dass jeder sein eigenes Bad hätte haben können. Deshalb musste Jill, zum Zeitpunkt der Geschichte sechzehn, das Bad mit Dave teilen, der mit zwanzig immer noch zu Hause wohnte.

Dave und Jill hatten die üblichen geschwisterlichen Probleme miteinander, verstärkt noch durch die Tatsache, dass Dave ein fürchterliches Ferkel war und sich nicht besonders viel aus Körperhygiene machte. Schlimmer noch, er respektierte Jills Empfindlichkeit bezüglich besagter Körperhygiene nicht und verstand nicht, warum sie sich an seinen Ausdünstungen störte. Dazu kam noch, dass Dave fast immer vor Jill aufwachte und den halben Morgen im Bad verbrachte und dabei lautstark Gase austreten ließ. Wenn sie dann endlich zum Duschen und Schminken ins Bad konnte, herrschte dort ein Gestank, dem kein Lüftungssystem der Welt Herr werden konnte.

Jill bat ihren Bruder mehrfach, seine Gase bei sich zu

behalten oder sich zumindest so lange zurückzuhalten, bis er wieder in seinem Zimmer wäre, doch Dave schien es Spaß zu machen, seine kleine Schwester mit lautem Gefurze zu quälen.

»Eines Tages wirst du dir die Eingeweide rauspusten«, sagte sie zu ihm. »Eines Tages lässt du einen fahren und alles flutscht raus.«

Dave ließ sich von dieser Warnung nicht einschüchtern, hauptsächlich, weil sie natürlich völlig lächerlich war. Er machte weiter wie üblich und Jill hielt sich die Nase zu, während sie Kajal auflegte.

Erst als Thanksgiving mit dem traditionellen Putenessen herannahte, erkannte Jill ihre Chance und packte sie sogleich beim Schopf. Sie war früh aufgestanden, um ihrer Mutter bei den Vorbereitungen für das Festtagsessen zu helfen. Dave schlief noch. Als Jill aufgetragen wurde, den Puter auszunehmen, wusste sie, was sie zu tun hatte.

Leise schlich sie nach oben in Daves Zimmer. Er schnarchte laut in seinem Bett und bekam nichts von seiner Umwelt mit. Sie stopfte ihm die Puterinnereien hinten in die Boxershorts und huschte wieder runter. Dann wartete sie darauf, dass der Spaß losging.

Eine halbe Stunde später hörte sie die zwei Geräusche, auf die sie gewartet hatte: einen lauten Furz, gefolgt von einem entsetzten Schrei. Jill brach in Gelächter aus und kugelte noch am Boden, als Dave zehn Minuten später mit geröteten Wangen, feuchten Augen und verschmierten Händen erschien.

»Du hattest Recht!«, keuchte er. »Es ist passiert! Du hattest mich gewarnt, aber ich habe dir nicht geglaubt ...«

Jill unterdrückte ihr Lachen und erkundigte sich unschuldig: »Was ist passiert?«

»Du hast immer gesagt, ich würde mir eines Tages die

Eingeweide herauspupsen, und heute ist es tatsächlich passiert. Aber Gott sei Dank konnte ich sie mit etwas Vaseline und diesen zwei Fingern hier wieder hineinbefördern.«

Ta-rää, Ta-rää, Ta-rää.

Eins wird daran deutlich: Unter Geschwistern fällt Rache gelegentlich grausam aus.

Wie wir schon im letzten Kapitel bemerkt haben, kann man sich seine Familie nicht aussuchen, ist aber gezwungen, mit ihr zu leben. Bei Geschwistern ist dies noch schwerer zu ertragen, denn während die meisten Kinder ihre Eltern die ersten elf, zwölf Jahre ihres Lebens lieben und sogar schätzen (bevor sie durch die hormonelle Umstellung zum Feind werden), gibt es nur wenige Leute, die ihre Geschwister jemals mochten. (Diejenigen unter Ihnen, die nicht verstehen, wovon ich rede, und mich gellend auspfeifen, können dieses Kapitel ja überblättern. Wir anderen würden uns nämlich gern unterhalten.)

In der Kindheit mussten Sie also Ihre gesamte Freizeit mit jemandem teilen, den Sie nicht ausstehen konnten, sie mussten mit diesem Menschen zusammen sein, nur weil Sie aus demselben Bauch/Reagenzglas/von der gleichen Adoptionsagentur stammen (keiner sage mir nach, ich sei altmodisch). Kein Wunder, dass Sie Rachegedanken hegen. Das ist ganz natürlich.

Für Kinder ist es einfach: Will man Rache, dann rächt man sich eben. Ein bisschen an den Haaren ziehen, vielleicht mal ein gefälschtes Briefchen an einen geheimen Schwarm. Grenzen gibt es da keine. Für Kinder würde eine Tabelle für die Rache an Geschwistern so aussehen:

Opfer / Rächer	Große Schwester	Großer Bruder	Opfer / Rächer	Kleine Schwester	Kleiner Bruder
Kleine Schwester	Alles erlaubt, aber Finger weg von ihren Haaren.	Mach, was du willst, du bist Mamas und Papas Liebling.	**Große Schwester**	Barbie und Ken geraten in einen tragischen Unfall.	Verkupple ihn mit einer Schreckschraube.
Kleiner Bruder	Kleine eklige Tiere in ihrem Bett wirken Wunder.	Häng mit seinen Freunden rum, das ärgert ihn.	**Großer Bruder**	Umsichtig handeln, sie ist das Lieblingskind.	Häng mit seinen Freunden rum, das ärgert ihn.

Aber indem man älter wird und die wechselhaften Jahre der Pubertät hinter sich lässt, wird Rache eine Angelegenheit von Raffinesse, Eleganz und dem Vermögen, ungeschoren davonzukommen. Wie bei vielen der bisher in diesem Buch behandelten Beziehungen gibt es auch bei Geschwistern verschiedene Arten und Umgangsformen und Sie müssen darauf achten, gewisse Grenzen nicht zu überschreiten. Wie in der Kindheit spielen auch hier Alter und Geschlecht eine große Rolle bei der Frage, welche Form der Rache geboten ist und was für Konsequenzen es haben kann, wenn der Schuss nach hinten losgeht. Derartiges Wissen sollte mit Feingefühl behandelt werden und gehört eigentlich nicht in so ein dummes kleines Ratgeberbändchen.

Aber was soll's, versuchen wir es einfach.

Schwestern

Sollten Sie öfter fernsehen, wird Ihnen auffallen, dass es zwischen Schwestern eines gewissen Alters angeblich eine besondere Verbindung gibt. Sie tauschen ihre Ansichten zu gemeinen Männern und nervigen Kindern aus und sind in schlimmen Zeiten füreinander da. Oftmals kümmern sie sich gemeinsam um die alternden Eltern, und obwohl sie manchmal streiten und zanken, sind sie letztendlich doch die besten Freundinnen.

Jetzt zur harten Realität.

Nicht alle Schwestern sind ein Herz und eine Seele. Mittlerweile komme ich zwar gut mit Barbara zurecht, aber immer wieder gibt es Monate, in denen ich mich zurückhalten muss, um sie nicht durch das Telefon hindurch zu erwürgen – was zum Glück technisch noch nicht möglich ist.

Wir teilen 25 Prozent unserer DNS mit unseren Geschwistern, das ist wissenschaftlich erwiesen. Man sollte also meinen, dass wir zumindest ein Viertel unserer Geschwister irgendwie interessant finden. Doch hier kommt der Haken: Wir haben keinen Einfluss darauf, welches Viertel wir gemeinsam haben. Nehmen wir einmal an – nur für einen kurzen Moment –, dass es in Ihrer Persönlichkeit Aspekte gibt, die, sagen wir mal, unglaublich nerven. Ich weiß, ich weiß, nicht bei Ihnen, nie und nimmer, ich meine ja auch nur rein theoretisch. Und nehmen wir außerdem an, dass ausgerechnet diese Aspekte das Viertel bilden, das Sie mit Ihrer Schwester teilen. Des Weiteren besitzt sie drei Viertel DNS, die nichts mit Ihnen zu tun haben, was im schlimmsten Falle heißt, dass sie zu 100 Prozent unausstehlich ist. Zumindest glaube ich, dass sich wissenschaftlich so argumentieren lässt. Ich hatte in Bio eine 2 minus und das auch nur, weil ich mit meinem Laborpartner schlief, der mittlerweile Pharmazeut ist.

Jedenfalls ist diese angebliche natürliche Verbundenheit zwischen Schwestern der gleiche Humbug wie in jeder anderen Beziehung auch. Zugegeben, die meisten Frauen fühlen sich ihren Schwestern irgendwie verbunden, aber nach zwanzig oder dreißig Jahren gemeinsamen Lebens wäre alles andere ein ziemliches Kunststück. Man hat die Wahl, sich zusammenzuraufen oder abzuspringen, und die meisten wählen den einfachen Weg und fügen sich in ihr Schicksal.

Doch selbst wenn Sie Ihrer Schwester nahe stehen, gibt es sicher immer wieder Situationen, wo sie sich daneben benimmt und man ihr den Kopf zurechtrücken muss. Und es wird Sie wahrscheinlich nicht überraschen, dass es wie bei den Eltern und Chefs auch bei den Schwestern verschiedene Gruppierungen mit entsprechend geeigneten Racheformen gibt. Sollten Sie Ihre Schwester nicht auf dieser Liste finden, ist sie entweder eine Heilige oder Sie haben eine neue Unterart entdeckt. In diesem Fall schicken Sie mir bitte eine E-Mail, damit ich sie in die nächste Auflage aufnehmen kann.

Die Neidische Nancy

Rivalitäten unter Geschwistern gehören zum Leben. Spannungen gibt es eigentlich immer, ob man nun als große Schwester auf dieses schreiende Bündel hinabblickt, das unsere bislang fürsorglichen Eltern aus dem Krankenhaus mit nach Hause bringen, um unser perfektes Leben zu zerstören, oder ob man als kleines Schwesterchen sehnsüchtig zu den großen Jungen und Mädchen aufblickt und sie selbst dann noch vergöttert, wenn sie uns nicht gesellschaftsfähige Grimassen beibringen oder uns dazu treiben, ungenießbare Objekte zu verzehren. Der Trieb, Geschwister auszustechen, ist angeboren, selbst wenn er mit einer großen Portion Liebe verbunden ist. Damit will ich nicht sagen, dass Sie Ihrer Schwester Übles wünschen sollen oder wollen, dass sie versagt, aber sicher wäre es Ihnen lieb, wenn sie vielleicht nicht ganz so gut abschneiden würde wie Sie.

Die Neidische Nancy geht allerdings einen entscheidenden Schritt weiter. Sie erträgt einfach nicht, dass Sie mit Ihrem Leben zufrieden sind, und wenn Sie einmal Hilfe brauchen, ist keiner schneller mit seiner gönnerhaften Art zur Stelle.

Lässt sich Ihre Schwester sofort ausführlich über ihr sagenhaftes Sexleben aus, wenn Sie ihr von dem neuen Mann in ihrem Leben erzählen? Oder verspätet sie sich eine viertel Stunde, wenn Sie mit ein paar Freundinnen auf Ihren neuen Job anstoßen wollen, und entschuldigt sich damit, dass sie eben noch zur Bank musste, um ihren unglaublich hohen Lohn einzuzahlen? Wenn ja, ist Ihre Schwester wahrscheinlich eine Neidische Nancy.

An dieser Stelle eine kurze Bemerkung: Sollten Sie aus einer großen Familie kommen, ist mit nahezu hundertprozentiger Wahrscheinlichkeit eines der Geschwister vom Typus Neidische Nancy. Sollten Sie diese Eigenschaft bei keiner Ihrer Schwestern feststellen, stehen die Chancen gut, dass Sie es selbst sind. Wenden Sie sich dann an eine Beratungsstelle und seien Sie auf der Hut.

Anregungen für die Rache an der Neidischen Nancy

- Nancy ist schwer zu verletzen, denn ihr Neid wird einzig durch ihre Freude darüber übertroffen, wenn bei Ihnen einmal etwas schief geht. Doch für diese

Schadenfreude schämt sie sich, denn tief im Innern weiß sie, dass es falsch und böse und gehässig ist. Versetzen Sie Ihre Schwester in den Glauben, dass Ihnen gekündigt wurde, Ihre Freunde Sie im Stich lassen, Ihr Freund Sie wegen einer Bedienung bei Starbucks verlassen hat und es generell schlecht um Sie bestellt ist. Eine Weile wird sie überglücklich sein, doch je häufiger Sie ihr etwas vorheulen, desto schmutziger wird sie sich fühlen. Auf kurz oder lang wird sie sich in ihre Scham hineinsteigern. Jetzt können Sie Ihre Krise auf wundersame Weise überwinden und ihr Ihr Glück so richtig unter die Nase reiben.

- Sollte Ihre Neidische Nancy zu dem Typ gehören, der ewig um die Aufmerksamkeit von Mama und Papa buhlt, sollten Sie sie davon überzeugen, dass Ihre Eltern Sie bevorzugen. Für sie misst sich der Wert eines Kindes an der Anerkennung durch die Eltern. Bevor Nancy Sie besuchen kommt, kaufen Sie in einem Geschenkladen eine Tasse mit dem Aufdruck *Für unsere beste Tochter*. Stellen Sie sie wie beiläufig neben Ihren Computer auf den Schreibtisch. Während des Besuchs erklären Sie irgendwann, Sie wollten ihr eine Website zeigen. Wenn Sie die Tasse sieht, wird sie wahrscheinlich einen kleinen lautlosen Anfall haben. Sollte sie einen Kommentar dazu abgeben, antworten Sie: »Ja, was, ganz schön hässlich. Was machst du mit deiner?« Damit zwingen Sie sie, entweder zu lügen oder zuzugeben, dass sie keine bekommen hat, was sie zur zweitbesten Tochter stempeln würde. Und wir alle wissen, wie sie sich entscheiden wird. Das liefert Ihnen Munition für Jahre.

Diese Perfekte Kleine Paige mit ihrem perfekten kleinen Körper, dem perfekten kleinen Mann und dem perfekten kleinen Häuschen – Paige ist einfach perfekt! Paige brachte nur die besten Noten von der Schule heim, ihre Freundinnen waren perfekt, gingen zu perfekten kleinen Universitäten und führten das perfekte kleine Leben. Perfekt, perfekt, perfekt.

Zum Kotzen.

Ich hoffe, ich klinge nicht irgendwie verbittert. Barbara war in ihrer Jugend gar nicht so perfekt, sie beging die gleichen Dummheiten wie wir alle. Aber ein paar meiner Freundinnen hatten größere Schwestern, die ihnen das perfekte Leben vorlebten. Und als sie diesem Vorbild nicht entsprechen konnten, enttäuschten sie Eltern, Lehrer und, wie es schien, ganze Gemeinden.

Das Schwierige an der Rache an einer Perfekten Paige ist, dass Paige nicht absichtlich unerträglich ist. Sie versucht einfach nur, ihr Bestes zu geben, und zu Ihrem Pech ist sie darin eben erfolgreicher als Sie. Sollten Sie sich also mit Rachegedanken tragen, müssen Sie darauf achten, sich nur zu wehren und nicht den ersten Schlag auszuführen. Sonst sind Sie zur Neidischen Nancy mutiert.

Wenn Sie sich jedoch zur Rache entscheiden, gibt es nur eine Lösung: Sie müssen der Perfekten Paige das Gefühl vermitteln, dass sie gar nicht so perfekt ist. Vieles an ihrem Selbstbild fußt auf ihrer eigenen Perfektion. Wenn Sie das trüben können, haben Sie gewonnen.

Anregungen für die Rache an der Perfekten Paige

- Bitten Sie sie, nach Ihrer Wohnung zu sehen, während Sie im Urlaub sind. Wenn sie eine echte Perfekte Paige ist, wird sie a) sofort die Chance nutzen, sich nützlich zu machen, und b) versuchen, es so gut wie möglich zu machen. Das heißt, sie kommt wahrscheinlich dreimal täglich, um nach dem Rechten zu sehen, wenn sie nicht gleich bei Ihnen einzieht und dort wohnt, während Sie unterwegs sind. Doch ab und zu muss sie auf jeden Fall raus, und das ist Ihre Chance. Sollten Sie tatsächlich in den Urlaub gefahren sein, müssen Sie eine Freundin beauftragen. Geben Sie ihr die Schlüssel zu Ihrer Wohnung und lassen Sie sie herausfinden, wann Paige zur Arbeit geht oder Besorgungen erledigt. Lassen Sie sie hineinschleichen und irgendetwas kaputtmachen, das Ihnen nicht besonders teuer ist, Sie aber als Ihr Lieblingsstück ausgeben können. Wie wäre es zum Beispiel mit einem großen Ölgemälde oder einer Keramikvase? Es ist erstaunlich, was so ein kleiner Riss in einer Leinwand oder eine zerbrochene Vase mit einer Perfekten Paige anrichten kann. Sie wird darauf beharren, die ganze Zeit da gewesen zu sein, und darauf, dass nichts geschehen sei, aber innerlich wird sie ab sofort jeden ihrer Schritte in Frage stellen.

- Wenn Sie richtig dick auftragen wollen, lassen Sie Ihre Freundin ein paar Dinge aus dem Haushalt »entleihen«. Wenn Sie dann von Ihrer Reise zurück sind, erzählen Sie Paige, dass ein paar Gegenstände entwendet wurden und die Polizei herausgefunden hat, dass die Hintertür nicht abgesperrt war. Dann wird sich Paige wirklich geißeln. Möglicher Bonus: Vielleicht versucht sie »Gestohlenes« zu ersetzen und kauft Ihnen etwas Neues, doch das dürfte dann wiederum Ihre eigenen Schuldgefühle über das maximal Messbare treiben.
- Der gleiche Trick funktioniert mit geliebten Haustieren, besonders wenn Sie sicher wissen, dass sie

nur noch ein paar Wochen (oder Tage!) zu leben haben. Paige wird nie darüber hinwegkommen, dass sich der kleine Buster unter ihrer Aufsicht in den Wüstenspringmaushimmel verabschiedet hat, weil nur Sie allein wissen, dass ihm dieses Schicksal ohnehin vorherbestimmt war.

Polly, der Papamamapapagei

Wenn es eins gibt, wofür Geschwister nützlich sind, dann um sich gegen den gemeinsamen Feind zu verbünden: die Eltern. In der Kindheit und Adoleszenz ist niemand so wichtig, wenn es darum geht, länger wach zu bleiben, sich aus dem Haus zu stehlen, Untaten zu verdecken und allgemein diejenigen zu hintergehen, die einem das Leben geschenkt haben. Trotz all meiner Streitereien mit Barbara (und den Gelegenheiten, bei denen wir uns gegenseitig verpetzt haben) konnte ich immer auf sie zählen, wenn ich ernsthaft Stress mit Mama und Papa hatte.

Haben Sie jedoch eine Papageien-Polly zur Schwester, sieht es schlecht für Sie aus. Polly wird sich immer auf die Seite Ihrer Eltern schlagen, egal, was passiert. Sind Sie zehn und haben eine Woche Hausarrest, schlägt Polly als erste Alarm, wenn Sie den Fernseher anschalten. Sind Sie zwanzig und vergessen aus Versehen, die Stromrechnung in Ihrer ersten Wohnung zu bezahlen, und verbringen deshalb ein paar Tage ohne Licht, hängt Polly sofort am Telefon und erzählt Mama und Papa davon. Als Kind wurde sie wahrscheinlich Petze genannt. Als Erwachsene würden Sie sie gerne etwas viel Schlimmeres nennen.

Was macht man also mit einer Papageien-Polly? Zum Glück bietet ihre ausgeprägte Abhängigkeit von den Eltern eine große Angriffsfläche für Ihre Vergeltungsschläge.

Anregungen für die Rache an Polly, dem Papamamapapagei

- Erfinden Sie Geschichten – fantastische Geschichten, die zwar völlig unglaubwürdig, gleichzeitig jedoch schrecklich verrucht klingen und mit Sicherheit gegen die Moralvorstellungen Ihrer Eltern verstoßen. Gehen Sie mit Polly essen und verraten Sie ihr das Geheimnis. Lassen Sie sie schwören, niemandem davon zu erzählen. Minuten nach Ihrem Treffen wird Polly am Telefon hängen und Mama davon berichten, die dann wiederum völlig verstört bei Ihnen anruft. Wenn Sie dann eindeutige Beweise liefern, dass diese Anschuldigungen haltlos sind und Polly sie nur erfunden haben kann, um sich lieb Kind zu machen, dann raten Sie mal, wer anschließend das schwarze Schaf der Familie ist.
- Diese Idee ist teuer, aber sie ist es wert: Schicken Sie Ihre Eltern in Urlaub, in ein fernes Land. Vorzugsweise an einen Ort, wo es kein richtiges Telefon gibt und keinen Internetzugang. Für eine richtig lange Weile. Dann verbringen Sie so viel Zeit wie möglich mit Ihrer Schwester. Bleiben Sie über Nacht, wenn Sie es aushalten. Sie wird sich danach verzehren, jemandem all das zu erzählen, was Sie tun (oder lassen). Aber nachdem keiner da ist, der ihr zuhört, wird sie vielleicht explodieren. Warnung: Sollte Ihre Schwester anfällig für Magengeschwüre sein, könnte das ihren Zustand verschlimmern – und Sie wollen Ihrer Schwester doch keinen ernsthaften Schaden zuzufügen, oder? Es sei denn, sie hat es wirklich verdient. Das wissen Sie am besten.

Eines Nachmittags, an dem Sie eigentlich arbeiten sollten, den Sie jedoch wegen eines Arzttermins frei genommen haben, fahren Sie auf dem Rückweg rein zufällig an einer Boutique vorbei und kaufen sich das hübscheste Kleidchen der ganzen Welt. Weil Sie es unbedingt jemandem vorführen wollen, egal wem, tragen Sie es am gleichen Abend beim Essen mit Ihrer Schwester und ihrem Mann. Sobald sie Sie sieht, bemerken Sie diesen Blick, und bevor Sie noch »Hallo« sagen können, erkundigt sie sich schon, woher Sie es haben. Als Sie ihr das nächste Mal begegnen, trägt sie Ihr Kleid, nur eine Nummer kleiner, dieses Miststück – und tut, als hätte sie keine Ahnung, dass Sie das gleiche haben (nur, wie gesagt, eben eine Nummer größer).

Ihre Schwester ist eine Nachmacherin.

Warum sie nicht einfach ihr eigenes Leben leben kann, übersteigt Ihr Verständnis. Sie imitiert Ihre Sprache, Ihre Gewohnheiten, Ihre persönliche Art. Obwohl sie ein Leben lang Zeit hatte, ihren eigenen Stil zu entwickeln, will sie unbedingt Ihr Klon werden.

Nachmacherinnen sind in der Regel jüngere Schwestern, denen nichts eingefallen ist, um sich von der breiten Masse abzuheben, und vielleicht sollten sie einem deshalb ein bisschen Leid tun. Aber ab einem gewissen Punkt muss einfach Schluss damit sein.

Anregungen für die Rache an der Nachmacherin

- Ganz einfach: Ziehen Sie jedes Mal, wenn Sie Ihre Schwester sehen, etwas Schreckliches an. Sprechen Sie in fehlerhaften Sätzen. Wälzen Sie sich ein paar Minuten vor dem Treffen im Müll, um eine spezielle Duftnote auszuströmen. Ist sie wirklich eine Nachmacherin, wird sie Ihren Lebensstil bald imitieren, aber während Sie sich zehn Minuten nach Ihrem Treffen duschen, umziehen und wieder normal reden, wird die Nachmacherin Ihre noch so skurrilen Vorgaben in ihr Leben integrieren. Als Ergebnis wird sie wahrscheinlich bald in der Gesellschaft geächtet sein oder zumindest von ihren Freunden darauf aufmerksam gemacht werden, dass sie sich komisch anzieht, eigenartig riecht und keinen vernünftigen Satz zuwege bringt.

- Werden Sie zum Chamäleon. Ändern Sie bei jedem Treffen mit Ihrer Schwester nicht nur ein Detail, sondern verwandeln Sie sich komplett. Gehen Sie das eine Mal als Popper, das nächste Mal als Waver und beim dritten Mal nuttig. Nehmen Sie die Besuche bei Ihrer Schwester zum Anlass, jedes Mal einen neuen Stil auszuprobieren. Das wollten Sie doch ohnehin schon immer einmal und jetzt haben Sie auch noch einen tollen Anlass dafür. Was könnte es Besseres geben? Seien Sie versichert, bei dem Versuch, Ihnen nachzueifern, wird Ihre Schwester ihr Jahresbudget für Kleidung innerhalb eines Monats auf den Kopf hauen. Jetzt können Sie wieder zu Ihrem eigentlichen Stil zurückkehren, in der Gewissheit, dass Ihre Schwester nicht mehr das Geld haben wird, Sie zu imitieren.
- Drehen Sie den Spieß um: Imitieren Sie zurück. Ich weiß, das klingt furchtbar kindisch und ist es wahrscheinlich auch, aber es ist ein Riesenspaß. Suchen Sie nach einer kleinen Eigentümlichkeit an ihr und geben Sie sich maßlosen Übertreibungen hin. Nehmen wir zum Beispiel an, sie trägt kleine rosa Elefanten als Ohrstecker. Versuchen Sie, genau die gleichen zu bekommen, aber versuchen Sie außerdem,

einen Pulli mit einem rosa Elefanten zu erstehen oder auch eine Designerjeans mit rosa Elefanten-Applikationen auf den Taschen. Bald wird sie Sie imitieren, aber Sie imitieren sie, und so geht das hin und her, bis keiner mehr weiß, wer eigentlich angefangen hat. Nach drei oder vier Runden sollte – ich sage: *sollte* – der Groschen gefallen sein. Die Ergebnisse können je nach Intelligenz und/oder Sturheit Ihrer Schwester schwanken.

Rächer-Ramona und ihre geliebte Schwester Kate

Es überrascht Sie vielleicht nicht, dass auch Ramona kein Einzelkind ist. Wie ich hat auch sie eine große Schwester, obwohl ihre Kate heißt (was, wie der Zufall will, der zweite Vorname meiner Schwester Barbara ist). Ramona und Kate kommen bestens miteinander klar, außer wenn sie gerade mal nicht miteinander klarkommen.

Das ist Kate:

Wie Sie sehen, steckt sie in einem (billigen) Hochzeitskleid. Kate hat vor ein paar Jahren geheiratet. Dabei gab es ein … Problemchen. Im folgenden Cartoon sehen wir, wie Kates kleiner Fauxpas, Ramona bei der Wahl der Brautjungfer zu übergehen, zu familiären Spannungen führt.

Rache durch Kobra. Das hatte ich ganz auf meiner Liste vergessen. Danke nochmals, Ramona!

Brüder

He ain't heavy, he's my brother. Dieses Lied habe ich nie verstanden. Warum sollte ein Bruder nicht schwer sein können? Mein Bruder Daniel hat im Laufe der Jahre ein paar Pfündchen zugelegt, aber deswegen sind wir doch immer noch genetisch verbunden.

Vielleicht verteidigt in diesem Lied aber auch ein Typ seinen Bruder und erklärt den Dorfrowdies, dass er nicht dick ist, er ist sein Bruder, und wenn sie damit ein Problem haben, kann man sich ja nach dem Unterricht am Fahrradständer treffen. Vielleicht geht aber auch nur mal wieder meine Fantasie mit mir durch. Das wurde mir in der Vergangenheit immer wieder nachgesagt.

Für viele Mädchen sind große Brüder genau zu diesem Zweck da: um uns zu verteidigen und vor der Männerwelt zu schützen, die sie ja nur zu gut kennen. Wir blicken zu ihnen auf und sehen in ihnen eine kleinere Version unserer Väter. Wenn der also gerade mal schlecht gelaunt ist oder in der Arbeit, können wir uns den männlichen Schutz bei unserem großen Bruder holen.

Kleine Brüder hingegen sind wie die kleinen Ken-Puppen, mit denen wir gespielt haben. Sie können auf äußerst vielfältige Weise geformt, beeinflusst und herausgeputzt werden. Wenn sie noch klein genug sind, lassen sie sich sogar in Kleidchen stecken und zu Kaffeekränzchen zwingen. Kleine Brüder sind unser Ersatz für eigene Kinder, lange bevor wir alt oder schlau genug sind, um zu erkennen, dass das Letzte, was wir brauchen, ein weiteres hungriges Maul ist.

Deshalb ist es so schlimm, wenn ein Bruder den falschen Kurs einschlägt und man sich rächen muss. Wir reden hier immerhin von unseren Beschützern und Ersatz-Kindern, an so jemandem rächt es sich nicht leicht.

Aber auch nicht so schwer, dass wir es nicht einmal versuchen könnten.

Beschützertick-Ted

Schutz ist etwas Gutes. Ein Beschützer ist eine feine Sache. Er spendet uns Wärme, sowohl körperlich als auch emotional, und gibt uns das Gefühl, in einem sicheren Hafen zu liegen. Doch bei einem zu ausgeprägten Beschützerinstinkt füllt sich dieser Hafen mit fiesen Haifischen und vergällt uns den Ankerplatz.

Manchmal übertreiben unsere Brüder, sicher nur in bester Absicht, mit ihrer Beschützerhaltung und mutieren zum Beschützertick-Ted. Diese Brüder haben mitunter einen ziemlich negativen Einfluss auf das Sozialleben der zu beschützenden Person, insbesondere wenn sich männliche Anwärter zeigen. Vor die Wahl gestellt, ob er sich mit Ihrem nervigen Bruder abplagen soll oder sich lieber ein Einzelkind suchen soll oder ein Mädchen, deren Geschwister in einem tragischen Zeppelinabsturz ums Leben kamen, wird er sich sicher für die Zeppelin-Kuh entscheiden.

Meistens will Beschützertick-Ted nur Ihr Bestes. Er musste zusehen, wie Sie verletzt wurden, hat Ihre Leidensgeschichten gehört und will Sie vor weiteren Enttäuschungen bewahren. Wie lieb von ihm! Aber manchmal verhält sich Ted auch so, weil es ihm das Gefühl von Männlichkeit vermittelt. Er hat entweder keine Frau oder Freundin, oder wenn doch, hat sie ihm bereits verklickert, dass er sich sein Beschützergehabe bei ihr sparen kann und sich um seine eigenen Angelegenheiten kümmern soll. Als Folge lenkt er all seine Aufmerksamkeit auf Sie. Sie Glückspilz!

Anregungen für die Rache an Beschützertick-Ted

- Die beste Methode, einen Beschützertick-Ted von seiner Gewohnheit zu heilen, ist, ihn ordentlich zu vermöbeln. Damit meine ich nicht, dass Sie sich im Hinterhof mit ihm prügeln sollen. Ich schlage vor, Sie belegen einen Selbstverteidigungskurs und laden ihn dazu ein, wenn Sie die Technik beherrschen. Wenn Sie ihn dann sechs- bis siebenmal rücklings auf die Matte geworfen haben, wird es eine Weile dauern, bevor er wieder anfängt, seine kleine Schwester zu beschützen.
  Anmerkung: Verschwenden Sie Ihre Zeit nicht mit irgendwelchen Kampfsportarten, bei denen man angeblich immer weiterlernt und sein Repertoire von Abwehrtechniken ständig vergrößert. Wählen Sie etwas, wo Sie *sofort* lernen, wie man jemandem ordentlich eine reintreten kann. Ich empfehle Ihnen Krav Maga, das israelitische Selbstverteidigungssystem. Als ich mal einen Freund in Los Angeles besuchte, belegte ich eine Probestunde, und als ich rauskam, hatte ich das Gefühl, mit nahezu jedem fertig zu werden, der mir auf dem Heimweg begegnet. Ich weiß, es steckt vielleicht noch viel mehr dahinter, aber ich hatte ja auch nur eine Stunde, wie viel Philosophie soll man da schon mitbekommen?
- Verkuppeln Sie Ihren Bruder mit der eifersüchtigsten Frau, die Sie kennen. Wählen Sie eine von denen, die überzeugt sind, ihr Mann betrüge sie, wenn er nicht fünf Minuten nach Arbeitsschluss zu Hause auf der Matte steht. Wenn er erst mal mit dieser Form der Ängstlichkeit konfrontiert wird, geht ihm entweder ein Licht auf oder er ist ohnehin zu beschäftigt mit ihr, um Sie weiter zu belästigen.

Uriah?, höre ich Sie ausrufen. *Wer bitteschön heißt denn Uriah?* Ich hatte großen Spaß mit Alliterationen und wollte nicht darauf verzichten. Tun Sie mir den Gefallen und drücken Sie ein Auge zu. Ich bin sicher, dass irgendwer da draußen einen Bruder namens Uriah hat, und gerade jetzt rennt sie mit diesem Buch zu ihm, um zu beweisen, dass irgend so eine Verrückte seinen Namen in ein Buch gedruckt hat. Hallo Uriah, diese Seite ist für dich.

Leider vernachlässigt Uriah seine Aufgabe als Beschützer, und bei den seltenen Gelegenheiten, bei denen Sie den Schutz eines Bruders gebraucht hätten, hielt er sich vornehm zurück. Ziemlich uncool, Uriah. Wir hatten auf dich gezählt.

Die meisten Uriahs tragen noch andere Faulenzermerkmale, aber möglicherweise ist er sogar ein voll funktionierendes Mitglied unserer Gesellschaft und ist schlicht der Meinung, dass Sie schon alleine zurechtkommen. Natürlich tun Sie das, aber manchmal ist es eben nett, zu wissen, dass da noch jemand wäre, auf den man sich verlassen kann. Und das muss er lernen.

Keine Sorge, das wird er.

Anregungen für die Rache am Unterfürsorglichen Uriah

- Ein falscher Stalker wirkt in dieser Situation Wunder, solange Sie nicht die Polizei einschalten. Adressieren Sie ein paar Briefe an sich selbst. Schreiben Sie mit der linken Hand, damit man Ihre Handschrift nicht erkennt. Wenn Sie Zeit haben und kreativ sind, schneiden Sie die Buchstaben aus Zeitschriften aus. Wenn Sie in Eile sind, können Sie sie auch tippen, aber ein anständiger Stalkerbrief ist eine aussterbende Kunstform, und Sie tun ein gutes Werk, wenn

Sie sie wieder beleben. Vertrauen Sie sich Ihrem Uriah an, erzählen Sie ihm, wie sehr Sie sich fürchten. Vielleicht legen Sie den Briefen ja noch ein paar verstörende Zeichnungen bei, besonders gruselig macht sich Wachsmalkreide. Bis die Briefe aufhören, wird er sich so in die Sache hereingesteigert haben, dass er Ihre schöne und unversehrte Anwesenheit nie mehr für selbstverständlich nimmt.
Anmerkung: Mit dieser Aktion wird Ihr Uriah unter Umständen zu einem Beschützertick-Ted. Ich habe so etwas schon beobachtet und es war kein schöner Anblick. Nur Sie wissen, wie weit Sie bei Ihrem Bruder gehen können. Ich schlage vor, Sie gehen bis zum Limit, drehen dann eine Pirouette und tänzeln von dannen.

Alan Brandt, der Bruder, der mit all Ihren Freundinnen schläft

Zum Teufel mit den Alliterationen. Mein Bruder Alan ist bekanntermaßen der drittgrößte Schwerenöter im westlichen Teil von New Jersey – und ich weiß, er steht für viele Brüder. Ich konnte gerade mal ein paar Worte mit einer neuen Freundin an der Schule wechseln, da kam Alan schon angeschossen und zerrte sie auf den Rücksitz seines Buick. Das wurde irgendwann ziemlich lästig, denn wie unterhält man sich nett mit Leuten, die am nächsten Tag eine Kiefersperre haben?

Vielleicht hab ich jetzt zu viel gesagt.

Jungs und Männer sind nun einmal so, aber Ihr Bruder sollte genug Anstand besitzen, um seine Aktivitäten innerhalb Ihres Bekanntenkreises zu unterlassen. Doch einem Schwanzgesteuerten kann man nicht weiter über den Weg trauen, als er pinkeln kann, und das ist bei seiner permanenten Erregung nicht besonders weit.

Wie man dieses Problem bekämpft? Es ist gar nicht so schwer, wenn man weiß, wo man ansetzen muss.

Anregungen für die Rache am Bruder, der mit all Ihren Freundinnen schläft

- Wählen Sie Ihre Freundinnen mit Bedacht. Als mir auffiel, dass die letzten sechs Freundinnen von Alan alle von meiner Geburtstagseinladungsliste stammten, entschied ich mich, etwas dagegen zu unternehmen. Wenn Alan unser Heim und meine Übernachtungsgäste als sein privates Jagdrevier betrachtete, musste ich eben die Besetzung ändern. Ich meldete mich umgehend bei allen Frauensportarten an, die ich mir zutraute, und hatte schon bald einen ganzen Schwarm von neuen Freundinnen, die sorgfältig nach den Kriterien körperliche Kraft und Aggressionsbereitschaft ausgewählt waren. Wie erwartet stellte Alan beinahe jeder von ihnen nach, und nachdem ich hatte durchschimmern lassen, dass er es etwas härter mochte, gingen sie alle ziemlich ruppig an ihn ran. Noch nie in meinem Leben hatte ich solch schmerzhaftes Stöhnen gehört und jedes einzelne wurde in meinem Zimmer mit großer Erheiterung aufgenommen.
- Alternativ können Sie sich entscheiden, nur noch mit lesbischen Frauen Freundschaften zu unterhalten. Ihr Bruder wird sich die Zähne bei seinen Versuchen ausbeißen, sie in sein Bett zu bekommen, und je öfter sie ihn abweisen, desto mehr wird er seine Bemühungen verstärken. Sollte Ihr Bruder auch nur entfernte Ähnlichkeit mit meinem haben, wird es ihn komplett in den Wahnsinn treiben. Wenn Sie Glück haben, wird er seine Zuneigung öffentlich zur Schau stellen, um ihre Aufmerksamkeit auf sich zu lenken, so wie John

Cusack in *Say Anything*, nur dass Ione Skye diesmal nicht nachgeben und zu ihm kommen wird. Achten Sie nur darauf, abzubrechen, bevor er einen Schlaganfall erleidet. Tut mir Leid, Alan.

- Stehlen Sie ihm seine besten Freunde. Als Frau ist Ihnen hoffentlich bewusst, dass jeder Mann vor der Wahl, die Nacht mit seinen Freunden rumzuhängen oder mit einer Frau zu verbringen, die vielleicht – und sei es auch nur mit einprozentiger Wahrscheinlichkeit – mit ihm schläft, immer seinem Penis folgen wird. Wann immer also Ihr Bruder sich mit jemand neuem befreundet: Stellen Sie jenem nach. Damit meine ich nicht, dass Sie sich auf irgendetwas einlassen sollen, aber sorgen Sie dafür, dass der andere sich lieber mit Ihnen als mit Alan trifft, und spielen Sie »Zehn Kleine Negerlein« mit seinen Freunden. Einer nach dem anderen werden sie verschwinden …

Übung

Rufen Sie Ihre Schwester an. Telefonieren Sie mit Ihrem Bruder. Beobachten Sie, wie lange Sie es am Telefon aushalten, bevor sie Ihnen langsam auf die Nerven gehen. Halten Sie durch, vereinbaren Sie ein Treffen, selbst wenn sie weit weg wohnen. Wenn Sie es einen ganzen Tag lang aushalten, verlängern Sie Ihren Aufenthalt. Übernachten Sie bei Ihren Geschwistern. Laden Sie sie zu sich nach Hause ein.

Wenn Sie den kritischen Punkt erreichen, gehen Sie. Bringen Sie sich in Sicherheit. Jetzt kennen Sie Ihr Limit. Halten Sie es irgendwo schriftlich fest, damit Sie es nicht vergessen. Wir alle sollten unsere Grenzen kennen und nicht zu früh losschlagen. Sie wollen doch nicht Ihre Munition verschossen haben, bevor Sie so richtig entnervt sind.

Vielleicht hilft es Ihnen, wenn Sie ein paar besonders unangenehme Eigenschaften Ihrer Schwestern und Brüder aufschreiben. Notieren Sie mindestens drei ihrer Fehler, Makel und Unzulänglichkeiten in den folgenden Zeilen. Ich würde Ihnen ja raten, sich Zeit dafür zu lassen, aber ich habe so das Gefühl, dass Sie da nicht lange überlegen müssen.

1. ____
2. ____
3. ____

Kapitel Zehn

Die Geschichte von Eliza
Teil 3: Die verlorenen Jahre

Aus rechtlichen Gründen muss ich meine letzten Schuljahre fast vollständig ausklammern. Das klingt wie ein schlechter Scherz, aber der Richter ließ keine Zweifel, als er die Klauseln der Schlichtungsvereinbarung festlegte. Und ich willigte ein, über diese Zeit weitgehend Stillschweigen zu bewahren, wenn sich die Schule und andere betroffene Personen bereit erklärten, es genauso zu halten.

Ich kann nur sagen, dass ich ... gewissermaßen ... ein wenig über das Ziel hinausschoss ... mit dem, was ich damals für angemessene Rache hielt. Nach meiner ersten vorpubertären Erleuchtung wurde ich immer besser im Rächen, besaß aber noch nicht die nötige Kontrolle über mein Talent. Stellen Sie sich *Carrie* vor, nur ohne Schweineblut und explodierende Turnhallen.

Am Ende einer Episode mit zwei Autos, einer Abrisskugel und dem, was bis dahin ein Bastelladen gewesen war, entdeckte ich glücklicherweise meine innere moralische Instanz und lernte, meine Fähigkeiten und Bedürfnisse sinnvoll zu kanalisieren. Seltsamerweise geschah das im Krankenhaus, wo ich einen bei obigem Vorfall gebrochenen Arm auskurierte (nähere Details kann ich nicht nennen).

Ich teilte ein Zweibettzimmer mit einer älteren Dame namens Lori, die sich von einer ziemlich komplizierten Knieoperation erholte. Sie war Marathonläuferin und hatte sich trotz ärztlicher Warnungen geweigert, ihr Training zu reduzieren. Lori hatte sich ein bisschen zu sehr gefordert, und während des New-York-Marathons waren ihr gleich drei Bänder im Knie gerissen. Autsch. Meine Verletzung war nichts im Vergleich zu den Narben, die sich wie ein verschlungenes Schienennetz in alle Richtungen über ihre Knie zogen.

»Ich hätte es wissen müssen«, sagte sie immer wieder. »Man hatte mich gewarnt, aber ich wollte nicht hören.«

Tatsächlich sagte sie das ein bisschen zu oft und einen Tick zu laut und anfangs wollte ich sie nur irgendwie zum Schweigen bringen. Doch dann erkannte ich, dass ich daraus eine Lehre ziehen konnte. Lori hatte den Marathon geliebt (was mir ein Rätsel ist, bei all der Schwitzerei und der Eintönigkeit), aber weil sie ihre Leidenschaft übertrieben hatte, würde sie nun nie wieder laufen können.

In jenem Krankenbett schwor ich mir, Kontrolle über meine Leidenschaft zu gewinnen, damit ich sie auch in den kommenden Jahren ausüben konnte. Und um das zu lernen, gab es nur eines: Ich würde mit dem Rächen pausieren, bis ich auf den rechten Weg gefunden hatte. Mochte es so lange dauern, wie es wollte.

Ja, Sie haben richtig gelesen: Ich wusste, dass ich meine Vergeltungszüge eindämmen und mich zusammenreißen musste. Nach der Racheorgie in der Oberstufe fühlte ich mich ähnlich wie die Klassenschlampe, die beschloss, sich die Oberschenkel für einige Jahre mit Isolierband zusammenzukleben, um wieder etwas Selbstrespekt zu gewinnen. Und du weißt, wen ich damit meine, Jordan B.

Zum Glück war das Timing perfekt. Ich war bereit, meine Heimatstadt zu verlassen und mich in anderen Gefilden umzusehen. Es war Zeit zu studieren.

Das College sei ein Ort zum Experimentieren, heißt es, ein Ort, wo man neue Persönlichkeiten anprobieren und sehen könne, welche am besten zu einem passt. Das kann schwierig werden, wenn Ihre Persönlichkeit Größe vierzig hat und Sie versuchen, sie in ein Modell mit Größe vierunddreißig hineinzuquetschen. Aber wenn Sie Ihr Ego fest einziehen, kriegen Sie den Reißverschluss schon hoch. Das College kann ein geschützter Raum sein, ein Lebensabschnitt, in dem man frei experimentieren und scheitern kann, ohne groß für seine Taten und Wünsche zur Verantwortung gezogen zu werden.

Und irgendwas war da auch mit »Ausbildung«, aber das fällt mir gerade nicht ein.

Für mich ging es am College vor allem um das Folgende:

1. Die richtige Kombination von Koffein und Nikotin zu finden, um bis zwei Uhr morgens zu feiern und um fünf wieder fit für das Rudertraining zu sein.
2. Meine Eltern zu überzeugen, dass meine Studien normal voranschritten, obwohl ich nie mehr als acht Seminare pro Semester belegte.
3. Die höllische Anstrengung, mein natürliches Rachebedürfnis zu unterdrücken.

Das klingt einfacher, als es war. Es hört sich kinderleicht an, einfach mal keine Rache zu nehmen. Was soll schon so schwer daran sein, sich zurückzulehnen und nichts dieser Art zu tun?

Sie würden staunen.

Eine wichtige Komponente der hohen Kunst der Rache ist das Wissen, wann man sie unterlassen sollte. Wenn Sie durch die Stadt rennen und aufs Geratewohl blindwütig wegen jeder Kleinigkeit Vergeltung üben, verliert die Sache leicht ihren Sinn und Sie enden einsam und verarmt.

Ein Kind mit einer neu entdeckten Ideologie tut sich allerdings schwer mit der Selbstbeschränkung. Wie damals, als ich mit sechzehn beschloss, Vegetarierin zu werden. Ich weiß nicht mal mehr, was mich auf die Idee brachte, aber auf einmal war ich die kompromissloseste Vegetarierin aller Zeiten. Sobald sich einer meiner Eltern, Freunde oder sonst irgendwer im Umkreis von fünfzehn Metern ein Stück Fleisch in den Mund schob, erging ich mich in erbitterten Vorträgen über »Leichenteile« und die alles durchdringende Gewalt in unserer Gesellschaft.

Ich war, im Klartext, eine schreckliche Nervensäge.

Zehn Wochen später fiel ich wegen Eisenmangel in Ohnmacht, aß nach dem Erwachen einen Hamburger Royal TS und beendete damit diese kurze Episode meines Lebens. Wäre ich Vegetarierin geblieben, hätte ich mich sicher irgendwann beruhigt und gelernt, friedlich mit Fleischessern zusammenzuleben, aber die Übertreibung führt oftmals zur Erleuchtung. Sie lieferte mir die Vorlage für viele andere Ideologien, die ich in den nächsten zehn Jahren durchlief: Buddhismus, Jungs analytische Psychologie, Mountain-Biking, Surfen, Radikaler Liberalismus, Radikaler Konservatismus, Stricken. Für Kinder und Jugendliche gilt immer das Prinzip »Alles oder nichts«, »Ganz oder gar nicht«, und Rache bildet da keine Ausnahme.

Im College hatte ich das im Griff. Halbwegs im Griff. Immerhin war ich keine Vegetarierin mehr und hatte herausgefunden, dass ich mit der richtigen Tagesdosis Stretching und vielen Studentenpartys meinen Rachedurst bezwingen oder zumindest auf einen leisen, pochenden Schmerz reduzieren konnte.

Leider hielt dies nicht lange vor.

Als Erstsemestlerin bewarb ich mich bei einer Studentinnenverbindung, um Freundinnen zu finden und die mir maximal verträgliche Alkoholmenge auszuloten. Einer Studentinnenverbindung beizutreten dauert Monate, in denen man dümmliche Lieder singen, viel kichern und an Gemeinschaftssinn stiftenden Unternehmungen teilnehmen muss, damit dreißig Mädchen, die sich kaum kennen, zu einer einzigen Masse aus Haarspray verschmelzen. Ein bisschen wie im Ferienlager, nur ohne Aufsicht und mit deutlich mehr Empfängnisverhütung.

Am Ende sollte eine Anwärterin, die die Initiationsphase durchhält, ein echtes Band der Verschwisterung spüren. Zu diesem Zweck wird man einem ständigen Auf und Ab von Erniedrigung und Zuneigung ausgesetzt. Man wird niedergemacht, um anschließend wieder aufgerichtet zu werden. Jedenfalls irgendwie in diese Richtung, ich war ziemlich verkatert, als sie es mir erklärten.

Ich kam in eine relativ kleine Gruppe von nur siebzehn Anwärterinnen, was die Mädels in der Verbindung wohl dazu verleitete, uns besonders intensiv zu schikanieren.

Der Fairness zuliebe sollte ich sagen, dass die meisten unserer Aktivitäten gutartig waren, zum Beispiel Barbecues für wohltätige Zwecke und Partys mit den Jungs aus den anderen Studentenverbindungen. Sogar die gemeineren Initiationsprüfungen richteten kaum mehr Schaden an als Tränen und zerlaufenes Make-up.

Ein Beispiel: Etwa in der Mitte unserer Probezeit hieß es, die Verbindung wolle ein Foto von den Kandidatinnen machen und es aufhängen. Wir hatten schon Gruppenfotos von früheren Kandidatinnen gesehen, sie hingen überall in den Gängen und sahen alle gleich aus:

Mädchen in ihren besten Kleidern, aufgereiht vor dem Haus, die Arme umeinander gelegt, ein perfektes Bild von Kameraderie und Freundschaft.

Gehorsam liefen wir in unsere Schlafzimmer, zogen unsere besten Sachen an und kehrten ins Verbindungshaus zurück. Wir waren alle aufgebrezelt und irrsinnig aufgeregt, kicherten herum und konnten es kaum erwarten, uns als Teil der Verbindungslegende verewigen zu lassen. Die Verbindungsschwestern stellten uns vor der Tür unseres zweistöckigen Hauses auf und machten ein paar Schnappschüsse.

»Noch ein letztes«, sagte Pam Alaby, eine zwanzigjährige Biologiestudentin, die das Fotografieren überwachte: »Noch einmal extraschön lächeln, bitte.«

Wir winkten und posierten und gaben unser Bestes.

Und da ergossen sich Müll und eiskalter Früchtepunsch über unsere Köpfe.

Haha. Wahnsinnig lustig. Alles lacht und umarmt sich und eilt zu den Duschen, um sich für die nächste Runde Verschwisterung per Demütigung frisch zu machen.

Aber wie jeder weiß, der je versucht hat, in eine Studentenverbindung egal welchen Geschlechts aufgenommen zu werden oder in einen von diesen Lion's-Club-Dingern, die überall in den Vorstädten aus dem Boden sprießen, gibt es immer einige Mädels in der Gruppe, die den Zweck der Übung missverstehen und sie stattdessen zum Ausleben ihrer grenzenlosen Boshaftigkeit benutzen. Solche Mädchen müssen nicht zwingend Bunny oder Missy heißen, aber der Prozentsatz ist ziemlich hoch.

Die Jungfaschistinnen, Verzeihung, Initiationsbeauftragten unserer Verbindung hießen Heather und Jenna. Bis heute befällt mich leichter Hass, wenn sich mir jemand als Heather oder Jenna vorstellt, allein wegen des Namens. Ich weiß, das ist ungerecht, aber ich kann es nicht ändern, es ist ein Reflex. Genau wie ich seit einer Magen-Darm-Grippe, bei der ich tagelang nur Zwieback essen konnte, das Zeug heute nicht mehr sehen kann. Schon bei der Verpackung muss ich automatisch daran denken, wie ich mich auf dem Fußboden des Badezimmers krümmte und der Kloschüssel meine Aufwartung machte.

Jedenfalls war Heather die prototypische Verbindungsstudentin. Um sich davon ein Bild zu machen, schließen Sie einfach die Augen und bitten Sie jemanden, das Wort »Studentinnenverbindung« auszusprechen. Das erste Bild vor Ihrem inneren Auge ist korrekt. Extrem blond, extrem keck, extrem gemein. Wahrscheinlich stammt sie aus einer Verbindungsdamenklonfabrik in Südamerika, aber dafür konnte ich keine handfesten Beweise finden. Kommt schon noch.

Jenna war ihre nicht ganz so blonde, nicht ganz so kecke, dafür aber umso gemeinere beste Freundin, und aus irgendeinem Grund hassten die beiden unsere Gruppe vom ersten Augenblick an. Anfangs dachte ich, sie hassten nur mich, aber dann stellte sich heraus, dass es den anderen Mädchen genauso ging.

Es wäre halb so schlimm gewesen, hätten sie ihre Folteraktivitäten auf das Verbindungshaus beschränkt. Aber sie empfanden es offensichtlich als notwendig, uns auch außerhalb des Campus zu quälen. Es wäre erträglich gewesen, wenn sie ihre Boshaftigkeit auf die Stunden zwischen, sagen wir, sechs Uhr abends und Mitternacht beschränkt hätten. Aber oft genug rissen sie uns mit ihren Gemeinheiten frühmorgens um drei aus Schlaf, Suff, Sex oder allen dreien gleichzeitig. Es wäre weniger schlimm gewesen, wenn sie es im wahren schwesterlichen Geist getan hätten.

Zum Beispiel besuchte ich mit einigen der Mädchen die

Einführungsvorlesung für Psychologie. Der Andrang war riesig und die Vorlesung fand in einem Konzertsaal auf dem Campus statt. Der Professor, der später wegen angeblicher Flirts mit Männern aus der Unterschicht seinen guten Ruf verlor, war so eine Art akademischer Rockstar (was vielleicht die Flirts erklärt – Groupies können unglaublich hartnäckig sein). Er trat regelmäßig in den Spätnachrichten auf und sprach sogar vor dem Repräsentantenhaus über »Wichtige Themen der Psychologie«, was immer das auch sein mochte. Jedenfalls hofften wir alle auf gute Noten in seiner Veranstaltung, um uns Zugang zu einem seiner wenigen Oberseminare zu verschaffen, was persönlichen Kontakt bedeutete. (Nein, keinen derartigen persönlichen Kontakt. Denken Sie doch mal in etwas höheren Sphären als der Kanalisation, meine Damen!)

Wir verbrachten also viel Zeit in der Bibliothek und lernten in einer, wie wir dachten, verbindungsstudentinnenfreien Zone. Campus ist natürlich Campus, und genau genommen waren wir natürlich immer und überall Anwärterinnen, dennoch gingen wir davon aus, in der Bibliothek beim Büffeln für die Seminare vor Verfolgung sicher zu sein.

Doch Heather und Jenna dachten da offensichtlich anders. Das gefürchtete zweiköpfige Monster namens HeatherJenna tauchte auch dort auf und kommandierte uns herum, obwohl unverkennbar war, dass wir konzentriert über den Büchern saßen. Brenda, die vor dem Studium nur ein einziges Mal aus ihrem Heimatstaat Kentucky herausgekommen war (und das für einen Pfadfinderwettbewerb, nebenbei bemerkt), zwangen sie, einen lautlosen Pole Dance gegen das Regal für Amerikanische Geschichte zu imitieren. Stacey wurde losgeschickt, rosa Rum zu besorgen (und wir wissen jetzt, dass es den nicht gibt), und ganz »aus Versehen« gossen sie ihre Zweiliterflaschen Wasser über mir aus. Das kam auf meinem weißen T-Shirt und bei Außentemperaturen knapp über null besonders gut an. Sagen wir mal so: Auf dem Rückweg zu meinem Zimmer warben eine Menge Jungs ganz besonders um meine freundschaftliche Zuneigung ... Bei den Prüfungen am nächsten Tag ging es mir nicht besonders gut. Hätte ich besser abgeschnitten, wer weiß, was aus mir geworden wäre. Womöglich hielten Sie jetzt ein Buch von Dr. Eliza Brandt in Händen anstatt eines von Eliza Brandt. Denken Sie nur, wie gut sich das in Ihrem Bücherregal machen würde und wen Sie damit alles beeindrucken könnten. Die Leute würden sagen: »Schau an, du hast ein Buch von einer echten Doktorin im Regal.« Und Sie könnten selbstgefällig antworten: »Ja klar, ich lese doch nicht irgendwen.«

Doch es sollte nicht sein. Geben Sie HeatherJenna die Schuld für Ihren Mangel an repräsentativem Lesestoff.

Das war nur ein Beispiel für die Demütigungen durch diese beiden Zicken und wir wussten alle, dass es so nicht weitergehen konnte. Es ist eine Sache, Bestrafungen im Namen der Verbindung auszuhalten und zu wissen, dass man am Ende an die warme Brust der [Name der Verbindung zensiert] aufgenommen wird. Aber es ist eine ganz andere Sache, behandelt zu werden, als hätten wir diese Litanei an Teufeleien durch irgendetwas verdient.

HeatherJennas Taten hatten unser Sozialleben ruiniert, unseren Notendurchschnitt in den Abgrund getrieben und uns rundum zu elenden Wracks heruntergewirtschaftet. Wenn wir das auch nur annähernd kompensieren wollten, mussten wir es ihnen mit gleicher Münze heimzahlen. Aber natürlich mit Stil.

Ich hatte mir feierlich geschworen, der Rache abhold zu bleiben, und meine Standfestigkeit war das ganze erste Semester hindurch hart geprüft worden. Schließlich musste ich mich gegen einen neuen Satz von Jungs, Mädchen und Dozenten behaupten und arbeitete quasi ohne Sicherheitsnetz. Aber ich hatte Fortschritte gemacht und konnte mir mittlerweile vorstellen, dass ein Leben ohne Rache seine Reize hatte. Ich war mir nicht ganz sicher, welche, aber wenn ich nur durchhielt, würde ich bestimmt auch das noch herausfinden.

Aber sind Sie bei Ihrer letzten Diät kein einziges Mal nachts an den Kühlschrank geschlichen? Ein Plätzchen als Belohnung für das schon Erreichte? Zehn Pfund runter und dafür einmal Hummer schlemmen? Natürlich haben Sie das auch schon getan. Ich sagte mir also, Rache an HeatherJenna wäre die Belohnung für die Abstinenz, ein kleiner Leckerbissen, der mir über die Runden half.

Ja, ja, schon klar.

Anfang oder Mitte der Neunziger war eine Band namens Arrested Development in der Musikszene angesagt. Sie spielten ein bisschen Hip-Hop, ein wenig Soul, vielleicht einen Hauch Funk und waren damals in den Clubs fast schon lächerlich populär. Ich stand auch auf sie. Ihr größter Hit, »Tennessee«, war ein richtiger Ohrwurm, den man nur mit Hilfe von reichlich Alkohol wieder aus den Gehirnwindungen brachte, er kann also nicht ganz schlecht gewesen sein. Falls Sie den Song kennen, singen Sie ihn jetzt mit Sicherheit. Und in zwei Stunden werden Sie meinen Namen verfluchen.

HeatherJenna waren glühende Fans von Arrested Development. Zumindest war Heather Fan und Jenna behauptete es, weil es bei ihnen immer so war. Ich weiß nicht, wie oft ich die Platte hörte, während ich im Verbindungshaus auf den Beginn irgendeiner Veranstaltung wartete. Damals war gerade die CD aufgekommen, MP3-Player lagen noch in ferner Zukunft, es gab also keine große Auswahl an tragbaren Audiogeräten. Vielleicht aus diesem Grund, vielleicht aber auch nur, weil sie egoistische Miststücke waren, spielten HeatherJenna ihre Musik in der Lautstärke eines startenden Düsenjets.

Eines Abends hörten HeatherJenna im Studentenfunk, dass Arrested Development in einem kleinen Club in einer Nachbarstadt etwa achtzig Meilen entfernt spielen sollten. Der Sender verloste Eintrittskarten komplett mit Anfahrt in einer Limousine und Backstage-Pässen, und als HeatherJenna hyperventilierend und hysterisch dort anriefen, kamen sie sofort durch und, wer hätte das gedacht, gewannen die Karten! Hurra, hurra, ein großer Tag für unser Haus.

Während alle anderen Mitglieder der Verbindung sich um HeatherJenna drängten und ihnen zu ihrem wundervollen, nein, schier unbeschreiblichen Glück gratulierten, saß ich kichernd mit meinen Mitanwärterinnen in der Ecke. HeatherJenna würden durchaus in einer Limousine über Land fahren, aber nicht zu einem Konzert von Arrested Development.

Es war nämlich so, dass Staceys Freund die Mitternachtsschicht im Sender bestritt und sich freundlicherweise bereit erklärt hatte, all diesen Unsinn über Arrested Development in den Äther zu blasen. Er wusste nur zu gut, dass unser College-Sender insgesamt etwa fünfzehn Hörer hatte und der Schwindel niemandem auffallen würde. Tatsächlich waren HeatherJenna die einzigen, die wegen der Karten angerufen hatten.

Zwei Wochen später konkretisierten wir unsere Pläne. Der Abend des Konzerts fiel – wie es der Zufall wollte –

auf den Abend vor den Zwischenexamen, aus denen sich die halbe Abschlussnote der Seminare errechnete. HeatherJenna glaubten, sie könnten aufs Konzert gehen, im Backstage mit den Stars rumhängen, um Mitternacht wieder daheim sein und bekämen noch genug Schlaf vor der Siebenuhrprüfung. (Wenn mir die Bemerkung gestattet ist: Wer setzt bitteschön Veranstaltungen um sieben in der Früh an? Ich besuchte grundsätzlich nur Kurse zwischen Dienstag und Donnerstag nach zehn. Oder neun, wenn es gar nicht anders ging.)

Als die Limousine vorfuhr, hielten wir den Atem an. Würde es klappen? Hatten sie den Grips, zu kapieren, dass sie hereingelegt wurden? Aber keiner der beiden fiel der neunzehnjährige Fahrer Charlie auf, der Brendas Korridornachbar war und HeatherJenna vielleicht noch mehr hasste als wir. Sie behandelten Charlie für gewöhnlich wie Luft, da überraschte es nicht, dass sie ihm auch als Fahrer keine Beachtung schenkten. Sie kletterten auf den Rücksitz, Charlie zwinkerte uns zu, tippte sich an die Mütze und fuhr los.

Das nächste Mal sah ich HeatherJenna lange nach Mittag des nächsten Tages, zerkratzt, schluchzend und fuchsteufelswild.

Was dazwischen geschehen war, erzählte uns Charlie zwei Tage später in der Kneipe. Wie geplant hatte er die beiden aufs Land hinaus gefahren und sich dort »verirrt«. Als sie auf ihn einschrieen, fand er den Weg scheinbar wieder, nur um sich erneut zu verfahren und schließlich auf einem Feldweg zu landen, wo dem Auto gänzlich »unerwartet« ein Reifen platzte. Natürlich begann der Fahrer sofort, den Ersatzreifen zu montieren. Der Anfang des Konzerts rückte näher und verstrich und HeatherJenna wurden immer gereizter. Erinnern wir uns, Handys waren damals noch völlig ungebräuchlich, und selbst wenn sie eines gehabt hätten, wäre es da draußen nutzlos gewesen.

Laut Plan sollte Charlie den Reifen reparieren und sich dann erneut verirren und die Mädchen bis um vier oder fünf Uhr morgens sinnlos durch die Gegend kutschieren, so dass sie nach ihrer Heimkehr hoffentlich viel zu erschöpft waren, um ordentliche Prüfungen zu schreiben.

Doch es kam anders.

HeatherJenna wollten getreu ihrer Art nicht tatenlos herumsitzen und warten, bis dieser »Spastiker von einem Fahrer« den neuen Reifen montiert hatte. Heather wollte zu Fuß zur Hauptstraße zurücklaufen, und obwohl Jenna sich laut Charlie anfangs ängstlich dagegen sträubte, gab sie rasch nach. Charlie redete auf sie ein, dass es nicht mehr lange dauern würde, wollte sich aber aus Angst vor meiner Rache nicht enttarnen. Charlie ist ein sehr kluger Mann. Heute arbeitet er als leitender Geschäftsführer in einer Arzneimittelfirma. Weiter so, Charlie!

HeatherJenna stapften durch die Nacht davon, bevor Charlie sie aufhalten konnte. Soweit wir die unzusammenhängenden Bruchstücke verbinden konnten, die die beiden zwischen Schmerzensschreien beim Betupfen ihrer Wunden mit Jod von sich gaben, hatten sie sich sofort verlaufen. Kein Wunder. Keine der beiden konnte sich für die Hochbegabtenförderung bewerben.

Dann war da irgendwas mit einem Dachs und einer Weggabelung, und ehe sie sich versahen, schlidderten HeatherJenna eine Böschung hinunter und verstauchten sich den Knöchel. Ich weiß nicht mehr genau, wessen Knöchel, aber das tut nichts zur Sache. Beide jammerten.

Den Rest der Nacht verbrachten meine damaligen Initiationsbeauftragten ihrem Bericht nach ähnlich wie jene unglücklichen Bergsteiger am Mount Everest. Frostbeulen, abgefrorene Glieder, Todesgefahr, das ganze Programm eben. Wenn man mit der Realität auf Kriegsfuß steht, können ein paar Kratzer und ein verstauchter Knöchel ganz schön was anrichten.

Das Beste an der Geschichte war, dass die beiden zwei wichtige Prüfungen verpassten, die Dozenten ihnen die Geschichte nicht abnahmen, sie nicht bestanden und deshalb ihren Abschluss nicht mit den anderen Studenten ihres Jahrgangs machen konnten. Besser noch: Niemand erfuhr je, dass wir dahinter steckten. Gerade frage ich mich, ob dieses Buch wohl je ins Land der Schwachsinnigen gelangen wird. Falls ja: Hallo, ihr Hübschen. Ich hoffe, der Knöchel hat sich erholt.

Ich verließ die Verbindung drei Wochen vor der Aufnahme. Sie nannten es »die Anwartschaft zurückziehen«, ich nannte es »Selbstrettung«. Ich war und bin nicht gegen Studentinnenverbindungen, ich kam nur zu dem Schluss, dass das nichts für mich war. Wie allen macht es mir Spaß, andere Menschen zu erniedrigen. Aber ich mache es lieber auf meine Weise.

Den Rest der Geschichte können Sie sich selbst ausmalen. Ein Vorfall führte zum nächsten und so weiter und bald schon steckte ich wieder bis über beide Ohren im Geflecht der Rachefeldzüge. So hatte ich meinen Eid gebrochen, war rückfällig geworden und wohl doch nicht so willensstark, wie ich dachte.

Aber betrachten Sie es einmal so: Wäre ich bei meiner Enthaltsamkeit geblieben, hätten Sie dieses Buch nicht im Regal stehen und damit kein nützliches Nachschlagewerk zum Thema Vergeltung zur Hand, wenn Sie ihrer bedürfen. Ich habe es also für Sie getan, liebe Leserinnen. Nur für Sie.

Ich bin Altruist. Ich lebe für meine Mitmenschen. So bin ich nun mal.

Kapitel Elf

Das liebe alltägliche Umfeld

Denken Sie zurück an die Zeit, als wir als Fünfjährige zu Hause auf dem Sofa lümmelten und Sesamstraße schauten. Da stellten uns Ernie und seine Freunde alle möglichen netten, hilfsbereiten Menschen vor, die vorbeikamen, um sich irgendwo nützlich zu machen und uns einen schönen Nachmittag zu wünschen. Erinnern Sie sich an das Lied über die netten Leute aus der Nachbarschaft?

Am besten ist mir bei diesen Leuten aus der Nachbarschaft in Erinnerung geblieben, dass ich mich nie über sie ärgern musste. Ich war zwar gerade erst fünf und kann mir kaum vorstellen, worüber ich mich hätte aufregen sollen, aber die Sesamstraßennachbarn weckten nie meinen Zorn. Vielleicht hatte Kermit ihnen ja auch mit irgendwas gedroht, sollten sie sich nicht von ihrer besten Seite zeigen, aber soweit ich mich erinnere, erledigten sie ihre Aufgabe immer professionell und stilvoll.

Erinnern Sie sich an die Stelle mit dem Postboten? Der bringt die Post, ob es nun regnet oder schneit, und schuftet den ganzen Tag, damit unsere Briefe sicher bei uns ankommen.

So so … Ganz offensichtlich musste dieser Postbote nicht um 16:22 Uhr in einer Riesenschlage stehen, nachdem er auf dem gehetzten Weg von der Arbeit ins Postamt knapp drei Unfällen entgangen ist. Und all das nur, damit man ihm um 16:58 Uhr, als er endlich am Schalter ist, erzählt, dass die für Expresssendungen zuständige Beamtin die einzige Sendung des Tages schon vor einer viertel Stunde herausgeschickt hat, aber leider vergessen hat, die Leute zu informieren. Erzählen Sie mir also nichts von Schnee oder Regen. Die scheinen doch noch nicht mal bei wohltemperierten 25 Grad in der Lage zu sein, ihre Arbeit zu leisten.

Oder die Strophe über den Friseur. In der Sesamstraße sitzt man in einem großen gemütlichen Stuhl, während er einem so lange an den Haaren herumschneidet, bis sie perfekt sind.

Da haben die Liedtexter wohl den Part vergessen, wo man den Friseur bittet, einem die Haare wie Josie Bisset zu schneiden, den süßen Schnitt, den sie in *Melrose Place* trug, und stattdessen verwechselt er da ein bisschen was und richtet Sie zu wie Jacqueline Bisset, was 1979 in Ordnung gewesen wäre, denn jetzt stehen Ihre Haare so wild in alle Richtungen, dass Sie bei jeder Gogo-Band mitspielen könnten, ohne aufzufallen.

Es spielt keine Rolle, in was für einer Gegend Sie wohnen, ob nun im Stadtzentrum, in einem Vorort, weitab in den Bergen oder in einem Dörfchen am Meer: Solange Sie nicht als Einsiedler in einer Höhle leben und sich Ihr Essen selber anbauen, werden Sie ab und an mit Ihren Mitmenschen in Kontakt treten müssen. Und so soll es ja auch sein. Mitmenschen sind meistens freundlich, rücksichtsvoll, hilfsbereit und lustig – solange sie keine ungehobelten, taktlosen, langweiligen Rüpel sind.

Telefonverkäufer

Ich weiß, das ist ein Kinderspiel, aber fangen wir mit den einfachen Problemen an und wenden uns später den komplizierteren Fällen zu.

Telefonverkäufer müssen nicht unbedingt Leute aus der Nachbarschaft sein, denn meistens wohnen sie in einer anderen Stadt, einem anderen Staat oder gar einem anderen Land. Wahrscheinlich Indien. Oder Ohio. Nichtsdestotrotz zwängen sie sich durch das Telefon in Ihr Zuhause und vergeuden Ihre kostbare Zeit und das macht sie zu erstklassigen Kandidaten für Rache.

Eine der besten Möglichkeiten, sich an Telefonverkäufern zu rächen, ist, sie mit ihren eigenen Waffen zu schlagen. Wenn Sie einfach nur auflegen, wählen sie die nächste Nummer auf ihrer Liste und irgendwann finden sie schon jemanden, der ihnen ihr Zeug abkauft, und bekommen letztlich doch noch die erstrebte Prämie. Am besten begegnen Sie dem, indem Sie sich selbst ein wenig Zeit nehmen und ihnen das Geschäft verderben.

Als es noch keine Telefonsperren für Telefonverkäufer gab, wurde meine Freundin Heidi-Marie (ja, das ist ihr Vorname, in einem Wort, und nein, sprechen Sie sie lieber nicht darauf an, sonst wird sie Sie in Stücke hacken) wiederholt von der gleichen Telemarketingfirma belästigt, die ihr ein Satellitenfernsehset andrehen wollte. Heidi-Marie wollte kein Satellitenfernsehset. Sie nutzte noch nicht einmal ihr Kabelfernsehen, aber die Firma gab einfach nicht auf. Eines Abends also, als die fünfte Telefonverkäuferin in Reihe sie beim Abendessen störte, führte sie folgendes Gespräch, das ich hier wortgetreu wiedergeben möchte. Ich weiß, dass es wahr ist, weil Heidi-Marie das Ganze aufgezeichnet hat und es uns später bei einem weingeschwängerten Abendessen vorspielte.

Telefonverkäuferin: Einen schönen, guten Abend, Ma'am, haben Sie ein paar Minuten Zeit?
Heidi-Marie: Ich bin gerade beim Abendessen.
Telefonverkäuferin: Das freut mich. Ich bin von der Firma XXX Satellitenfernsehen …
Heidi-Marie: Das ist ja großartig! Großartig!
Telefonverkäuferin: Schön, dass Sie so begeistert sind.
Heidi-Marie: Ich brauche einen italienischen Sender. Über Kabel habe ich einen …
Telefonverkäuferin: Einen was?
Heidi-Marie: Einen italienischen Sender. Auf Italienisch, so ein italienisches Programm, italienische Nachrichten, italienischer Fußball …
Telefonverkäuferin: Ah, verstehe, XXX Satellitenfernsehen bietet eine Reihe ausländischer Programme …
Heidi-Marie: Ich weiß, aber die spreche ich nicht. Ich spreche Italienisch. Wenn Sie Italienisch haben, kaufe ich einen. Oder vielleicht sogar zwei. Oder drei, weil meine Cousine auch Italienisch spricht und ich könnte ihr so einen Empfänger zum Geburtstag schenken. Machen Sie so etwas?
Telefonverkäuferin: Machen wir was?
Heidi-Marie: Geburtstagsgeschenke, Sie wissen schon, mit Schleife und so. Könnte ich ein Satellitenset mit Geschenkband bekommen?
Telefonverkäuferin: Hm, ich denke schon.
Heidi-Marie: Super. Ich will drei. Wenn es den italienischen Sender hat.
Telefonverkäuferin: In Ordnung, Ma'am, warten Sie eine Sekunde und ich erkundige mich, ob wir das anbieten.

(Heidi-Marie wurde für zehn Minuten in die Warteschleife gelegt. Sie nutzte die Zeit zum Wäscheaufhängen.)

Telefonverkäuferin: Es tut mir Leid, im Moment haben wir keine italienischen Programme im Angebot, aber Sie können einen Antrag stellen. Manchmal werden neue Sender aufgenommen.

Heidi-Marie: Wie lange dauert das?

Telefonverkäuferin: Normalerweise antworten sie innerhalb einiger Tage.

Heidi-Marie: In ein paar Tagen kann ich einen italienischen Sender bekommen?

Telefonverkäuferin: Nach ein paar Tagen melden sie sich. Ich weiß nicht, wie lange es dann dauert, bis Sie Ihren italienischen Sender bekommen.

Heidi-Marie: Nach ein paar Tagen.

Telefonverkäuferin: Melden sie sich.

Heidi-Marie: Mit meinem Programm.

Telefonverkäuferin: Nein, Ma'am, ich weiß nicht, wie lange es dauert, bis Sie Ihr Programm bekommen.

Heidi-Marie: Es dauert ein paar Tage.

Telefonverkäuferin: Nein, Ma'am …

Heidi-Marie: Hat mir aber jemand gesagt.

Telefonverkäuferin: Das war ich.

Heidi-Marie: Sehen Sie, sogar Sie sagen es. Sprechen wir jetzt von der Verpackung.

Heidi-Marie schaffte es, diese Frau 45 Minuten an der Strippe zu halten. Sie selbst hatte ihr schnurloses Headset aufgesetzt, aß ihr Abendessen zu Ende, spülte ab, überwies ein paar Rechnungen und erledigte ganz nebenbei ihre täglichen Aufgaben, während die Telefonverkäuferin in einem Netz von Doppeldeutigkeiten und verdrehten Worten gefangen war und nicht dazu kam, das nächste Opfer auf ihrer Liste zu belästigen. Und sollten Sie der Ansicht sein, 45 Minuten seien zu lang für ein bisschen Rache an einer Telefonverkäuferin, bedenken Sie Folgendes: Diese Firma hat sich nie wieder gemeldet, nicht ein einziges Mal, und Heidi-Marie dadurch unzählige Stunden am Telefonhörer erspart.

Bedienungen in Schnellrestaurants

Früher, als ich meine Sommer in der Weite des Großen Amerikanischen Südens verbrachte, aßen wir oft bei Chik-N-Stuf, einer damaligen Restaurantkette. Die hatten die besten Hähnchen aller Zeiten und ich nahm immer sofort zehn Pfund zu, wenn ich nur den Kopf zur Tür hineinsteckte. Die Brötchen waren warm, die Hähnchen knusprig – nur der Service war so sensationell schlecht, dass es an Illegalität grenzte.

Bei der Belegschaft von Chik-N-Stuf konnte man sich darauf verlassen, dass sie jede Bestellung durcheinander brachten, und zwar bis ins kleinste Detail, manchmal zu Gunsten, meist jedoch zu Ungunsten des Kunden. Bestellte man zum Beispiel sechs Chicken Nuggets, konnte man ebenso gut drei wie acht bekommen. Bestellte man Brötchen und Soße, fand man mit hoher Wahrscheinlichkeit Mais auf seinem Teller. Und Gott bewahre, wenn Sie einen Extrawunsch hatten, und sei es nur ein wenig Krautsalat, da brach der gesamte Laden in helle Panik aus, als wäre Godzilla persönlich erschienen, um sie alle aufzufressen. Die Belegschaft von Chik-N-Stuf bestand nicht aus den Hellsten. Sie konnten nicht einmal ihre eigenen Namen richtig schreiben.

Obwohl Chik-N-Stuf mittlerweile seinen Platz im Restauranthimmel eingenommen hat, gibt es auch heute noch jede Menge Chik-N-Stuf-artige Restaurants. Ich bin sicher, Sie kennen eins in Ihrer Nähe. Sicherlich haben auch Sie schon einmal Ihre Bestellung an einem Drive-in-Fensterchen abgegeben, haben den Inhalt der Papiertüte nicht gründlich genug überprüft und mussten zu Hause feststellen, dass Ihre Soßentütchen auf magische Weise zu Süßstofftütchen geworden waren und sich Ihre Pommes als Apfelstrudel entpuppten.

Mir ist durchaus bewusst, dass man Nachsehen mit diesen Leuten haben sollte. Sie haben keinen leichten Job, wahrscheinlich kaum irgendeine Bildung genossen und kommen häufig aus ärmlichen Verhältnissen. Dessen bin ich mir bewusst. Aber das ändert nichts an der Tatsache, dass ich einen Veggieburger wollte und jetzt hier vor meinem Doppelwhopper sitze, den ich natürlich essen werde, weil ich hungrig bin und keine Lust habe, wieder ins Auto zu steigen. Schuld an meiner Zellulitis tragen also einzig und allein diese unfähigen Leute mit den Pappkäppchen.

Was ist also zu tun? Anrufen und sich beschweren hat keinen Sinn: Im besten Fall bekommen Sie einen Gutschein fürs nächste Mal, wo man natürlich wieder Ihre Bestellung verwechseln wird.

Wenn Sie schnelle Genugtuung wünschen, versuchen Sie es so: Beim nächsten Mal fahren Sie, am besten um die Mittagszeit, zur Drive-in-Spur. Achten Sie darauf, dass ein paar Autos hinter Ihnen stehen, wenn Sie Ihre Bestellung aufgeben. Es muss keine große Bestellung sein, zwei, drei Posten reichen. Wenn man Sie zum Ausgabefenster weiterwinkt, verlassen Sie stattdessen die Spur. Jetzt können Sie entweder

a) wegfahren, so dass Chaos entsteht, wenn der Gast hinter Ihnen zum Ausgabefenster kommt und Ihre Bestellung überreicht bekommt, oder

b) sich noch mal hinten in der Reihe anstellen und eine zweite Bestellung aufgeben. Wenn Sie dann am Ausgabefenster ankommen, verlangen Sie Ihre erste Bestellung und beharren darauf, die ganze Zeit da gewesen zu sein, oder

c) Sie stellen sich noch einmal hinten an, geben eine zweite Bestellung auf, fahren wieder aus der Spur und machen das Gleiche noch einmal.

Natürlich werden Sie auf diese Weise wahrscheinlich auch die Bestellungen aller anderen durcheinander bringen, aber seien wir doch ehrlich: Die Idioten mit dem Pappkäppi hätten doch sowieso alles verwechselt.

Kfz-Zulassungsstelle

Ich schätze, dass ich in den letzten fünfzehn Jahren meines Lebens, seit ich den Führerschein besitze, nur alle zwei Jahre bei der Zulassungsstelle war. Die meisten Transaktionen mit der Zulassungsstelle lassen sich über Telefon oder Mail erledigen (mittlerweile haben sie sogar Onlineformulare, halleluja!), weswegen man nur noch selten persönlich zum Amt muss. Dennoch erinnere ich mich an jeden einzelnen dieser denkwürdigen und zeitintensiven Besuche, die sich mir schmerzhaft ins Gedächtnis gebrannt haben, als hätte man mich mit glimmenden Zigaretten gefoltert. So viele glückliche Anlässe habe ich vergessen – Geburtstagsfeste, Urlaub mit Freunden, relativ guten Sex –, doch aus irgendeinem Grund scheint meine Erinnerung gerade die Folter in den Händen meiner zuständigen Zulassungsbeamten penibel festhalten zu wollen. Wahrscheinlich handelt es sich um einen posttraumatischen Schock oder so etwas.

Vielleicht sollte ich mal den Abgeordneten meines Vertrauens darauf ansetzen.

Keiner weiß, warum Zulassungsbeamte so fies und unerträglich sind, aber es ist eine allgemein anerkannte Tatsache, dass das schon seit der Erfindung des Rades Tradition hat. Irgendwann so um 10 000 v. Chr. stellte sich ein Höhlenmensch in eine lange Schlange anderer Höhlenmenschen und wartete geduldig darauf, sich dafür beschimpfen lassen zu dürfen, dass er seinen Namen nicht ordentlich genug in dreifacher Ausführung unten in Fels 4C geritzt hatte.

Ich sah willensstarke Frauen und Männer, die fest an ihre Intelligenz und ihre Fähigkeiten glaubten – unter den Händen der allmächtigen Zulassungsbeamten wurden sie zu erbärmlichen Hänflingen von Willfährigkeit reduziert, ob nun durch die gewundenen Schlangen, die klein gedruckten Formulare oder einfach die Autorität der Instanz, die eine unglaubliche Macht ausstrahlt.

Aber nur, weil die Beamten unausstehliche Ekel sind, müssen Sie das noch lange nicht still hinnehmen. Es gibt viele Möglichkeiten, sich an der Zulassungsstelle zu rächen, und wenn ich Sie wäre, würde ich schon jetzt für den nächsten unabwendbaren Besuch zu planen anfangen.

- Nehmen Sie ein Instrument mit. Sorgen Sie sich nicht darum, ob Sie es auch spielen können: Auf die Lautstärke kommt es uns an. Ein Blasinstrument wie eine Trompete würde Wunder wirken, aber damit werden Sie wahrscheinlich schnell rausgeworfen. Die Gitarre ist keine schlechte Wahl, insbesondere, wenn Sie nur einen Akkord beherrschen. Wenn Sie besonders gut auf dem gewählten Instrument sind, spielen Sie ein bekanntes Lied und fordern Sie andere auf mitzusingen. Nichts bringt einen Beamten der Zulassungsstelle so schön aus der Fassung wie 300 Wartende, die *Stairway to Heaven* singen.

- Ein anderes beliebtes Objekt, das Leute ohnehin aufs Zulassungsamt mitnehmen, sind Kinder. Vielleicht liegen ja schon ein paar herum, wenn sie kommen. Wählen Sie das mit der schlechtesten Handschrift und spannen Sie es ein. Stecken Sie Ihre Arme in improvisierte Armschlaufen und erzählen Sie dem Beamten, dass Ihr Sechsjähriger die Formulare für Sie ausfüllen muss, weil Sie wegen einer Sehnenscheidenentzündung/eines Tennisarms/eines Unfalls mit dem Gartenhäcksler nicht schreiben können. Wie Sie wissen, überträgt die Beamtin die Informationen von Ihren Formularen in den Computer, doch jetzt muss sie die Augen zusammenkneifen und das Papier drehen und wenden, um die unleserliche Handschrift Ihres Kindes zu entziffern.
- Der Geruchssinn wird viel zu selten für Rachezwecke bemüht, aber das können Sie ändern. Bestellen Sie etwas besonders Fettiges in einem Imbiss, kurz bevor Sie zur Zulassungsstelle gehen, und bitten Sie darum, dass man es Ihnen noch mal extraheiß in der Mikrowelle aufwärmt, damit sich so richtig viel Dampf entwickelt. Sobald Sie am Fenster des Beamten angekommen sind, reißen Sie die Tüte auf. Sollte das Mitbringen von Speisen in Ihrem Amt verboten sein, essen Sie etwas Knoblauchhaltiges vor Ihrem Besuch, so dass der Beamte es kaum erträgt, mit Ihnen zu reden. Zur Not stehlen Sie sich in die Mitarbeiterküche und stecken Sie sechs, sieben Tüten Mikrowellen-Popkorn in die Mikrowelle – die werden noch Monate nach Ihrem Besuch auf Sie fluchen.

Rächer-Ramona auf dem Postamt

Ich weiß, keiner geht gerne aufs Postamt. Das ist ein Naturgesetz. Wir gehen zur Post, um Pakete aufzugeben, nicht um geistreiche Unterhaltungen zu führen oder wegen des fantastischen Kaffees. Und keine beschwichtigende Postamtsarchitektur oder Farbgebung wird diese Erfahrung jemals angenehmer machen, aber es muss ja nicht immer gleich traumatisch enden.

Es sei denn natürlich, Rächer-Ramona hat die Finger im Spiel. Irgendwie kommt Ramona nie mit dem Postbeamten zurecht, wie sehr sie sich auch anstrengt. Ramona versteht das einfach nicht – Sie kann sich anpassen, warum gelingt es den anderen nicht auch?

Geht es nur mir so oder haben auch Sie das Gefühl, dass Ramona langsam ein bisschen das Maß verliert?

Flugzeuge, Züge und Autos

Früher, als alles noch einfach war, lange vor meinem Leben als großartige Autorin und Racheguru der Stars (oh ja, die Stars, doch Diskretion verbietet mir, Namen zu nennen), führte ich ein viel gewöhnlicheres Leben und arbeitete in einem normalen Büro. Zu meiner Arbeit gehörten relativ häufig Kundenbesuche, bei denen ich die Leute auf den neuesten Stand brachte, was unsere Produkte anging. Sollte diese Beschreibung etwas vage klingen, mag das daran liegen, dass ich versuche, möglichst viel davon zu verdrängen.

Über die Zeit, die ich in Flugzeugen, Taxen, Mietwagen und generell auf der Straße verbrachte, kann ich nur sagen, dass ich mir mein Leben anders vorgestellt hatte. Am College hatte mir ein Berufsleben mit ausführlichen, Martini geschwängerten Mittagessen und luxuriösen Geschäftsreisen voller Hotelboys vorgeschwebt, nur ab und an von ein wenig Arbeit unterbrochen. Das Rumgereise und der damit verbundene Frust waren nicht in meinen Fantasien vorgekommen.

Natürlich war es nicht das Reisen an sich, das mir auf die Nerven ging – man kann sich ja schlecht an einer Fortbewegungsart rächen. Es waren die Mitmenschen. Die Angestellten an den Schaltern, mit ihrem falschen Lächeln und dem falschen Gewinke.

Taxifahrer, die entweder die Straße mit einer Rennbahn verwechselten oder sich in ihrer eigenen Stadt verfuhren. Oder die anderen schlecht gelaunten Reisenden, die neben und auf mir saßen, schwitzend, schnarchend, oder mit achtzig auf der Überholspur vor sich hin krochen.

Hoffnungslos? Vielleicht. Hilflos? Ganz bestimmt nicht.

Es ist gut möglich, dass Sie dieses Buch als Reiselektüre in irgendeinem Flughafenkiosk erstanden haben, und das war gut für Sie! Jetzt haben Sie alles, was Sie brauchen, um die nächsten paar Stunden/Tage/Wochen Ihrer scheinbar endlosen Reise durchzustehen.

Vielleicht brauchen Sie meine Hilfe ja auch jetzt, heute, genau in diesem Augenblick. Also höre ich lieber auf, über die Natur des Reisens zu philosophieren und darüber, wie wir auf diesem Planeten namens Erde alle irgendwie miteinander verbunden sind (Themen dieser Art behandle ich dereinst in meinem Buch *Philosophisches Gebrabbel ist weiblich*), und komme direkt zu den schmutzigen Details:

Sehen Sie den Mann, der da neben Ihnen im Flugzeug sitzt? Ja, genau der, auf dem Mittelsitz, dessen Schultern seinen eigenen Sitz belegen und die Hälfte des Ihrigen. In ungefähr zwei Stunden, wenn die Sonne nicht mehr so zum Fenster herein brennt, wird er einnicken und dabei langsam zu Ihnen hinübersacken, Zentimeter für Zentimeter, so lange, bis er Sie wie einen dieser Sitzsäcke aus den Siebzigern benutzt. Sie werden ihn sanft aufwecken und ihm die Problematik erklären und er wird etwas Unverständliches murmeln und sich auf die andere Seite lehnen. Jedoch nach zehn Minuten sackt er wieder zu Ihnen herüber. Sie haben keine Wahl, in den nächsten drei Stunden Ihres Lebens sind Sie dazu verdammt, als menschliches Kissen herzuhalten.

Möglichkeiten:

1. Nehmen Sie einen Filzstift. Sollten Sie keinen zur Hand haben, fragen Sie die Stewardess. Wenn nötig, erklären Sie, dass Sie eine Markierung an Ihrem Bauch für die Insulinspritze anbringen müssen. Ist zwar völliger Unsinn, funktioniert aber immer. Nehmen Sie den Stift und malen Sie Ihrem Sitznachbarn einen kleinen Schnurrbart oder eine hochgezogene Augenbraue, wenn er schon einen Bart hat, so wie bei den Bösewichtern in den Stummfilmen aus den Zwanzigern. Bonuspunkte gibt es für auf die Stirn geschriebene unanständige Worte, doppelten Bonus, wenn Sie die Obszönitäten in der Sprache des Ziellandes schreiben.

2. Spucken Sie in sein Getränk. Unhygienisch, ich weiß, aber Sie werden die wärmende Glut der Rache spüren, sobald er den ersten Schluck nimmt. Hilfreicher Rachetipp: In Sprite lässt sich unauffälliger spucken als in Cola.

3. Wenn er tief genug schläft, können Sie sein Hemd öffnen und schief wieder zuknöpfen. Verwuscheln Sie sein Haar. Wenn er dann verwirrt wieder zu sich kommt, sagen Sie, der nette Herr von Sitz 14C ließe ausrichten, er hätte sich blendend amüsiert und er solle ihn doch mal besuchen, wenn er jemals nach Key West käme.

4. Warten Sie, bis er kurz vor dem Erwachen ist, dann packen Sie ihn am Arm, verziehen den Mund, blicken ihm angsterfüllt in die Augen und sagen: »Wenn es stimmt, was der Kapitän sagt, und wir wirklich in fünf Minuten alle tot sind, muss ich einfach jemandem gestehen, dass ich in New Mexico einen Mann umgebracht habe.« Schlimmster Fall: Er flippt aus und muss von der Stewardess beruhigt werden. Bester Fall: Er gesteht Ihnen seine eigene schreckliche Sünde und Sie können sich mein anderes neues Buch kaufen: *Erpressung ist weiblich*.

Oder Sie da in der U-Bahn. Ja, Sie. Natürlich könnten Sie sich ein Auto kaufen, irgendwo in der Stadt abstellen und versuchen, täglich damit in die Arbeit und zurück zu fahren, aber es ist zu viel Aufwand und zu teuer. Die U-Bahn ist die beste Möglichkeit, in die Arbeit zu kommen, ganz klar …

Abgesehen von dem Typ mit dem Saxophon, der es irgendwie schafft, immer in der gleichen Bahn zu sitzen wie Sie und sich durch sein schräges C-Dur quält. Wenigstens gibt er sich Mühe, denken Sie, aber offensichtlich nicht genug, dabei versucht er es schon seit drei Jahren. Sie wechseln den Zug, müssen aber feststellen, dass er wie durch Zauberei zu wissen scheint, wo Sie sich hinsetzen werden, und Ihnen wieder gegenübersitzt.

Es gibt zwei Möglichkeiten, mit diesem Musikeraspiranten fertig zu werden, und beide fangen mit der gleichen Maßnahme an: Gehen Sie auf ihn zu und erzählen Sie ihm, Sie seien Musikagent und würden den großen Labels gerne eine Aufnahme von ihm schicken. Entweder verschwindet er für zwei Wochen, um in seinem Badezimmer ein Demotape aufzunehmen, oder er holt ein fertiges Tape aus seinem Saxophonkoffer, aber wie dem auch sei, wechseln Sie auf jeden Fall für vierzehn Tage das Transportmittel. Geben Sie ihm Zeit, furchtbar aufgeregt zu sein.

Danach haben Sie zwei Möglichkeiten:

Wahlmöglichkeit 1: Steigen Sie wieder auf U-Bahn um und machen Sie ihn ausfindig. Setzen Sie ein aufgeregtes Gesicht auf. Zum Bersten aufgeregt. Ekstatisch. Erzählen Sie ihm, dass die großen Labels mittlerweile versuchen, sich gegenseitig zu überbieten, und dass Sie für heute Treffen mit ihnen vereinbart haben. Nennen Sie Zeiten und Daten. Geben Sie ihm Namen von Plattenproduzenten und Adressen. Er wird so aufgeregt sein, dass er sofort aus der Bahn springt, um sein neues Leben als reicher, berühmter Musiker anzufangen.

Wenn er dann an einem Tag bei drei Labels erscheint und danach mehrfach die Produzenten anruft, weil er abgewimmelt wurde, bekommt er sicher ein oder zwei Verwarnungen. Ein Riesenspaß für alle!

Möglicher Vorteil: Er ist am Boden zerstört, rührt sein Saxophon nie mehr an und Ihr tägliches U-Bahn-Pendeln ist wieder erträglich. Sicher ist es ein bisschen gemein, aber kommen Sie, irgendjemand musste dem Gequäke ein Ende machen.

Möglicher Nachteil: Er findet Sie irgendwann und ist Ihnen unter Umständen nicht sonderlich wohlgesonnen.

Möglicher großer Nachteil: Seine Musik ist tatsächlich eine Entdeckung und Sie haben ihm zu mehr Ruhm und Reichtum verholfen, als Sie selbst je erreichen werden. Natürlich hat er Ihnen nie etwas unterschrieben, deshalb taucht Ihr Name in den Musikverträgen nicht auf. Allein der Neid könnte Sie für Jahre außer Gefecht setzen. Ups.

Es gibt noch eine andere Möglichkeit, einen direkteren Weg, um diesen fehlgeleiteten Narren zu erziehen. Wenn Sie wieder auf die U-Bahn umsteigen, gehen Sie direkt zu ihm. Es wird Ihnen nicht schwer fallen, ihn zu finden, folgen Sie einfach dem schrägen Quaken. Sagen Sie ihm klipp und klar, dass sämtliche Plattenfirmen, denen Sie seine Musik vorspielten, Sie aus dem Büro geworfen haben und dass man sich in der Musikindustrie allgemein einig wäre, dass er nicht schlecht, sondern miserabel sei. 98 Prozent der Musikindustrie wollten sogar aktiv verhindern, dass er jemals einen Fuß in ein Aufnahmestudio setzt, und die anderen 2 Prozent seien derart zugekifft gewesen, dass es ihnen egal gewesen sei.

Möglicher Nachteil: Er könnte zu diesen armen Irren zählen, die Abweisung anspornt, und seine Anstrengungen verdoppeln, damit Sie ihn als spezielles Projekt aufnehmen. Wenn das passiert, geben Sie auf und legen Sie sich ein Auto zu.

Und jetzt ein besonderer Gruß an die Dame, die dieses Buch auf dem Deck eines Kreuzfahrtschiffs liest. Eines von den Dingern, wo jede Suite einen eigenen Balkon hat, mit drei Pools und acht verschiedenen Restaurants. Entspannen wir uns gut? Ich hoffe doch …

Denn das frisch verheiratete Pärchen aus der Nachbarkabine, das seine Flitterwochen auf dem Schiff verbringt, wird es die ganze Nacht wild treiben. An wildem Sex auf einer Kreuzfahrt ist nichts auszusetzen, denken Sie, aber jeden Abend und die ganze Nacht? Abgesehen davon, dass es Sie vom Schlafen abhält, bringt es Ihren Gatten, mit dem Sie seit zwölf Jahren verheiratet sind, auf verwegene Gedanken. Erzählen Sie ihm, sooft Sie wollen, dass er Ihnen nichts beweisen muss, aber Sie werden so bald keinen anständigen Schlaf mehr bekommen. Nein, Ihnen bleibt nur die Möglichkeit, die Frischvermählten mit ihren eigenen Waffen zu schlagen: Sie müssen sich so verausgaben, dass sie es kaum noch ins Bett schaffen, geschweige denn darin herumtollen können.

Ihre Aufgabe besteht darin, sich mit dem Paar anzufreunden. Lernen Sie sich kennen. Noch wichtiger: Stellen Sie ihnen Ihren Mann vor und sorgen Sie dafür, dass Wettkampfgeist aufkommt. Wenn es sein muss, flirten Sie mit ihm. Ihr Freund/Mann/Typ wird den Köder sofort schlucken. Einer der Vorzüge von Kreuzfahrten ist das umfassende Angebot an sportlichen Aktivitäten für die Passagiere. Nutzen Sie das volle Programm. Spornen Sie die Männer zu allen möglichen körperlichen Betätigungen an – Schwimmen, Basketball, Laufen, Kanufahren – je anstrengender, desto besser. Sorgen Sie dafür, dass der frisch gebackene Ehemann abends so fertig und müde ist, dass das Letzte, woran er beim Zubettgehen denkt, eine Liebesnacht mit seiner jungen Braut ist. Sollte er zum Typ Superman gehören, wird er zwar noch einen tapferen Versuch unternehmen, aber ich verspreche Ihnen, gegen zehn, elf hören die nächtlichen Ausschweifungen auf. Möglicherweise müssen Sie Ihren Ehemann eine Nacht lang entbehren, aber für diesen Fall haben ja die Shops und Casinos rund um die Uhr geöffnet.

Natürlich gibt es auch die unter uns, die in den Ferien mit dem Auto verreisen. Ob Sie nun in Amerika, Europa oder einem abgelegenen Land unterwegs sind, mit dem Auto kommen Sie fast überallhin. Ausgerüstet mit einer zuverlässigen Straßenkarte, einem guten Orientierungssinn und einer gehörigen Portion Geduld steht Ihnen die Welt offen.

Wie ich an früherer Stelle schon erwähnt habe, kann ich aggressives Fahrverhalten nicht ausstehen. Unbeherrschtes Fahren führt zu Unfällen und, schlimmer noch, es gibt nichts Gefährlicheres als eine verärgerte Frau mit drei Tonnen Stahl unter dem Hintern. Ich habe Bilder in den Nachrichten gesehen, bei denen einem der Spaß verging.

Dennoch wird es immer die anderen Fahrer auf der Straße geben. Deswegen heißt es ja auch Straße – der Ort, wo Leute mit ihren Autos unterwegs sind. Wäre die Straße nur für Sie da, hieße sie Auffahrt. Und natürlich werden diese anderen Leute auf der Straße ab und an Dummheiten begehen. Das gehört nun mal zum Leben bzw. zu dem schrecklichen Führerscheinsystem, das allüberall herrscht. Wäre die Zulassungsstelle ein angenehmerer Ort, wären die Leute vielleicht bereit, mehr Fahrstunden zu absolvieren. Bitte lesen Sie den Abschnitt über das Zulassungsamt, dort erfahren Sie, wie Sie dabei helfen können.

Was kann man also tun, wenn irgendein junger Raser einem mit hundertfünfzig Sachen die vordere Stoßstange abreißt oder eine Familie auf Sommerferien mit ihrem Schiff von einem Kombi Ihr brandneues Sportcabrio rammt? Sich aufregen? Mittlerweile wissen Sie es besser.

Sollten Sie sich auf einer Bundesautobahn oder einer anderen Hauptverbindungsstraße mit nur wenigen Ausfahrten befinden, gibt es sicher Raststationen auf dem Weg. Die meisten dieser Raststätten haben ein Restaurant und einen Andenkenladen für diejenigen, die sich aus irgendwelchen seltsamen Gründen an diesen anonymen Autobahnabschnitt erinnern wollen.

Folgen Sie dem Auto und seinen Insassen, bis sie an einer Raststätte Halt machen. Eilen Sie, so schnell Sie können, zum Andenkenladen. Dort führen Sie sicher auch Stofftiere, weil, na, weil sie die dort eben immer führen. Sie kennen diese Läden ja sicher: Ein Sammelsurium wie auf Großmutters Dachboden, nur nicht so dunkel.

Kaufen Sie das größte Stofftier, das Sie sehen. Es sollte möglichst echt aussehen, am besten einen Hund oder eine Katze. Sollten Sie kein Seil mit sich führen (siehe dazu den Abschnitt *Allzeit Bereit*), bitten Sie den Verkäufer um ein Stück Paketschnur oder Geschenkband.

Behalten Sie die Leute aus dem anderen Wagen im Auge. Sollten sie zum Auto zurückkehren, müssen Sie Ihren Zorn noch einmal hundert Kilometer länger unterdrücken. Sollten sie jedoch noch auf der Toilette sein oder sich die Kinder bei einem Videospiel tummeln, haben Sie Zeit, hinter ihr Auto zu spurten, ein Ende der Schnur an die hintere Stoßstange zu knoten und das andere um den Hals des Stofftiers. Stopfen Sie das Tier unter das Auto, so dass man es beim Einsteigen nicht gleich sieht. Dann unterdrücken Sie Ihr Kichern, gehen zurück zu Ihrem eigenen Auto und warten ab.

Irgendwann werden Fahrer und Passagiere aus der Raststätte kommen, sich wieder in ihr Auto zwängen und losfahren. Fast sofort werden andere Verkehrsteilnehmer sie anhupen und schreien, sie hätten ihr Haustier noch nicht von der Stoßstange losgebunden. Wenn Sie richtig Glück haben, winkt die Polizei sie heraus, und obwohl sich bald klären wird, dass es sich nicht um ein lebendiges Tier handelt, ist die Polizei wahrscheinlich nicht besonders erfreut über den Trubel, den sie veranstaltet haben.

Natürlich könnten Sie diese Taktik auch bei Leuten aus Ihrer Nachbarschaft anwenden, insbesondere bei Wiederholungstätern, aber über die wissen Sie wahrscheinlich so viele schmutzige Details, dass Sie Ihre Rache viel persönlicher gestalten können.

Allzeit bereit

Ob Sie nur sonntags ein bisschen durch die Nachbarschaft fahren wollen oder die ganze Familie für die Fernreise einpacken, Sie sollten ausgestattet sein. Und damit meine ich nicht Sonnencreme und Antimückenspray, sondern Equipment für die Rache. Das Letzte, was Sie sich wünschen, ist doch, bei einer perfekten Vergeltungsgelegenheit nicht die nötigen Mittel zu deren Realisierung zur Hand zu haben.

Damit Ihnen so was nicht widerfährt, empfehle ich Ihnen, einige unentbehrliche Gegenstände immer im Kofferraum mitzuführen. Haken Sie ab, welche Gegenstände der folgenden Liste Sie schon haben. Sollte Ihnen irgendetwas fehlen, besorgen Sie es sofort. Man weiß nie, wann man es braucht.

Seil 

Ich kann gar nicht genug betonen, wie nützlich so ein Seil bei einer Vergeltung sein kann. Ich rede nicht davon, dass Sie jemanden damit fesseln sollen – das wäre Freiheitsberaubung, und Freiheitsberaubung ist illegal, falsch und alles Mögliche sonst noch, was ich nicht befürworte. Aber mit einem Seil können Sie zum Beispiel einen falschen VIP-Bereich in Ihrem Club abteilen und einer Frau eins auszuwischen, die sich immer für »very important« hält, indem Sie sie einfach nicht hineinlassen. Oder Sie benutzen das Seil für den Notausstieg und überreden ein paar Kids aus der Nachbarschaft, vor Ihrem Haus abzuhängen, wenn Sie einen Exfreund in die Flucht schlagen wollen, der Kinder noch mehr fürchtet als Bindungen und sich dann mitten in diese Kinderhorde abseilen muss.

Farbe 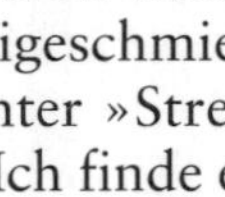

Ich glaube, mittlerweile kennen Sie Eliza Brandt gut genug, um zu wissen, dass ich gegen Vandalismus bin. Graffitigeschmiere oder sonstige Formen von unerwünschter »Street Art« gehört meines Erachtens bestraft. Ich finde es überhaupt nicht cool, andrer Leute Besitz zu verschandeln.

Andererseits …

Es gibt Gelegenheiten, in denen eine Farbsprühdose oder ein Eimer Hochglanzlack ziemlich nützlich sein können. Um zum Beispiel die Fenster einer biestigen Kollegin von außen schwarz zu malen, so dass bei ihr ewige Nacht herrscht und sie das entscheidende Meeting um 11 Uhr verpasst, müssen Sie nur einmal über Ihren Schatten springen. Genauso, wenn Sie im großen Stil Ihren Ärger gegenüber einem Mann ausdrücken wollen, der sich Ihnen gegenüber falsch verhalten hat. Fassen Sie sich in so einem Fall einfach ein Herz, liebe Gesinnungsschwester, und fürchten Sie nicht Tod noch Teufel! Stellen Sie zum Beispiel eine Reihe gemalter Schilder entlang seines Arbeitswegs auf, der idealerweise auch der tägliche Weg unzähliger anderer sein dürfte. Ich rate Ihnen, die Schilder am frühen Morgen anzufertigen und sie dann in folgender Reihenfolge an der Straße aufzustellen:

Schild 1: SIND SIE EINSAM?
Schild 2: WÄREN SIE LIEBER ZU ZWEIT?
Schild 3: WENDEN SIE SICH AN BOBBY CACCITORE.
Schild 4: UND HOLEN SIE SICH EINE GESCHLECHTS KRANKHEIT!

Lippenstift 

Weil Sie gut aussehen müssen, Süße.

Tragbarer Kassettenrecorder 

Klar, für Ihre Musik würde ein MP3-Player auch reichen. Also muss es einen anderen Grund hierfür geben, nicht wahr? Richtig. Hier geht es uns um diese alten großen Lautsprecher rechts und links, denn damit lässt sich mit einfachen Mitteln ein gehöriges Maß an Lärm produzieren. Nervt der unsympathische Typ im Park mal wieder alle mit seinem ewigen Death Metal? Schalten Sie auf Klassikradio und drehen Sie die Lautstärke auf. Natürlich wird Ihr Gehör etwas unter dem Wettstreit leiden, aber Sie sind stark, Sie halten es sicher länger aus als er.

Sollten Sie einen älteren MP3-Player besitzen, mit kleinen Billigboxen zum Anstöpseln, die Ihnen nicht viel bedeuten, können Sie einen meiner Lieblingstricks für Leute anwenden, die Sie alle drei Minuten mit irgendwelchen Nichtigkeiten nerven:

Kreieren Sie mit der Aufnahmetechnik Ihrer Wahl ein Stück, das aus nichts weiter besteht als aus Stille und einem zweisekündigen Vogeltschilpen alle vier bis fünf Minuten. Lassen Sie sich zu der betroffenen Person nach Hause/ins Büro/an den Arbeitspatz einladen und verstecken Sie den MP3-Player samt Boxen hinter dem Sofa, zwischen zwei Bücherregalen oder wo man ihn sonst nicht so leicht findet. Achten Sie darauf, dass das Tschilpen das einzige »Lied« auf dem Player ist und dass er auf Endloswiederholung eingestellt ist. Drücken Sie am Ende des Besuchs heimlich auf »Start« und verstecken Sie das Gerät. Dann entschuldigen Sie sich und gehen. Fünf Minuten später ertönt das erste Tschilpen, und ich verspreche Ihnen, bis zum Ende des Tages wird der/die Andere sich die Haare raufen bei der vergeblichen Suche nach dem nervtötenden Geräusch.

(Ich habe das einmal bei einer Kollegin gemacht. Drei Stunden später verließ sie tränenüberströmt das Büro. Wie sich herausstellte, war eine Woche zuvor ihr Sittich gestorben und sie deutete das Gefiepse als versuchte Kontaktaufnahme aus dem Jenseits ...)

Kerzen

Um ehrlich zu sein (und bin ich das nicht immer?), weiß ich auch nicht genau, warum ich anfing, Kerzen im Kofferraum mit mir zu führen. Aber sie haben sich in vielen Situationen als nützlich erwiesen.

- Schmelzen Sie eine zu einer Wachspfütze und drücken Sie fest einen Schlüssel hinein, kurz bevor sie erstarrt. Auf diese Weise erhalten Sie einen perfekten Abdruck des Schlüssels, und was Sie dann damit machen, ist eine Sache zwischen Ihnen, Ihrem Gewissen und dem Staatsanwalt.
- Kerzen sind ein fantastisches Geschenk für Kolleginnen, die man nicht besonders mag. Wenn Sie ins Büro kommen und jeder Sie fragt, was Sie Cathy zum Geburtstag schenken, gehen Sie einfach schnell zu Ihrem Auto runter, schnappen sich eine Kerze, wickeln sie in etwas Zeitungspapier und legen sie zu den anderen Geschenken im Konferenzzimmer. Wenn Sie außerdem noch jemand anderes nervt, können Sie eine Karte mit dem Namen dieser Person zu Ihrer Kerze legen und deren echte Karte von ihrem echten Geschenk nehmen und verschwinden lassen. Eine Woche später fragen Sie Cathy, ob ihr ihre Geschenke gefallen haben, und sie wird sofort eine Verbindung zwischen dem Geschenk ohne Karte und Ihnen herstellen. Gleichzeitig wird sie irritiert und leicht verärgert über die Kollegin sein, die ihr nur eine olle kleine Kerze geschenkt hat.
- Bei Stromausfall kann man sie benutzen, um sich den Weg zu erleuchten. (Wie bitte? Ich habe nicht gesagt, dass *alle* Verwendungen etwas mit Rache zu tun haben.)

Übung

Gehen Sie zu Ihrem Auto. Nun machen Sie schon, so viel Zeit haben Sie. Ich warte.

Jetzt öffnen Sie den Kofferraum und betrachten den Inhalt. Selbst wenn sich keiner der oben genannten Gegenstände in Ihrem Kofferraum befindet, ist dies kein Grund zur Panik. Rache hat viel mit Kreativität zu tun und mit der Fähigkeit, mit dem zur Verfügung Stehenden auszukommen. In den nächsten paar Zeilen machen Sie bitte eine Liste der Gegenstände in Ihrem Kofferraum und notieren Sie dazu je drei mögliche situationsabhängige Anwendungen. Sie werden überrascht sein, wie leicht Ihnen das fallen wird.

Gegenstand 1: ______________________________
Rache an einem Nachbarn ____________________
Rache an einem rücksichtslosen Fahrer __________
Rache an einem Supermarktverkäufer ___________

Gegenstand 2: ______________________________
Rache an einem fiesen Zulassungsbeamten _______
Rache an einem neuen Bankangestellten _________
Rache an Ihrem Buchhalter __________________

Gegenstand 3: ______________________________
Rache an einer unhöflichen Bedienung __________
Rache an einem unfreundlichen Türsteher ________
Rache an einer Ratgeberautorin ______________
(Obwohl, wenn ich es mir so recht überlege, können Sie das Letzte auslassen.)

Kapitel Zwölf

Das ultimative Tabu: Rache an Kindern

Ich liebe Kinder. Das mal vorneweg, damit die humorloseren Mamas unter Ihnen jetzt nicht gleich eingeschnappt »Geld zurück« schreien. Kinder sind prima, Kinder sind toll, Kinder sind die Zukunft, und ich hoffe, eines Tages selbst welche zu haben. Ich habe Neffen und Nichten, und auch wenn ich natürlich weiß, dass nichts mich auf den magischen Tag vorbereiten kann, an dem ich ein eigenes Kind zur Welt bringe, habe ich als Tante Eliza schon großartige Momente erlebt. Ich war die lustige Tante, die ihnen lauter Dummheiten beibrachte und am Ende des Abends heimging in eine Wohnung, in der kein Spielzeug im Gang rumfliegt und einen keiner um drei Uhr früh wegen eines Glases Wasser weckt.

Der Entschluss zu einem eigenen Kind ist wie der Entschluss, die nächsten achtzehn Jahre seines Lebens als Animateur zu verbringen. Alles dreht sich einzig um das jeweils nächste Event, die nächste Unternehmung, in einem nie enden wollenden Wirbel von Hinbringen, Abholen und Klamottenwechseln, während Sie Ihren Balg von Termin zu Termin schleppen. Wir Amerikaner verhätscheln unsere Kinder. Sie bekommen nur vom Feinsten, die beste Ernährung, Kleidung, Behausung, die besten Kindermädchen, Kurse, Nachhilfestunden, Sprachreisen, das ganze Programm. Das Motto »Sie sollen haben, was ich nie bekommen konnte« lässt sich mit jeder neuen Generation schwieriger erfüllen.

Doch das Verwöhnen hat seinen Preis: Unsere Kinder

werden schneller denn je erwachsen und entwickeln schneller denn je ihren eigenen Kopf. Kurz gesagt: Kinder können eine ungeheure Landplage sein. Wer weiß das besser als die Mütter unter uns, aus erster Hand und eigener Erfahrung.

Natürlich rede ich nicht von *Ihren* Kleinen. Als hoch entwickelte Spezies sorgen unsere Instinkte dafür, dass wir unsere Kinder lieben, egal wie flegelhaft und rotznäsig sie sind. Wenn der Sohnemann auf dem Weg zur Kirche den Pfarrer über den Haufen radelt, entlockt das mancher Mutter nur ein mildes »Dieser Junge« und Bemerkungen darüber, wie nett er sich danach mit seinem zuckersüßen (falschen) Lächeln entschuldigt habe.

Ich rede hauptsächlich von den Kindern der *anderen*, auf die Sie keinen Einfluss haben, die Ihnen aber jederzeit den Tag verderben können, wenn es ihnen gerade einfällt.

Wer jetzt schon sauer auf mich ist, sollte den Rest dieses Kapitels lieber überspringen. Doch sollten Sie erregt »Erzählen Sie mehr!« schreien, ermutige ich Sie zum Weiterlesen.

Rache gegen Kinder ist ein schwieriges, sogar gefährliches Unterfangen, aber *Rache ist weiblich* schreckt vor keiner Herausforderung zurück. Als Erstes wiederhole ich zum hundertsten Mal: Gewalt ist nie die richtige Antwort. Legen Sie niemals Hand an ein Kind, weder das eigene noch ein fremdes, außer um es vor einem heranrasenden Auto zu retten oder für ähnlich gute Taten. Alter und Geschlecht sind bei Kindern entscheidende Faktoren, denn was bei einem achtjährigen Jungen funktioniert, zeigt oft keinerlei Wirkung bei einem vierzehnjährigen Mädchen, der wahrscheinlich gefährlichsten Kreatur des Planeten, gleich nach der australischen Todesotter *(Wichtiger Hinweis: Die Rache gegen oder mit-*

hilfe australischer Todesottern wird in diesem Buch nicht behandelt).

Ein Beispiel: Vor einigen Monaten sollte ich meine Nichte Clara aus der Grundschule abholen, weil mein Bruder und seine Frau eine Informationsveranstaltung in der Mittelschule besuchten, auf die Clara in vier Jahren gehen wird. Warum sie Informationsveranstaltungen einer Schule besuchen müssen, die sie erst in einem halben Jahrzehnt betrifft, übersteigt meinen Horizont, aber ich war ohnehin in der Stadt und liebe es, mit Clara zu spielen, also half ich gerne aus.

Als ich an der Schule ankam, waren die Kinder schon auf dem Pausenhof. Clara war leicht zu entdecken: Sie trägt die schicksten Accessoires von allen und das verdankt sie teilweise ihrer Tante Eliza. Ich kann nicht anders: Ich sehe eine Geldbörse, Sonnenbrille oder entzückende kleine Haarspange und muss sie kaufen. Einige Wochen später fällt mir auf, wie lächerlich das Ding an mir aussieht, wie süß es jedoch an einer Achtjährigen wäre, also greife ich zum Geschenkpapier.

Clara wollte noch einige Minuten mit ihren Freundinnen spielen und als die lustige Tante willigte ich sofort ein. Ich hing auf dem Pausenhof herum, beobachtete die Kleinen bei ihren Tobereien und hielt mich außerhalb ihrer Flugbahn.

Plötzlich spürte ich jemanden neben meiner rechten Wade, und als ich heruntersah, blickte ich in die Augen eines kleinen Jungen, nicht älter als sechs oder sieben, der zu mir hochglotzte. Ich lächelte ihn freundlich an.

»Hallo«, sagte ich: »War es schön heute in der Schule?«

Das war alles, mehr habe ich nicht gesagt. Kein Unterton, kein Sarkasmus, nichts was eine freche Antwort gerechtfertigt hätte. Ich erwartete ein schlichtes »Ja, Madam«, ein »Hm-hm« oder gar ein verlegenes Lächeln. Stattdessen höre ich:

»Dein Popo ist fett.«

Erstens: Mein Popo ist nicht fett. Vielleicht war er eine Spur breiter als sonst, weil ich während der Ferien Diät und Gymnastik hatte schleifen lassen. Und der Rock war etwas enger als meine anderen Röcke, weil ich mit einem viel versprechenden Typen Mittagessen war, aber *fett*? Niemals.

»So etwas sagt man nicht«, erklärte ich dem Kleinen: »Jeder Mensch sieht anders aus. Außerdem ist er gar nicht so fett.«

Das kleine Miststück gab nicht auf. »Ist er doch. Echt fies fett. Du hast bestimmt lauter Hamburger gegessen und die sind jetzt alle an deinen Popo gewachsen.«

Okay, jetzt beschimpfte er mich nicht nur einfach wegen eines fetten Hinterns, jetzt stellte er auch noch Theorien auf, wie ich dazu gekommen war.

Im Geist ging ich meine Möglichkeiten durch:

1. Einfach weggehen. Pro: die erwachsene Handlungsweise. Contra: Wo bleibt meine Genugtuung?

2. Ihn beim Weggehen »aus Versehen« umschubsen. Pro: Ich bringe ihn zum Weinen. Contra: siehe obiges Verbot bezüglich der Gewalt gegen Kinder.

3. Ihm sagen, dass er selbst einen fetten Popo hat. Pro: Beibehaltung desselben kindischen Niveaus, was eine kathartische Wirkung haben kann. Contra: Sein Hintern war wirklich winzig. Denn wie groß kann der Hintern eines Sechsjährigen schon sein? Lügen können bei der Rache nützlich sein, aber leicht zu durchschauende Lügen sind sinnlos.

4. Ihm sagen, dass ich mit seiner Mami befreundet bin und sie ausrichten lässt, dass Nikolaus und Osterhase bei einem schlimmen Autounfall ums Leben gekommen

sind. Deswegen wird es dieses Jahr keine Geschenke geben und falls er sich etwas gewünscht hatte, sollte er besser sofort anfangen zu sparen, weil ihm diesmal keiner unter die Arme greifen könne.

Raten Sie mal, worauf meine Wahl fiel?

Die Welt eines Kindes ist viel kleiner als die unsrige. Wir müssen uns um so viele Dinge Sorgen machen, Geld, Gesundheit, Weltpolitik, die unsere Kleinen nicht kümmern. Daher kann die Rache gegen ein Kind nicht die Breite und Tiefe erreichen, die wir von der Rache gegen Erwachsene gewohnt sind. Einem Kind können Sie keine gefälschte Betriebsprüfungsanordnung vom Finanzamt in den Kinderbriefkasten werfen. Es würde sie einfach zu einem Papierflieger falten und damit spielen.

Aber manchmal treiben Beschränkungen unsere Kreativität zu neuen Höhenflügen, und genau das brauchen wir für die Rache an kleinen Rotzbengeln.

Rache gegen Kinder funktioniert am besten über drei Angriffspunkte:

- ihr Spielzeug
- ihr Pausenbrot
- die Grundfesten ihres Glaubens

Mein Doppelangriff auf Nikolaus und den Osterhasen zielte natürlich auf den dritten Punkt, aber alle drei sind legitime Angriffsziele, solange die Rache hinreichend motiviert und auf die jeweilige Altersgruppe abgestimmt ist.

Spielzeug

Spielsachen sind natürlich nur Objekte, ein bisschen Plastik, ein paar Kabel und Batterien, zusammengebaut von unterprivilegierten Kindern in Taiwan oder Malaysia, damit sich unsere überprivilegierten Kinder nicht so langweilen, während wir zum dritten Mal die Woche unseren BMW waschen. Folglich sind sie entbehrlich, und so ist die Spielzeugkiste ein ausgezeichneter Ort, um sich an einem Kind zu rächen.

- Beginnen wir mit einer einfachen Lektion: Fast jedes Spielzeug wird für Kinder unbrauchbar, sobald man die Batterien daraus entfernt. Sie scheinen unfähig, neue einzusetzen. Das ist absurd angesichts der Tatsache, dass jeder durchschnittliche Siebenjährige heutzutage seine eigene Webseite programmieren kann, aber so ist es nun mal.
- Puppen sind immer einfach zu sabotieren. Meine Schwester Barbara klebte meinen Barbiepuppen kleine Bleigewichte an den Rücken, so dass sie immer rückwärts umfielen, wenn ich sie hinstellen wollte. Ich kam erst dahinter, als ich eines Tages wissen wollte, wie Ken in Barbies Abendkleid aussehen würde (eine ganz normale Neugier, meinte der Psychologe). Ein Punkt für dich, Barbara. Ich bin mir ziemlich sicher, dass ich ihr Müsli am nächsten Morgen mit Salz versetzte.
- Mischen Sie die Brettspiele der Kinder durch. Packen Sie zum Beispiel Risiko in die Schachtel für Monopoly und Monopoly in die Schachtel für Trivial Pursuit, und so weiter. Wenn sie dann mit ihren Freunden spielen wollen, werden sie die halbe Zeit mit der Suche nach dem richtigen Spiel verbringen.

Andererseits: Wenn sie meiner eigenen Nichte auch nur entfernt ähneln, stecken die Spiele ohnehin in den falschen Schachteln. Funktioniert wahrscheinlich am besten bei Ordnungsfanatikern, also bei nur etwa 0,5 Prozent aller Kinder.

- Das folgende Verfahren wirkt Wunder bei Videospielsüchtigen aller Altersgruppen – von sechs bis zu dem Tag, an dem Sie Ihre Kinder aus dem Haus jagen, um aufs College, die technische Hochschule oder unter die Brücke zu gehen. Kaufen Sie bei Ihrem Elektrohändler eine Steckdosenfernbedienung. Das ist ein kleiner Schalter, den Sie in jede beliebige Steckdose in Ihrem Heim stecken können, die sich dann per Fernbedienung ein- und ausstellen lässt. Stellen Sie sicher, dass die Playstation Ihres Kindes an der entsprechenden Steckdose angeschlossen ist und lehnen Sie sich bequem zurück, während sich der Spross mit seinem aktuellen Lieblingsballerspiel vergnügt. Wenn er den höchsten Level erreicht und mehr Punkte hat denn je, drücken Sie die Fernbedienung und erfreuen Sie sich daran, wie der Geifer spritzt. Bevor er die Steckdose überprüfen kann, schalten Sie schnell wieder ein. Er wird sich beruhigen und wieder anfangen zu spielen, aber jedes Mal, wenn er richtig in Fahrt kommt, fährt die Spielkonsole runter. Das Beste ist, dass Sie dabei in Ruhe Ihren Tätigkeiten nachgehen können. Sie müssen nur gelegentlich nebenbei auf die Fernbedienung drücken. Eine sehr entspannte Form der Rache. Was will man mehr?

Pausenbrot

Der gemeinsame Nenner des kindlichen Schultags ist die Pause. Wenn Ihr Kind – oder jenes, an dem Sie sich ein wenig rächen wollen – allerdings kein Pausenbrot mit in die Schule nimmt, haben Sie Pech gehabt. Sie wollen ja nicht dabei erwischt werden, wie Sie auf dem Schulgelände herumschleichen und Lebensmittel verpanschen. Das sieht vor Gericht nie gut aus und macht auch bei zukünftigen Einstellungsgesprächen keinen guten Eindruck.

Aber falls Sie das Glück haben, ein Kind mit Brotzeittüte im Visier zu haben, stelle ich Ihnen hier einige fantastische Möglichkeiten vor:

- Die Wahl der Brotzeittüte ist entscheidend. Das klappt vor allem bei Kindern, die erwarten, ihr Pausenbrot von Ihnen in die Schultasche gesteckt zu bekommen, und keinen Blick darauf verschwenden, bis die Pausenglocke klingelt. Hier lässt sich viel Unfug anrichten. Ein kleines Beispiel aus meiner eigenen störrischen Kindheit:
  Eines Tages beschloss meine Mutter, mir keine teuren Socken mehr zu kaufen, nur damit diese nach ein paar Wochen verloren gingen. Also schleppte sie mich zu Wal-Mart, um Billigsocken zu kaufen. Ich jammerte und kreischte vor Angst, jemand könnte mich bei Wal-Mart sehen. Ihr berechtigter Einwand, dass mich dort nur jemand sehen konnte, der *selbst* bei Wal-Mart einkaufte, half nichts: Ich zickte auf dem Hinweg, maulte im Geschäft und heulte die gesamte Heimfahrt lang.
  Als am nächsten Tag die Pausenglocke klingelte, lief ich hinter meinen Freundinnen zu unserem Lieb-

lingseck auf dem Schulhof und zog meine Brotzeittüte heraus …

… eine Wal-Mart-Tüte, auf der groß das Logo prangte. Drinnen fand ich eine Dose Thunfisch und eine Dose Obstsalat, jeweils Hausmarke Wal-Mart, und vier Servietten mit Wal-Mart-Aufdruck. Als ich schlief, war meine Mutter extra noch mal zu Wal-Mart gefahren und hatte diese Dinge für mein Pausenbrot besorgt.

Ich weiß, dass sie mir damit eine Lehre erteilen wollte, aber manchmal denke ich, dass es schlicht Rache für den höllischen Nachmittag war.

- Auch Brotboxen lassen sich wunderbar vertauschen. Der Tausch in einen dem Geschlecht nicht angemessenen Behälter wirkt Wunder, vor allem bei Jungs. Packen Sie Ihrem Sohn eine rosa Brotbox mit Barbiebildchen in die Schultasche und Sie haben schon gewonnen.

  Warnung: Je nach Schule, Stadtviertel und Gewaltlevel könnte Ihr Sohn mit einem veritablen blauen Auge heimkommen. Die Anwendung dieser Rachemethode geschieht daher auf eigene (bzw. seine) Gefahr.
- Unattraktive Snacks sind sehr effektiv und bereiten Freude bei der Zusammenstellung. Während die anderen Kinder Kräcker und Müsliriegel mampfen, kämpft Ihr Sprössling mit rohen Broccolistängeln und Rosenköhlchen. Sie können daher immer behaupten, Ihnen ginge es rein um die Gesundheit. Ich glaubte meinen Eltern das damals aufs Wort. Bis heute kann ich keinen Rettich sehen, ohne dass mir der kalte Schweiß ausbricht.

Grundfesten des Glaubens

Sind wir ehrlich: Kinder sind dumm. Damit will ich nicht sagen, dass manche Kinder nicht eines Tages große Denker, Künstler oder Politiker sein werden. Aber jetzt, als Kinder, sind sie ziemlich dumm. Sie wissen nicht, wie man ein Scheckheft richtig ausfüllt, wenige kennen die einfachsten Verkehrsregeln (die meisten Erwachsenen allerdings auch nicht) und vor allem glauben sie an Dinge, die es offenkundig nicht gibt. Auf den Mythos mit Nikolaus und dem Osterhasen bin ich schon eingegangen und man kann dem wahrscheinlich noch Knecht Ruprecht und die Heinzelmännchen hinzufügen.

Das ist für unsere Zwecke ideal. Kinder sind so fest in diesen magischen Welten verankert, dass man sie in wenigen einfachen Schritten problemlos vernichten kann. Doch ich muss Sie warnen: Da Kinder sich an jeder Art Wissen verzweifelt festkrallen, können Sie Ihre Taten hinterher nicht mehr ungeschehen machen. Haben Sie Ihre Kinder einmal davon überzeugt, dass Nikolaus nur irgendein Kaufhausangestellter ist, werden sie nie wieder an den lieben Weihnachtsmann glauben. Wenn Ihnen also noch warm ums Herz wird, wenn Sie Ihre Kleinen Wunschlisten schreiben und Strümpfe in den Kamin hängen sehen, müssen Sie sehr vorsichtig mit solchen Methoden umgehen.

Bei fremden Kindern können Sie natürlich völlig ungehemmt wüten. Hinterher müssen Sie nur mit den Eltern fertig werden. Erwähnen Sie dieses Buch dabei besser nicht.

- Die Zahnfee. Als ich klein war, wurde ein Zahn mit fünfzig Cent gehandelt. Letztes Jahr verlor meine Nichte zwei Zähne und sahnte damit insgesamt zweimal gut fünfzehn Dollar an Bargeld und Geschenken ab. Das summiert sich zu rund dreihundert Dollar pro Mund, also einem ernst zu nehmenden Betrag, wenn man bedenkt, wie teuer erst die bleibenden Zähne und die Kieferorthopäden sein werden. Letztendlich tun Sie sich selbst (oder den Eltern des betreffenden Kindes) einen Gefallen, wenn Sie diesem Mythos ein Ende setzen, sobald Sie die Zeit dafür gekommen sehen.

Hat Sie ein Kind gebissen? Dann müssen Sie ihm eindeutig den Wert eines Zahns beibringen. Vielleicht hat die Zahnfee beschlossen, dass beißende Kinder nur ein Stück Kohle verdienen. Oder ein einzelnes Stückchen Knuspermüsli.

Oder Sie können sich mitten in der Nacht zum Zahneinsammeln ins Zimmer schleichen und dabei ein bisschen zu fest ans Kissen stoßen, so dass Ihr Kind aufwacht und sieht, was Sie da treiben. Als kleinen Extraspaß können Sie so tun, als habe die Zahnfee Sie gerade in den Finger gebissen. Schreien Sie laut: »Du blöde Zahnfee, jetzt habe ich aber genug von dir!« und geben Sie vor, etwas zu Boden zu schleudern. Trampeln Sie ein paar Mal darauf herum, keuchen Sie: »Nimm das! Und das!«, bis das Kind ordentlich brüllt und bis ins Mark erschüttert ist.

Okay, okay, aber ich hatte Sie gewarnt.

Übung:
Zeichnen Sie Ihr Lieblingsracheszenario

Nachdem Sie nun alle Nuancen der Rache kennen gelernt haben, wollen wir Ihre Kreativität testen. Zeichnen Sie Ihr liebstes Racheszenario in den dafür vorgesehenen Rahmen und verwenden Sie die in den vergangenen Kapiteln besprochenen Vorgehensweisen. Gebrauchen Sie Ihre ganze Fantasie. Lassen Sie sich gehen, meine Damen! Denken Sie an eine Modenschau: So etwas wollte man nie ernsthaft auf der Straße sehen, aber die extremen Elemente daran könnten Sie später zu alltagstauglicheren Projekten inspirieren. Wenn Sie sich also ein Katapult ausdenken, mit dem Sie Ihrem Chef ein giftiges Insekt durch das offene Fenster des fahrenden Wagens schleudern, weil er Sie bei der Beförderung übergangen hat: Nur zu!

Denken Sie daran: Die wahren Grenzen der Rache liegen allein in unserer Einbildungskraft.

Kapitel Dreizehn

Die Geschichte von Eliza: Ein Porträt der Künstlerin als junge Frau

Nach der Uni tat ich, was die meisten tun, wenn sie ihren Abschluss gemacht haben: ausflippen. Das heißt, ich irrte ein, zwei Jahre umher und versuchte herauszufinden, wofür ich mich begeistern könnte. Ganz schön schwierig. Mein Hauptfach war Kommunikation gewesen, was, wie ich bald nach meinem Abschluss erfuhr, bedeutete, dass ich eine Qualifikation im Sprechen erworben hatte. Da ich das seit meinem zweiten Lebensjahr jedoch ohnehin fast ununterbrochen tat, kann ich nicht behaupten, irgendetwas besonders Neues am College gelernt zu haben.

Ich spielte mit dem Gedanken, in die Werbung zu gehen, versuchte mich kurz als Assistentin in einer Filmproduktionsfirma im TriBeCa-Viertel von Manhattan und arbeitete dann neun qualvolle Monate an »Markendesigns« im Bauch einer Corporate Marketing and Consulting Firma. Die letzten paar Worte habe ich einfach so getippt, bis heute weiß ich eigentlich nicht, was sie bedeuten. Ich glaube, wir kreierten Logos und Namen für Firmen, die mit ihren aktuellen Logos und Namen nicht zufrieden waren, aber wenn Sie mir erzählen, dass wir Häschen manikürten, würde ich Ihnen das genauso abnehmen. Die meiste Zeit verbrachte ich an der Kaffeemaschine und wartete auf Shirley aus Dänemark, die den Nachschub lieferte. Möglich, dass ich in dieser Zeit ein wenig Gewicht zugelegt habe.

Schließlich kam ich zu der Erkenntnis, dass ich dringend einen Ortswechsel brauchte, um mein Leben endlich in die Gänge zu bringen. Meine Freunde stimmten mir zu. »Schau dir die Welt an«, sagten sie. »Fang ganz neu an.« Meinen Eltern schwebte mehr die Gegend um Jersey vor. »Warum so weit von zu Hause weggehen?«, fragten sie. »Wo wirst du gute Chinarestaurants finden?« Und mit dem letzten Argument hatten sie irgendwie Recht …

Ich packte mein Bündel und machte mich auf nach Chicago. In der »Windy City« würde ich keine Probleme haben, Anstellung, Mann und was man sonst noch so zum Leben braucht zu finden, und wenn ich dann noch ein gutes Chinarestaurant entdeckte, wäre das ein Bonus, sozusagen die knusprigen Nudeln auf meiner süß-sauren Suppe.

Es fiel mir nicht leicht, mich von all meinen Freunden zu verabschieden. Einige von ihnen hatten mich seit meiner Kindheit begleitet und ich war mir nicht sicher, ob ich ohne ihre Unterstützung zurechtkäme. Am Abend bevor ich aufbrach, schmissen ein paar meiner Freunde eine Überraschungsparty für mich, aber drei von ihnen hatten mich bereits unabhängig voneinander darauf vorbereitet, weil sie für den Fall, dass ich derlei Überraschungen nicht schätzte, nicht auf meiner schwarzen Liste landen wollten.

Ich verließ New York an einem mäßig warmen und sonnigen Frühlingsnachmittag und landete nur zwei Stunden später im tiefsten Winter in Chicago. Eisregen peitschte die Straßen, ein steifer Wind pfiff um die Wolkenkratzer und die Sonne dachte wohl, sie würde andernorts dringender gebraucht, und zeigte sich die ersten Tage überhaupt nicht.

Die Angelegenheit wurde auch nicht dadurch angenehmer, dass die beauftragte Umzugsfirma nicht wie vereinbart an diesem Tag in der Stadt erschien. So besaß ich nichts außer zwei Koffern voller Kleidung und Krimskrams, die ich im Flugzeug mitgenommen hatte. Ich war so erschöpft, dass ich noch nicht mal an eine geeignete Rache dachte. Ich wollte einfach nur mein Zeug.

Und so machte ich mich also in einer alten Jeans und einem dicken Wollpulli, den mir Mrs. Feirstein, die Nachbarin meiner Mutter, gestrickt hatte, auf Wohnungssuche. Sicherlich hätte ich damit ein Maklerbüro beauftragen können. Aber ich befürchtete, dass ich mich in meinem labilen Zustand für etwaige Enttäuschungen oder Ärgernisse durch irgendeine ahnungslose Maklerin, die ja auch nur ihre Arbeit tat, schrecklich rächen würde. Und Kollateralschaden sollte man tunlichst vermeiden.

Die ersten sechs, sieben Wohnungen, die ich mir ansah, kamen alle nicht in Frage. Entweder waren sie zu klein, zu runtergekommen oder in schlechter Lage. Meine Freundin Beatriz, eine Dokumentarfilmerin aus dem East Village, kam ursprünglich aus Chicago und hatte mir in einem Stadtplan die verschiedenen Gegenden farbig markiert: Grün für gute Gegenden, gelb für annehmbar und rot für gefährlich. Doch mit keinerlei Jobaussicht und einem rapide dahinschmelzenden Kontostand würde ich mir nur die roten Wohnungen leisten, in die gelben vielleicht mal einen Blick werfen und bei den grünen sehnsuchtsvoll auf die Eingänge mit ihren Hausportiers spähen können.

Am zweiten Tag beschloss ich, meine Ängste und unbegründeten Vorurteile in den Wind zu schlagen und mir die roten Gegenden einmal genauer anzusehen. Und wenn Beatriz sie rot markiert hatte – was hieß das schon? Nur weil eine Gegend runtergekommen ist, heißt das ja noch lange nicht, dass man nicht dort wohnen kann.

Okay, genau das heißt es. Aber ich war jung und arm und brauchte dringend eine Bleibe, also ignorierte ich diese Tatsache und begab mich in die Höhle des Löwen. Alles, was ich außer Beatriz' Stadtplan über den Süden von Chicago wusste, stammte aus dem Lied *Bad Bad Leroy Brown* von Jim Croce. Mein Vater hatte eine Aufnahme davon und spielte sie etwas zu häufig beim Autofahren (er hatte die Version von Frank Sinatra, was gruselig war, weil ich den Eindruck hatte, Frank hätte Leroy persönlich gekannt). Leroy, so erfährt man in dem Lied, lebt in der South Side von Chicago, im »baddest part of town«, dem schlimmstesten Stadtviertel also. Abgesehen von der fehlerhaften Grammatik war das kein großer Anreiz.

Ich sah mir ein paar der annoncierten Wohnungen von außen an, brachte es aber nicht über mich, eins der schmutzigen, verfallenen Gebäude zu betreten. Ich wollte schon aufgeben, beschloss aber, noch einer Anzeige nachzugehen, die »eine Oase im Trubel der aufstrebenden South Side« versprach. Hier verstand jemand eindeutig, Gold aus Stroh zu spinnen, vielleicht konnte er auch mir das Leben versüßen. Ich ging hin.

Die Wilshire Galleria Appartements, wie sie hießen, waren von außen nichts Besonderes. Eine nackte Ziegelsteinfassade, ein verrostetes Eisentor, ein paar kränkelnde Rosensträucher im Vorgarten. Das Straßenschild war intakt und nicht mit Graffiti besprüht und die Sicherheitsgitter wirkten nicht, als wären sie in letzter Zeit aufgebrochen worden, dennoch erfüllte das Ganze noch nicht Elizas Standards.

Ich wollte mich gerade umdrehen und zum Hotel zurückgehen, als hinter mir eine Stimme erklang. Sie war hoch und süß und ich schwöre, sie hatte ihren eigenen Duft. Ich weiß, Stimmen riechen eigentlich nicht, aber diese war eine Ausnahme: Sie roch nach frisch gebackenen Plätzchen.

»Hallo meine Liebe!« ... *Plätzchen, Plätzchen, Plätzchen* ... »Sind Sie wegen der Wohnung hier?« ... *Plätzchen, Plätzchen, Plätzchen* ...

Ich konnte nicht anders, ich musste mich einfach umdrehen. Mein Plan war, mir ein Plätzchen zu schnappen und dann abzuhauen, aber ich hielt inne, als ich die ältliche Dame sah, die da hinter dem Sicherheitsgatter stand. Abgesehen von den Schokoplätzchen, frisch aus dem Ofen, die da in die Winterluft dampften, hatte sie das freundlichste und einladendste Lächeln, das ich seit einer Woche gesehen hatte, und eine ungemein beruhigende Ausstrahlung, so dass ich mich sofort entspannte.

»Eigentlich schon«, erklärte ich, »aber ich glaube, die Gegend ist, äh, nicht ganz das Richtige für mich.«

»Unsinn.« Sie lächelte – sie hatte eine Art, bei ihren Worten so entwaffnend zu lächeln, dass man sich aus ihrem Munde selbst über die Nachricht »Ihr Hund wurde überfahren« gefreut hätte. »Das hier ist eine wundervolle Gegend. Sie müssen Sie nur mit den richtigen Augen sehen.«

Sie trat auf den Bürgersteig hinaus, nahm mich bei der Hand, und eh ich mich versah, folgte ich ihr in die Wilshire Galleria. Sie bot mir ein Plätzchen an, ich nahm zwei. »Wie heißen Sie, meine Liebe?«

»Eliza. Brandt.« Vielleicht habe ich ihr sogar meinen zweiten Vornamen verraten, ich bin mir nicht sicher. Ich stand unter Freundlichkeit-Plätzchen-Hypnose und war völlig wehrlos.

Sie nahm wieder meine Hand. »Ich bin Belle. Was Sie auch brauchen, ich bin für Sie da.«

Meine Lieblingstante hatte Belle geheißen, sie war erst zwei Jahre vor dieser Begebenheit gestorben. Wenn ich zu diesem Zeitpunkt noch nicht gefühlsmäßig überwältigt gewesen wäre, so war ich es jetzt.

Minuten später hatte ich zwei Wohnungen besichtigt, war über Vor- und Nachteile beider informiert und fand mich bald in einem kleinen, aber gut ausgestatteten Büro und unterschrieb Verträge, die mich auf sechzehn Monate banden. Sie stellte mir Fragen zu meiner Vergangenheit, meinem Leben in New York, meiner Familie und meinen Plänen in Chicago, und nach einer Stunde waren Belle und ich eine Familie.

Familie zu 1900 $ im Monat, aber immerhin.

Bald fand ich heraus, dass Belle die Wilshire Galleria in ein Heim für verlorene und verwirrte Individuen wie mich verwandelt hatte, Asylsuchende aus New York oder Philadelphia, die die gleiche Art von Unterstützung suchten wie ich. Belle war die freundliche Mama, wir waren die dankbaren Kinder. Ich lernte Robin und Mindy kennen und bald waren wir die besten Freundinnen. Ich weiß nicht, ob ich die ersten beiden Jahre in Chicago ohne sie überstanden hätte, und deshalb möchte ich sie an dieser Stelle ganz herzlich grüßen:

Hallo!

Sie müssen verstehen, im Leben eines Künstlers ist irgendwann der Punkt erreicht, wo er sich selber fragen muss: »Was kommt als Nächstes?« Wohin soll der Weg nach dem erreichten Gipfel führen, wenn nicht langsam auf der anderen Seite bergab? Es ist ein uraltes Problem, das alle von Pablo Picasso bis Calvin Klein befallen hat, und lassen Sie mich eines sagen: Eine einfache Lösung gibt es nicht.

Einige versuchen sich auf neuen Gebieten und testen, ob sich ihre Fähigkeiten auch hier bewähren. Doch meistens ziehen sie sich bald in gewohnte Gefilde zurück.

Einige hören auch einfach auf und verkriechen sich in ihrem Schneckenhaus. Die Öffentlichkeit kann nicht behaupten, dass jemand nachlässt, wenn er einfach nichts mehr liefert. Das Schlimmste, was sie sagen kann, ist, »Was ist eigentlich aus diesem Bob geworden?«.

Viele wiederholen ihren Erfolg immer wieder, so lange, bis sie die Bedeutung ihrer ursprünglichen Leistung zunichte gemacht haben: *He Leute, schaut mal! Ein Zauberwürfel.* Cool, wo kann ich den kaufen? *Jetzt hat er einen in Sternform gemacht.* Oh. Okay, ist immer noch irgendwie cool. *Hm, jetzt gibt es ihn als Schlange.* Oh-kay. Warum? *Will jemand einen in Hundeform?* Nein, Schluss damit, lass uns in Frieden.

Ich wollte nicht in eine dieser Fallen tappen. Ich hatte erst vor zwei Jahren das College beendet, ich war eine junge Frau in der Blüte meiner Jahre, voller Potential und Energie. Es war nicht meine Schuld, dass ich in Sachen Rache in kurzer Zeit so weit gekommen war.

Doch jetzt stand ich vor der großen Frage: Wie vermeide ich, vom Berggipfel zu fallen, wenn ich erst einmal oben angekommen bin?

Antwort: Schaffe mehr Berg.

Es fing klein an, bei einem ungezwungenen Treff in meiner Wohnung. Robin und Mindy waren vorbeigekommen, um einen Film anzusehen (*Forget Paris,* ähem) und mir von ihren Erlebnissen der Woche zu erzählen. Mindy ist eine ausgemachte Superheldin. Nach dem College ging sie zum Friedenskorps und kämpfte in Afrika gegen Moskitos, dann übernahm sie eine Stelle in South Side, um tauben Kindern in den Armenvierteln das Sprechen beizubringen. Erstaunlicherweise lässt sie sich nie durch die schwierigen Zustände in ihrem Arbeitsumfeld runterziehen, und obwohl mir ihr Frohsinn manchmal derart auf die Nerven geht, dass ich ihr körperliche Schmerzen zufügen möchte, kann ich ihr doch nicht übel nehmen, glücklich zu sein.

Robin hat einen ähnlich stressigen Job, obwohl sie es in ihrem täglichen Leben mit einer anderen Sorte Kinder zu tun hat. Sie war Sekretärin bei einer Firma für Investmentbanking, also letztendlich Pflegemama für ein Rudel ausgewachsener Pfadfinder, die irgendwie durch die Prüfung zum Diplom-Betriebswirt gekommen sind. Ihre Tage verbringt sie damit, sexuelle Belästigungen abzuwehren und Konferenzpläne für dreißig Leute mit Aufmerksamkeitsdefizitsyndrom abzustimmen, ohne sich dabei vor Stress sämtliche Haare auszuraufen. Und sie hat sagenhaftes Haar.

Ich mixte uns gerade ein paar Apfel-Martini in der Küche, während Mindy strahlte und Robin sich über ihren Tagesverlauf ausließ, also war ich gar nicht hundertprozentig bei der Sache, als Robin sagte: »Und dann sagt mir doch dieser Chris LoBracco, dass er sich von mir den Hintern versohlen lassen möchte. Und zwar sofort, mitten im Konferenzzimmer.«

»Und was hast du gemacht?«, fragte Mindy.

»Ich lachte, als würde ich es als Witz auffassen. Aber er meint das ernst. Alle wissen, dass er in aller Öffentlichkeit mit dieser Yael herumgemacht hat, aber ... Wisst ihr, so etwas bringt der jede Woche. Und dabei ist er verheiratet. Seit drei Jahren oder so. Er hat Zwillinge, glaub ich. Und seine Frau hat keine Ahnung, dass er sie betrügt.«

Manche Vorgänge laufen unterbewusst ab, und um einen derartigen Prozess muss es sich bei mir gehandelt haben, als ich auf Robins Erzählung hin spontan vorschlug: »Und warum meldest du dich nicht einfach unter seinem Namen auf einer freien S&M-Seite im Netz an, gibst seine private Telefonnummer an und setzt eine Anzeige mit seinem Bild auf, in der du nach sexy Damen und neugierigen Typen suchst, die ihn mal zu Hause anrufen? Oder besser noch, nimm die Telefonnummer von einem der Firmenpartner, aber unter Chris' Namen, dann bekommt er den Stress zu Hause und in der Arbeit.«

In der Wohnung war es still. Einen Moment lang fürchtete ich, meine Freundinnen hätten mich verlassen, aber als ich mich umsah, starrten sie mich mit großen Augen und offenen Mündern an.

Hastig entschuldigte ich mich. »Bin ich zu weit gegangen?«

»Himmel, nein!«, sagte Robin. »Das ist perfekt! Es ging nur so ... schnell.«

Mindy nickte. »Und mühelos. Ich meine, ich wusste ja, dass du fies sein kannst, aber das ... das war wirklich beeindruckend.«

Ich zuckte bescheiden die Schultern und reichte ihnen die Gläser. »Es ist ein bisschen wie Klavierspielen«, erklärte ich. »Erst muss man darauf achten, mit der linken Hand den einen Rhythmus zu halten und mit der rechten den andern, aber nach einer Zeit setzt man sich einfach auf den Schemel und es ... passiert.«

Ich schaltete den Fernseher ein und wir schauten eine Weile *Forget Paris*. Doch mitten in einer von Billy Christals dummen kleinen Reden nahm Robin die Fernbedienung und stoppte den Film. Sie zögerte einen Moment, mich das zu fragen, was ihr offensichtlich schon seit einer halben Stunde auf dem Herzen lag.

»Glaubst du ... du könntest mir das beibringen? Wie man sich rächt?«

»Ich weiß nicht«, sagte ich, »das habe ich noch nie probiert.«

Mindy sprang vom Sofa auf und setzte sich mir gegenüber hin. »Mir auch. Wenn das okay für dich ist.«

Was sollte ich tun? All meine kostbaren Geheimnisse preisgeben? Sie an den Früchten meines Fleißes teilhaben lassen? Das Komische war, ich *wollte* ihnen helfen. Mehr noch, ich wollte ihnen helfen, *sich selbst* zu helfen. Es ist das Prinzip »Fang einem Mann keinen Fisch, sondern bring ihm das Fischen bei«, nur ohne die Haken und die stinkenden Würmer. Da begriff ich, dass meine Laufbahn als Rachegöttin nicht am Ende war, sondern eine neue Stufe erreicht hatte. Plötzlich wusste ich, was der nächste zwingende Schritt war:

»Okay«, sagte ich. »Machen wir uns an die Arbeit.« Der Unterricht hatte begonnen.

Sechs Stunden später waren wir erschöpft, aber in Hochstimmung. Meine Kehle war rau, die Stimme heiser. Ich konnte kaum noch stehen, aber lächeln. Jeder verfügbare Fetzen Papier in meiner Wohnung war voll gekritzelt mit Notizen, Diagrammen und Vorschlägen. Wir sahen uns an und verstanden auf einmal, welch Potential darin lag.

Zwei Wochen später hängten wir die erste Ausschreibung aus, einfache, fotokopierte Zettel, die wir an Laternenpfähle klebten, auf denen in einem Wort alles gesagt war: »Rachekurs«. Ich mietete ein kleines Klassenzimmer an einem örtlichen Junior College und rechnete mit zehn, vielleicht fünfzehn Interessenten.

Es kamen einhundertundneun.

Einen Monat später war aus dem Handzettel eine farbige Broschüre geworden (Robin kennt sich mit Grafikdesign aus) und wir mieteten einen Konferenzraum in einem Hotel. Bei diesem Kurs hatten wir zweihundert Teilnehmer und Mindy verkaufte kleine Heftchen mit meinen Ratschlägen, ein einfaches, zwanzigseitiges

Pamphlet, aus dem wir kaum finanziellen, aber großen emotionalen Gewinn zogen.

Ein Jahr später hatte ich beinahe tausend Frauen im Umkreis von Chicago unterrichtet, manche in Privatunterricht, die meisten jedoch in Kursen und Seminaren, die immer sechs Monate im Voraus ausgebucht waren. Irgendwie hatte ich einen Nerv getroffen. Ich hatte eine Leidenschaft entdeckt, sie gepredigt und die Leute wollten mehr davon.

Mittlerweile wohne ich nicht mehr in Chicago, sondern habe mich im sonnigen Südkalifornien angesiedelt. Aber auch hier verbreite ich die frohe Kunde. Und als sich mir die Möglichkeit bot, die Grundsätze und die Struktur meiner Erkenntnisse in Buchform herauszubringen und so eine größere Leserschaft zu erreichen, als ich vorher erhoffen konnte, ließ ich mir die Chance natürlich nicht entgehen.

Meine Tage als Kind, Jugendliche, Studentin und Angestellte mit geregelter Arbeitszeit mögen gezählt sein, doch nun wartet ein neues Leben auf mich. Und das repräsentiert dieses Buch: Eine Zusammenfassung meines Wissens, der Erkenntnisse, die ich mir im Laufe der Zeit aneignete. Ich fühle mich wie seit Jahren nicht mehr berufen, diesmal dazu, andere einzuweihen und ihnen mein Wissen beizubringen. Und ihnen zu helfen, die Schwierigkeiten zu vermeiden, die sich ihnen in den Weg stellen werden.

Und wenn ich dabei ein bisschen verdiene, habe ich nichts dagegen einzuwenden.

Ein paar abschließende Worte über Rache

Rache ist kein Honigschlecken.

Aber das wissen Sie mittlerweile. Sie haben außerdem gelernt, dass sie nicht nur zum Spaß da ist, nicht nur der Vergeltung dient und nicht auf die leichte Schulter genommen werden sollte, obwohl sie unter den richtigen Umständen all das sein *kann*. Rache ist anpassungsfähig.

Ich kann nur hoffen, dass Sie im Laufe der letzten paar hundert Seiten ein bisschen über mich erfahren haben, vor allem aber über sich selbst. Wenn Sie das Gefühl haben, etwas Wichtiges versäumt zu haben, lesen Sie das entsprechende Kapitel noch einmal. Das ist keine Schande. Manchmal bitten mich Kursteilnehmerinnen beim Austeilen der Arbeitsblätter um mehrere Kopien, damit sie sie mit ihren eigenen Ideen füllen können. Großartig. Genau darum geht es: Die Grundregeln der Rache erlernen und sie dann umformen, so dass sie in das eigene Leben passen. Rache ist wie Knetmasse.

Vergebung ist gut. Sie ist eine bewundernswerte Eigenschaft. Auch wenn dieses Buch vielleicht einen anderen Eindruck vermittelt, ermutige ich die Leute gegenüber fast allen Fehltritten zur Vergebung. Wie Gandhi einmal sagte: »Auge um Auge lässt die Welt erblinden.« Das will natürlich keiner. Denn wer wäre dann noch übrig, um all die Bücher in Blindenschrift zu übertragen? Gleichwohl: Wenn Sie mir ein Unrecht antun und ich mich dafür räche, gebe ich Ihnen die Chance, etwas zu lernen, und das ist doch viel wertvoller als eine einfache Absolution. Und ich bin mir ziemlich sicher, dieser letzte Satz ergibt irgendwie Sinn. Und deshalb ist Rache auch Vergebung.

Jetzt, wo Sie Expertin der Rachekunst sind, böte es sich vielleicht an, noch einmal den Test am Anfang des Buches zu machen. Überprüfen Sie, ob Sie diesmal mehr Punkte erreichen. Wenn nicht, machen Sie sich keine Gedanken. Vielleicht sind standardisierte Tests einfach nichts für Sie, aber Ihr natürliches Talent wird zum Vorschein kommen, wenn es Zeit zum Handeln ist.

Für diejenigen, die eine objektivere Methode suchen, um ihre Fortschritte zu beurteilen, biete ich diesen Abschlusstest an. Viel Glück und nicht schummeln. Denken Sie daran: Eliza sieht alles.

Abschlussexamen

Sie haben die ersten zwanzig Jahre Ihres Lebens mit der Suche nach dem Sinn des Ganzen verbracht. Verfolgt von klammernden Eltern, nervigen Geschwistern, untreuen Partnern, falschen Freunden, unausstehlichen Chefs, neugierigen Kollegen, verrückten Taxifahrern, pampigen Verkäufern und vorlauten Kids haben Sie beschlossen, dass der einzige Weg aus der Misere der Kauf eines Ratgeberbändchens ist.

Nachdem Sie eines mit ansprechend buntem Cover und griffigem Titel ausgesucht haben, gehen Sie heim und sind bald ganz von der geistreichen Prosa und den hilfreichen Tipps gefangen. Drei Stunden später schwirrt Ihnen der Kopf vor lauter Möglichkeiten.

Werden Sie …

a) Das Buch auf den Nachttisch legen, das Licht ausknipsen und sich schlafen legen. Schließlich ist es nur ein dummes Buch und Sie würden sich niemals mit so etwas die Hände schmutzig machen.

b) Gründlich über den Inhalt des Buches nachdenken, dann aber entscheiden, lieber zu bleiben, wie Sie sind: ängstlich, verwirrt und orientierungslos. Sie verdrücken ein Pfund Häagen Dazs Chocolate Cherrie Brownie und schauen fünfzehn Folgen *Auf ein Neues*.

c) Sie testen ein oder zwei Vorschläge aus dem Buch. Als sie Wunder wirken, wollen Sie mehr davon probieren, doch Sie verlieren das Buch in einem tragischen Unfall mit einem Heißluftballon, in dessen Verlauf Sie durch einen Schlag auf den Kopf vergessen, dass dieses Buch je existiert hat (zugegeben, diese Möglichkeit ist weniger wahrscheinlich als die anderen).

d) Sie stürzen sich kopfüber ins Vergnügen. Nach nur wenigen, kurzweiligen Monaten, in denen Sie die Rache für sich erprobt haben, stellen Sie fest, dass Ihnen Ihre Arbeitstage kürzer und Ihr Liebesleben heißer erscheinen und Sie überall respektiert werden. Sie erzählen all Ihren Freunden von diesem fantastischen Buch und wie es Ihr Leben verändert hat. Wenn Leute Sie bitten, es ihnen zu leihen, erklären Sie, sie sollen es sich selber kaufen. Und das nicht, weil Ihnen Ihr Buch so viel wert ist, sondern weil Sie wollen, dass diese wundervolle Frau, die Ihnen all diese Tipps gegeben hat, mit ihrem ersten Buch finanziell so erfolgreich ist, dass sie es sich leisten kann, ein zweites zu schreiben und Ihr Glück damit bis in alle Ewigkeit zu sichern.

Wenn ich meine Arbeit gut gemacht habe und Sie Ihre Hausaufgaben erledigt haben, können Sie diesen Test selbst bewerten. Sie wissen die Antwort genau so gut oder gar besser als ich.

Also, worauf warten Sie noch? Legen Sie das Buch zur Seite und machen Sie sich an die Arbeit. Da draußen wartet eine ganze Welt darauf, dass Sie Ihren Rache-Zauber walten lassen, und wenn Sie es richtig anstellen, garantiere ich Ihnen: Es wird sie völlig unverhofft ereilen.

Also, hinein ins Vergnügen! Erfüllen Sie Eliza mit Stolz.

Übrigens: Eliza können Sie jederzeit per E-Mail unter elizabrandt@yahoo.com anschreiben. Wenn Sie nett zu ihr sind, wird sie auch nett zu Ihnen sein.